北京理工大学"双一流"建设精品出版工程

Theory and Technology for Service Quality Management

服务质量管理理论与技术

崔立新 ◎ 著

北京理工大学出版社
BEIJING INSTITUTE OF TECHNOLOGY PRESS

版权专有　侵权必究

图书在版编目（CIP）数据

服务质量管理理论与技术 / 崔立新著. —北京：北京理工大学出版社，2020.7（2022.1 重印）

ISBN 978-7-5682-8736-4

Ⅰ.①服…　Ⅱ.①崔…　Ⅲ.①服务业-服务质量-质量管理　Ⅳ.①F719

中国版本图书馆 CIP 数据核字（2020）第 128182 号

出版发行 /	北京理工大学出版社有限责任公司
社　　址 /	北京市海淀区中关村南大街 5 号
邮　　编 /	100081
电　　话 /	（010）68914775（总编室）
	（010）82562903（教材售后服务热线）
	（010）68944723（其他图书服务热线）
网　　址 /	http：//www.bitpress.com.cn
经　　销 /	全国各地新华书店
印　　刷 /	北京虎彩文化传播有限公司
开　　本 /	787 毫米 × 1092 毫米　1/16
印　　张 /	14
字　　数 /	312 千字
版　　次 /	2020 年 7 月第 1 版　2022 年 1 月第 2 次印刷
定　　价 /	68.00 元

责任编辑 / 时京京
文案编辑 / 时京京
责任校对 / 刘亚男
责任印制 / 李志强

图书出现印装质量问题，请拨打售后服务热线，本社负责调换

前言

与制造业的产品质量管理不同,服务质量管理仅有不到40年的历史。由于服务的无形性、差异性、不可储存性、服务与消费的同时性、顾客的参与性等特性,服务质量管理比产品质量管理更复杂。自20世纪80年代Gronroos(1984)基于认知心理学引入顾客感知服务质量的概念以来,学术界展开了对服务质量管理领域科学问题的摸索与探究。随着互联网、物联网(IOT)、信息通信(ICT)、人工智能(AI)等技术的发展,顾客参与服务、顾客与服务组织接触交互的时间、地点、方式、过程都发生了翻天覆地的变化,各种新兴服务业态风起云涌。根据中国互联网络信息中心(CNNIC)发布的第44次《中国互联网络发展状况统计报告》数据,截至2019年6月,我国网民规模达8.54亿,互联网普及率达61.2%;我国手机网民规模达8.47亿,网民使用手机上网的比例达99.1%;我国网络购物用户规模达6.39亿,占网民整体的74.8%;我国网络支付用户规模达6.33亿,占网民整体的74.1%;手机网络支付用户规模达6.21亿,占手机网民的73.4%;我国网络视频用户规模达7.59亿,占网民整体的88.8%。在此背景下,服务质量管理理论与技术的梳理与创新对国家政策、企业战略的制定具有重要意义。

本书聚焦于现代技术背景、经济背景和社会背景下的服务质量管理理论与技术,剖析新兴服务业态中、传统服务业态经济转型过程中服务质量管理的理论与技术的创新,揭示服务质量管理的内在规律,探讨服务质量管理中的科学问题,以期为服务质量管理的相关研究和实践提供参考,并作为服务管理相关课程的教材。

本书作为北京理工大学"研究生院规划教材",得到了北京理工大学的经费支持,在出版过程中多承北京理工大学出版社的各位编辑斧正,在此特别表示感谢。

目 录
CONTENTS

第一章 引言 ·· 1

 第一节 服务质量管理的背景 ·· 1

  一、宏观环境背景 ·· 1

  二、面临的机遇和挑战 ·· 6

  三、创新路径 ·· 7

 第二节 服务质量管理的现状 ·· 7

  一、中国服务质量的总体状况 ·· 7

  二、中国服务质量问题的深层次原因 ·································· 11

  三、促进中国服务质量提升的对策建议 ································ 13

 第三节 服务质量管理的意义 ·· 16

  一、理论意义 ·· 16

  二、实践意义 ·· 16

 第四节 服务质量管理的对象与内容 ·· 16

  一、界定对象 ·· 16

  二、确定内容 ·· 16

第二章 理论基础 ·· 18

 第一节 服务的定义及特性 ·· 18

  一、服务的定义 ·· 18

  二、服务的特性 ·· 19

 第二节 服务质量的含义及特性 ··· 19

  一、服务质量的含义 ··· 19

  二、服务质量的特性 ··· 20

 第三节 服务质量和服务认证评价要素分析 ································ 21

第三章 服务质量管理理论与技术现状 23

第一节 基础理论 23
一、Gronroos 顾客感知服务质量模型 23
二、GAP 模型（服务质量差距模型） 24

第二节 国内服务质量评价模型 26
一、郎志正"6性"模型 26
二、崔立新价值曲线评价模型 27
三、服务质量指数模型 28

第三节 国外服务质量评价模型 29
一、SERVQUAL 模型 29
二、基于心理学判断标准的比较评价模型 30
三、关系质量模型 33
四、PCP 属性模型 33
五、属性模型 34

第四节 不同行业服务质量评价指标体系 35
一、出租汽车服务业质量评价指标体系 35
二、电子服务质量评价模型 35
三、电子政务服务质量评价模型 38
四、公共体育服务绩效测评指标模型 39
五、酒店、餐饮服务质量评价模型 41
六、生产服务质量评价模型 INDSERV 模型 42
七、基于多维和分层的机场服务质量模型 43
八、图书馆服务质量评价模型 LibQUAL +™模型 43
九、物流服务质量评价模型 44

第四章 服务质量测评及验证技术 45

第一节 定量技术 45
一、不需要确定权重的服务质量和认证评价指标选取和设计技术、方法 45
二、需要确定权重的服务质量和认证评价指标选取和设计技术、方法 47
三、服务质量和认证评价指标权重确定技术、方法 57

第二节 定性技术 62
一、德尔菲法 62
二、访谈法 64
三、服务蓝图法 64
四、关键事件技术（CIT） 65
五、价值曲线评价法 66

  六、客户旅程地图法 ·· 67
  七、实地观察法 ·· 68
  八、影子顾客调查法 ·· 69
 第三节 现有大数据选取技术 ··· 70
  一、词袋法（Bag of Words） ··· 70
  二、潜在语义分析（LSA） ·· 71
  三、概率潜在语义分析（PLSA） ·· 72
  四、潜在狄利克雷分布（LDA） ··· 73
  五、监督分类方法 ·· 74
 第四节 大数据选取技术在服务质量评价指标选取中的应用 ················ 75
  一、爬虫技术获取顾客感知服务质量评价大数据 ··························· 75
  二、LDA 技术在服务质量评价指标选取中的应用 ·························· 75
 第五节 大数据选取技术在服务质量评价指标设计中的应用 ················ 79

第五章 服务认证评价指标的设计 ·· 81
 第一节 服务认证评价指标选取和设计体系 ···································· 81
 第二节 指标的计算方法 ··· 83
 第三节 指标的赋权方法 ··· 83

第六章 传统技术与大数据技术的融合 ······································ 85
 第一节 指标的选取 ··· 85
 第二节 指标的设计 ··· 86
 第三节 多元指标权重确定方法 ··· 86

第七章 服务能力评价及管理指标体系 ······································ 88
 第一节 人 ·· 88
  一、岗位设计 ··· 88
  二、人员匹配 ··· 88
  三、服务组织各级人员及其应具备的素质 ····································· 89
  四、服务组织需要进行岗位分析 ·· 90
 第二节 机 ·· 91
  一、装备 ··· 91
  二、设备 ··· 92
  三、检测设备 ··· 92
 第三节 料 ·· 93
  一、供应商选择 ·· 93
  二、库存管理 ··· 93
  三、质量检测与保障 ·· 93

第四节　法 ·· 93
　　一、操作规程 ·· 93
　　二、标准制定 ·· 94
　　三、制度机制 ·· 94

第五节　环 ·· 94
　　一、硬件环境 ·· 94
　　二、软件环境 ·· 95

第八章　服务过程评价及管理指标体系 ·· 96

第一节　设计 ·· 96
　　一、整体服务设计 ·· 96
　　二、内部沟通设计 ·· 97
　　三、外部沟通设计 ·· 99

第二节　生产 ·· 101
　　一、服务蓝图与服务交互过程 ·· 101
　　二、顾客参与 ·· 103
　　三、员工是第一生产力 ·· 104
　　四、构建卓越交互质量 ·· 106

第三节　控制 ·· 108
　　一、标准化与定制化 ··· 108
　　二、匹配需求与供给 ··· 110
　　三、现场督导与控制 ··· 111
　　四、技术创新 ·· 111

第四节　反馈、追溯与补救 ·· 112
　　一、显性反馈 ·· 112
　　二、隐性反馈 ·· 114
　　三、上下级反馈 ··· 115
　　四、同级反馈 ·· 116
　　五、追溯与补救 ··· 117

第九章　服务结果评价及管理指标体系 ·· 120

　　一、功能性 ··· 120
　　二、经济性 ··· 121
　　三、安全性 ··· 121
　　四、时间性 ··· 121
　　五、舒适性 ··· 121
　　六、文明性 ··· 121

第十章 案例

案例一 移动支付服务质量测评验证 122
一、绪论 122
二、文献综述 122
三、网上第三方支付服务质量及其应用研究的理论探讨 124
四、我国网上第三方支付服务质量指标体系研究 129
五、调研数据的统计分析与量表的信度效度分析 131
六、爬取数据分析 140
七、对策建议 144

案例二 众包服务质量测评验证 147
一、引言 147
二、研究理论基础 150
三、众包服务顾客感知服务质量评价指标体系及测评技术研究案例分析——以戴尔众包平台为例 151
四、提高自建平台的众包服务质量的建议 157
五、总结与展望 159

案例三 短租服务顾客感知服务质量评价指标体系研究 162
一、绪论 162
二、服务质量评价理论基础 165
三、SERVQUAL评价模型构建 174
四、大数据分析 177
五、问卷分析 181
六、改进建议及不足和展望 186

案例四 家政O2O行业顾客感知服务质量评价指标体系研究 193
一、家政O2O行业现状 193
二、国内外文献研究现状 196
三、家政O2O行业发展存在的问题 200
四、服务质量指标体系的构建 201
五、总结 208

第一章 引 言

第一节 服务质量管理的背景

一、宏观环境背景

(一) 技术环境

根据中国互联网络信息中心（CNNIC）2019年8月30日发布的第44次《中国互联网络发展状况统计报告》显示，截至2019年6月，我国网民规模达8.54亿，互联网普及率达到61.2%。我国网民规模继续保持平稳增长，互联网模式不断创新、线上线下服务融合加速以及公共服务线上化步伐加快，成为网民规模增长推动力。

我国手机网民规模达8.47亿，网民中使用手机上网人群的占比由2016年的95.1%提升至99.1%。以手机为中心的智能设备，成为"万物互联"的基础，车联网、智能家电促进"住、行"体验升级，构筑个性化、智能化应用场景。移动互联网服务场景不断丰富、移动终端规模加速提升、移动数据量持续扩大，为移动互联网产业创造更多价值挖掘空间。

截至2019年6月，我国网络购物用户规模达6.39亿，网民使用率为74.8%。电子商务领域首部法律《电子商务法》的正式出台，对促进行业持续健康发展具有重大意义。在经历多年高速发展后，网络消费市场逐步进入提质升级的发展阶段，供需两端"双升级"正成为行业增长新一轮驱动力。在供给侧，线上线下资源加速整合，社交电商、品质电商等新模式不断丰富消费场景，带动零售业转型升级；大数据、区块链等技术深入应用，有效提升了运营效率。在需求侧，消费升级趋势保持不变，消费分层特征日渐凸显，进一步推动市场多元化。

截至2019年6月，我国使用网上支付的用户规模达到6.33亿，使用率达74.1%。其中，手机网络支付用户规模增长迅速，达到6.21亿。在跨境支付方面，支付宝和微信支付已分别在40个以上国家和地区合规接入；在境外本土化支付方面，我国企业已在亚洲9个国家和地区运营本土化数字钱包产品。

截至2019年6月，网络视频、网络音乐和网络游戏的用户规模分别为7.59亿、6.08亿和4.94亿，使用率分别为73.9%、69.5%和58.4%。各大网络视频平台注重节目内容质量提升，自制内容走向精品化。网络音乐企业版权合作不断加深，数字音乐版权的正版化进程显著加快。越来越多的游戏公司开始侧重海外业务，国产游戏在海外市场的影响力进一步扩大。短视频用户规模达6.48亿，占网民整体的75.8%，随着众多互联网企业布局短视频，市场成熟度逐渐提高，内容生产的专业度与垂直度不断加深，优质内容成为各平台的核心竞争力。

截至2019年6月，我国在线政务服务用户规模达5.09亿，占整体网民的59.6%。2019年，我国"互联网+政务服务"深化发展，各级政府依托网上政务服务平台，推动线上线下集成融合，实时汇入网上申报、排队预约、审批审查结果等信息，加强建设全国统一、多级互联的数据共享交换平台，通过"数据多跑路"，实现"群众少跑腿"；同时，各地相继开展县级融媒体中心建设，将县广播电视台、县党报、县属网站等媒体单位全部纳入，负责全县所有信息发布服务，实现资源集中、统一管理、信息优质、服务规范，更好地传递政务信息，为当地群众服务。

2019年，我国在基础资源、5G、量子信息、人工智能、云计算、大数据、区块链、虚拟现实、物联网标识、超级计算等领域发展势头向好。在5G领域，核心技术研发取得突破性进展，政企合力推动产业稳步发展；在人工智能领域，科技创新能力得到加强，各地规划及政策相继颁布，有效推动人工智能与经济社会发展深度融合；在云计算领域，我国政府高度重视以其为代表的新一代信息产业发展，企业积极推动战略布局，云计算服务已逐渐被国内市场认可和接受。

（二）国家政策

1. 供给侧改革

2016年1月27日，中共中央总书记、国家主席、中央军委主席、中央财经领导小组组长习近平主持召开中央财经领导小组第十二次会议，研究供给侧结构性改革方案。

（1）改革内容。

如果用一个公式来描述供给侧改革，那就是"供给侧+结构性+改革"。其含义是：用改革的办法推进结构调整，减少无效和低端供给，扩大有效和中高端供给，增强供给结构对需求变化的适应性和灵活性，提高全要素生产率，使供给体系更好适应需求结构变化。

（2）改革实质。

供给方式：在协调计划与市场的矛盾中，充分发挥市场在配置资源中的决定性作用。

供给结构：以市场化为导向、以市场所需为标准调整经济结构，调整产业结构，要求政府在公共政策的制定和执行上，多方面降低对中国经济的供给约束，使产业、企业的自然活力更好地释放出来，而不是受限于作为公共政策供给方的政府约束。

（3）改革目的。

供给侧结构性改革的根本目的是提高社会生产力水平，落实好以人民为中心的发展思想。要在适度扩大总需求的同时，去产能、去库存、去杠杆、降成本、补短板，从生产领域加强优质供给，减少无效供给，扩大有效供给，提高供给结构适应性和灵活性，提高全要素生产率，使供给体系更好适应需求结构变化。

（4）中国服务助力供给侧改革。

近年来，中国整体经济结构不断优化，经济发展正加快向服务业主导的形态转变。然而，与欧美等发达国家70%以上的服务业比重相比，服务业的提升潜力仍然十分大。另外，中国产业体系中存在着供需对接差距、浪费、低效问题严重，内部结构矛盾十分明显。供给侧结构性改革，着力提高供给体系质量和效率，增强经济持续增长动力。无论是农业服务化，还是制造业服务化，中国服务从顾客感知角度出发，满足顾客精准需求，正是供给侧改革的实质。这为中国未来的产业结构调整政策指明了方向。

2. 大众创业、万众创新

在2014年9月的夏季达沃斯论坛上，李克强发出"大众创业、万众创新"的号召。他提出，要在960万平方千米土地上掀起"大众创业""草根创业"的新浪潮，形成"万众创新""人人创新"的新势态。此后，他在首届世界互联网大会、国务院常务会议和各种场合中频频阐释这一关键词。每到一地考察，他几乎都要与当地年轻的"创客"会面，他希望激发民族的创业精神和创新基因。2015年，李克强在政府工作报告提到推动大众创业、万众创新，"既可以扩大就业、增加居民收入，又有利于促进社会纵向流动和公平正义"；在论及创业创新文化时，李克强强调"让人们在创造财富的过程中，更好地实现精神追求和自身价值"。

在"大众创业，万众创新"中，服务业表现突出。2015年，我国新登记注册服务业企业358万户，比上年增长24.5%，占全部新登记企业总数的80.6%。2014年，服务业法人单位数968.4万个，占全部法人单位的70.7%。创业企业几乎全部都是服务业。中国服务业顺应时代潮流，在现代技术的支撑、政策环境的支持、顾客需求的推动下，正是"大众创业，万众创新"的落地实践创新。

3. 工匠精神

李克强总理在2016年《政府工作报告》中首提"工匠精神"，国务院常务会新闻通稿中首次使用"品质革命"这一提法。报告原文（2016）鼓励企业开展个性化订制、柔性化生产，培育精益求精的工匠精神，增品种、提品质、创品牌。

工匠精神（Craftsman's spirit）是指工匠对自己的产品精雕细琢、精益求精的精神理念。工匠们喜欢不断雕琢自己的产品，不断改善自己的工艺，享受着产品在双手中升华的过程。工匠们对细节有很高要求，追求完美和极致，对精品有着执着的坚持和追求，把品质从99%提高到99.99%，其利虽微，却长久造福于世。

工匠精神的内涵包括以下几点：

①精益求精。注重细节，追求完美和极致，不惜花费时间、精力，孜孜不倦，反复改进产品，把精度从99%提高到99.99%。

②严谨，一丝不苟。不投机取巧，必须确保每个部件的质量，对产品采取严格的检测标准，不达要求绝不轻易交货。

③耐心，专注，坚持。不断提升产品和服务，因为真正的工匠在专业领域上绝对不会停止追求进步，无论是使用的材料、设计还是生产流程，都在不断完善。

④专业，敬业。工匠精神的目标是打造本行业最优质的产品，其他同行无法匹敌的卓越产品。

"工匠精神"在当今企业管理中有着重要的学习价值。当今社会心浮气躁，追求"短、平、快"（投资少、周期短、见效快）带来的即时利益，从而忽略了产品的品质灵魂。因此企业更需要工匠精神，才能在长期的竞争中获得成功。坚持"工匠精神"的企业，依靠信念、信仰，使产品不断改进、不断完善，最终，通过高标准要求历练之后，成为众多用户的骄傲，无论成功与否，这个过程，他们的精神是正面积极的。中国服务提倡精益求精，提倡不断完善和提升，提倡精准满足顾客的需求，提倡专业、热情、用心、敬业、团队、亲情和执着，中国服务代表现代工匠精神。

4. 中国服务助力实现中国梦

2012年11月29日，党的十八大闭幕不久，习近平总书记率中央政治局常委和中央书记处的同志来到国家博物馆，参观"复兴之路"展览。习近平总书记深情指出："现在，大家都在讨论中国梦，我以为，实现中华民族伟大复兴，就是中华民族近代以来最伟大的梦想。"此后，他又在国内外很多重要场合，对中国梦进行了深刻阐述。

中国梦是国家情怀、民族情怀、人民情怀相统一的梦。"家是最小国，国是千万家。"国泰而民安，民富而国强。中国梦的最大特点，就是把国家、民族和个人作为一个命运共同体，把国家利益、民族利益和每个人的具体利益紧紧联系在一起，体现了中华民族的"家国天下"情怀。实现中国梦，意味着中国经济实力和综合国力、国际地位和国际影响力大大提升，意味着中华民族以更加昂扬向上、文明开放的姿态屹立于世界民族之林，意味着中国人民过上更加幸福安康的生活。

中国梦归根到底是人民的梦。人民是中国梦的主体，是中国梦的创造者和享有者。中国梦不是镜中花、水中月，不是空洞的口号，其最深沉的根基在中国人民心中，必须紧紧依靠人民来实现，必须不断为人民造福。我们的人民是伟大的人民，中国人民素来有着深沉厚重的精神追求，即使近代以来饱尝屈辱和磨难，也没有自弃沉沦，而是始终怀揣梦想，向往光明的未来。实现中华民族伟大复兴，不是哪一个人、哪一部分人的梦想，而是全体中国人民共同的追求；中国梦的实现，不是成就哪一个人、哪一部分人，而是造福全体人民。因此，中国梦的深厚源泉在于人民，中国梦的根本归宿也在于人民。

中国服务从顾客感知角度出发，目标是满足顾客精准需求，也就是满足顾客的期望和梦想。

5. "一带一路"带领中国服务走向世界

2013年，习近平总书记在访问中亚和东南亚时，分别提出建设丝绸之路经济带和21世纪海上丝绸之路的倡议。建设"一带一路"，是党中央作出的重大战略决策，是实施新一轮扩大开放的重要举措。

"一带一路"贯穿欧亚大陆，东边连接亚太经济圈，西边进入欧洲经济圈。历史上，陆上丝绸之路和海上丝绸之路就是我国同中亚、东南亚、南亚、西亚、东非、欧洲经贸和文化交流的大通道。"一带一路"倡议是对古丝绸之路的传承和提升，顺应了时代要求和各国加快发展的愿望，提供了一个包容性巨大的发展平台，具有深厚历史渊源和人文基础，能够把快速发展的中国经济同沿线国家的利益结合起来。

（三）社会、经济发展

根据人类社会经济形态的演变规律，我国在经历了中国农业、中国制造之后，即将迎来中国服务。

1. 中国农业

中国农业发生于新石器时代。中国的黄河、长江流域，是世界农业起源地之一。在长达八九千年的发展过程中，中国农业曾经有过许多领先于世界的发明创造，但也经历过漫长的停滞时期。近代帝国主义的入侵使中国沦为半封建半殖民地，农业日益落后于发达的资本主义国家，传统"男耕女织"的自然经济结构开始解体。中华人民共和国成立后，半封建半殖民地制度的废除和社会主义制度的建立，使中国农村经济得到了迅速的恢复和发展，中国农业才结束了停滞的历史，进入了发展较快的新时期。农业生产条件和生产技术显著改善，产量水平迅速提高。从1952年到1969年20年间的国内生产总值中，农业产值一直占据首位，如表1.1所示。中国以仅仅相当于世界7%的耕地养活了几乎占世界五分之一的人口，中国农业取得了巨大的成就。改革开放以来，我国农业教育与科技事业也蓬勃发展，极大地促进了我国农业生产力的提高。据中国农科院估算，我国农业总产量中科技进步的贡献率由1972—1980年的27%提升到1981—1985年的30%~40%。在知识经济迅猛发展的今天，科学技术作为第一生产力在中国农业现代化建设中将发挥越来越大的作用。

表1.1　1952—1979年农业占GDP比重变化表（部分）

年份	1952	1955	1957	1961	1963	1965	1967	1968	1969	1970	1971	1979
农业	50.5	46.2	40.1	35.8	39.9	37.5	39.8	41.6	37.5	34.8	33.6	30.3
工业	20.8	24.3	29.6	31.9	33.1	35.1	33.9	31.3	35.4	40.3	41.9	47.0
服务业	28.7	29.5	30.3	32.3	27.1	27.4	26.2	27.2	27.1	24.9	24.4	22.3

数据来源：根据 http://data.stats.gov.cn/easyquery.htm? cn = C01 整理

2. 中国制造

中国制造是世界上认知度最高的标签之一，因为快速发展的中国和其庞大的工业制造体系，这个标签可以在广泛的商品上找到，从服装到电子产品。中国制造是一个全方位的商品，它不仅包括物质成分，也包括文化成分和人文内涵。中国制造在进行物质产品出口的同时，也将人文文化和国内的商业文明连带出口到国外。中国制造的商品在世界各地都有分布。从1970年中国制造业产值超过农业产值后，到2012年的42年间，中国制造业在国内生产总值中一直占据主导地位，保持相对稳定状态（在40%线上下波动），如表1.2所示。特别是经过改革开放后30多年的发展，我国已发展成为世界第一制造业大国，很多工业品产量居世界第一位，一些产品产量甚至比世界其他国家生产的总和还要多。

表1.2　1970—2015年工业占GDP比重变化表（部分）

年份	1970	1972	1979	1985	1990	1993	1997	2000	2005	2012	2014	2015
农业	34.8	32.4	30.3	27.9	26.6	19.3	17.9	14.7	11.6	9.4	9.1	9.0
工业	40.3	42.8	47.0	42.7	41.0	46.2	47.1	45.5	47.0	45.3	43.1	40.5
服务业	24.9	24.8	22.3	29.4	32.4	34.5	35.0	39.8	41.3	45.3	47.8	50.5

数据来源：根据 http://data.stats.gov.cn/easyquery.htm? cn = C01 整理

但是，在国际产业价值链中，我国制造业处于所谓的"微笑曲线"的底部，主要从事技术含量低、附加值低的"制造—加工—组装"中低端环节，在附加值较高的研发、设计、工程承包、营销、售后服务等环节缺乏竞争力，在消耗大量国内资源和大量排放污染物的同时，所获利益却很少。

"中国制造2025"是在全面评估第三次工业革命对中国制造业的可能影响情况下制定的。这场以智能化、数字化、信息化技术为基础，以大规模订制和个性化制造为特点的第三次工业革命，必将是制造业和现代服务业的深度融合，从根本上解决传统制造技术下新产品开发周期、产能利用、生产成本、产品性能、个性化需求等关键产品维度之间的冲突，实现生产制造的综合优化和产品及服务质量的大幅提升。

3. 中国服务

自20世纪80年代开始，全球产业结构呈现"工业型经济"向"服务型经济"转型的总趋势。人类正从工业社会向服务社会过渡，"服务经济"将成为21世纪经济的主导。

在中国，从2010年开始，中国高科技、创新型产业大发展，包括现代服务业，生产性服务业和消费服务业大发展，服务业所占的比重不断加大，并上升为国民经济主导产业。从表1.1和表1.2看到，2012年制造业与服务业产值占比持平后，服务业产值开始超过制造业，占据首位；2015年服务业在国内生产总值中占比首次超过50%，依照国际公认定义，我国已进入服务经济时期。

我国产业结构变化与工业化发展一般规律是相符的。工业化发展导致三次产业结构变化的一般规律：随着经济发展，第二产业在超过第一产业后，占据主导地位，之后，由于第三产业的发展，又被第三产业所超过的一个过程，即产业结构呈现由"一二三"（中国农业阶段）到"二一三""二三一"（中国制造阶段），最终到"三二一"（中国服务阶段）的变化过程。

与世界其他国家相比，中国服务最大的优势是具有世界上最多的人口、最大的市场以及历史悠久的中国文化。

中国服务是以现代科学技术，特别是信息技术为支撑，建立在新的商业模式、服务流程和管理理念基础上，融合中国几千年文化资源的新兴服务理念。中国服务理念将是统领21世纪世界经济的先进的、科学的理论纲要。中国服务理念将不仅引领农业服务化、制造业服务化，还会引领包括新服务业态、改造提升的传统服务业等所有服务业。

在此背景下，服务质量管理的理论和技术研究面临改进、完善，甚至更新、创新的机遇和挑战。

二、面临的机遇和挑战

（一）机遇

由于服务的无形性、异质性、生产和消费的同时性、不可储存性，以及顾客的参与性和服务质量评价的主观性，服务质量管理，特别是服务质量评价一直以来是极其复杂和困难的。但是，随着网络化、信息化、大数据技术日新月异的发展，服务质量管理理论和技术需要与网络化、信息化、大数据技术结合，对现存技术改进、完善，甚至更新、创新。

（二）挑战

这里包括以下两个方面：

一是网络化、信息化、大数据背景下产生的服务新业态，在服务质量提供上更与顾客追求美好生活的需求契合，而新业态的服务质量管理理论与技术面临需要创新的挑战。

二是网络化、信息化、大数据背景下传统服务业服务质量理论与技术的创新需要研究、尝试、创新，面临挑战。

三、创新路径

（一）积极研究能够更好地满足顾客追求美好生活需求的新业态的服务生态系统平台的特征

由于新技术的出现，服务蓬勃涌现，新业态层出不穷，新业态的服务质量管理理论与技术需要从研究能够更好地满足顾客追求美好生活需求的新业态的服务生态系统平台的特征为出发点，进行技术创新。传统服务业要克服恐惧、排斥，甚至反抗的心态，积极寻找与新技术、新业态融合的渠道，积极与新业态融合，从研究新形势下服务质量管理理论与技术为出发点，共创满足顾客需求的服务生态系统大平台。

（二）探索与发现新技术，创新服务质量管理理论与技术

积极跟踪网络化、信息化、大数据背景下、日新月异的信息管理和感知测量技术，探索、发现、创新能够克服服务质量评价主观性难点的技术，更好地帮助顾客实现美好生活的梦想。

第二节 服务质量管理的现状

服务业质量提升是解决目前我国社会主要矛盾——人民日益增长的美好生活需要和不平衡不充分发展之间矛盾的突破口。服务业质量提升，特别是生产性服务业质量提升直接关乎"中国制造 2025"的顺利实现和服务型农业的建设。由于服务业的业态多样性、需求差异性、质量评价主观性以及监督管理复杂性等特性，服务业质量提升一直是世界范围内长期难以解决的问题。服务业质量的根本提升，需要来自政府、市场、企业和社会等多方面的努力；需从理论研究、服务生态体系构建、教育体系建设、体制机制顶层设计、扩大对外开放、打造"中国服务"品牌等多层面、多维度入手。

服务业质量是决定制造业质量和农业质量的关键。服务业质量决定了一个国家的经济发展水平和综合实力，体现了一个国家的社会文明程度和人民生活幸福指数。服务业质量既是协调、集成和整合科技创新、资源配置、社会分工、劳动者素质等决定社会、经济发展的核心要素的黏合剂，又是提供、保障和优化法治环境、文化教育、健康保健、诚信建设等决定经济社会发展的环境因素的润滑剂。服务业质量目标是精准，高效匹配供给与需求。服务业质量是提高社会效率的催化剂和助推器。中国服务业质量水平近年来稳中有进，但是总体水平不高，已经严重制约了国家重要战略的实现。缺乏国家战略层面的顶层设计、服务同质化严重、缺乏服务特色和服务创新、从业人员专业水平和综合素质有待提高等因素是服务业质量水平不高的深层次原因。特别是，随着网络化、智能化等现代技术的加速发展和中国经济进入新常态，这一问题愈加凸显。加快提升服务业质量水平，全面提升国家竞争力，尽快实现社会主义现代化和中华民族伟大复兴，成为亟须破解的重要课题。

一、中国服务质量的总体状况

（一）服务业质量稳中有进

2018 年，服务业增加值占全国 GDP 比重为 52.2%，连续 6 年在三次产业中领跑，服务业对经济增长贡献率接近60%①，拉动全国GDP增长3.9个百分点。服务业对经济增长的贡献率比制造业高23.6个百分点。2018年服务业发展的新动能快速成长，发展质量进一步提高，为服务业实现"稳中有进"②提供有力支撑。一方面，各类生产性服务业，特别是高新技术服务业持续加快发展。2018年信息传输、软件和信息技术服务业，租赁和商务服务业，交通运输、仓储和邮政业增加值分别比上年增长30.7%、8.9%和8.1%，领先于其他行业的增长，增加值占GDP的比重分别为3.6%、2.7%和4.5%。另一方面，城乡居民消费升级，服务消费市场规模快速扩张，带动各类消费性服务业快速发展。2018年我国城乡居民消费持续保持升级态势，服务消费成为新动能重要来源。据统计，2018年国内旅游人数和旅游收入都增长10%以上；电影总票房突破600亿元，增长近10%；2018年我国信息消费规模约5万亿元，同比增长11%，信息服务消费规模首次超过电脑、手机等信息产品消费，成为服务业发展又一重要新兴领域。数据显示，在经济下行压力不断加大的背景下，服务业对经济增长的拉动作用凸显。

服务业质量稳中有进，中国服务品牌价值稳定增长，商贸、旅游、金融、物流等现代服务业服务质量明显改善，覆盖第一、二、三产业及社会事业领域的标准体系初步形成③，较好地支撑了消费升级、产业结构优化和新经济发展。我国在评价服务质量水平的国际通行指标——顾客满意度（百分制）指标上，2017年为74.75，比2016年提高2.86，保持在"比较满意"区间。在家庭宽带、移动通信、门户网站、民航服务等领域顾客满意度高于美国④。保险服务、卫生保健服务、金融服务等领域，投诉率降幅较大，分别同比下降64.28%、44.70%和24.19%⑤。

（二）服务业质量总体水平偏低

1. 服务业质量投诉比例居高不下

根据中国消费者协会2019年1月23日发布的《2018年全国消协组织受理投诉情况分析》相关数据整理，与服务业质量相关的投诉（1—10类制造业产品中的售后服务（89 074件）加上11—23类服务业（368 274件），以及24类中的相关服务（12 433件））共469 781件，占总投诉762 247件的比例高达61.6%。生活社会服务类、销售服务、互联网服务、电信服务和文化、娱乐、体育服务居于服务类投诉量前5位。2018年消费者投诉8个热点问题7个与服务业质量相关，分别是以下几点。

（1）预付式消费与金融信贷捆绑，消费者权益受到严重损害。预付式消费模式起源于传统服务业如美容美发、健身、餐饮等，发展到今天已经覆盖教育培训、互联网等众多行业，监管难、维权难，群体性消费投诉多发。

（2）网购家具纠纷成为维权难点，这属于网购服务业质量问题。

（3）电信服务投诉仍然突出。

（4）旅游消费暗设陷阱，消费纠纷频出。

---

① 《政府工作报告》，2019年3月5日。
② 王微．服务业在国民经济增长中的"稳定器"作用日益显现 [J]．中国经济时报，2019-1-25．
③ 《质量发展纲要（2011—2020年）》．
④ 《重点服务行业质量监测报告（2018年）》．
⑤ 《2018年全国消协组织受理投诉情况分析》，2019年1月23日。

（5）房屋装饰装修服务投诉仍是热点。

（6）家用电子电器类投诉量居高不下，位居商品类投诉第一。这一投诉类别虽然属于商品类，但是消费者反映的主要问题却多与服务业质量相关，包括售后不及时、不到位，部分厂商服务意识淡薄，对消费者诉求不重视；服务广度和深度不够，厂家缺乏对下属维修网点的有效监管，特别是农村边远地区售后服务缺失；一些售后人员不具备售后服务技术或专业水平，安装或者维修时，造成了消费者新的损失等等服务质量低劣问题。

（7）海淘商品鉴定难，成为消协组织和消费者维权的难点和痛点，① 这属于跨境网购服务业质量问题。消费者投诉较多会直接降低消费意愿，制约市场内需潜力的充分释放。

2. 生产性服务业发展不足，从质到量与发达国家差距大

以研发服务为例，2013 年，我国"科学研究、技术服务和地质勘查业"在全部服务业增加值中所占比重仅为 3.6%，而美国"专业、科学和技术服务业"所占比重为 8.4%，显示我国生产性服务比重亟待进一步提高。中国被称为"世界工厂"意味着只有强大的加工环节，缺失"微笑曲线"两端利润更高的服务环节，中国缺少对农业、工业、贸易的升级与竞争力提升起到重要作用的、高附加值、高利润的生产性服务提供商。我国生产性服务业发展不足，从质到量与发达国家差距大，已经制约了国家战略的实施。特别是在当前"智能化＋网络化＋数字化"实施过程中，"智能化＋网络化＋数字化"不仅是一个重要的经济领域和技术领域，还意味着商业模式以及整个社会的变革，不仅需要企业实现"智能化＋网络化＋数字化"，劳动市场、消费者的购物方式和生活方式也要实现"智能化＋网络化＋数字化"。而这需要研发服务业、流通服务业、劳动力市场平台服务业、教育培训服务业，以及营销、咨询及品牌服务业的必要支撑。

3. 服务业质量国际竞争力有待提高

服务业是我国贸易逆差的主要项目。统计显示，2017 年，服务贸易逆差达到 16 177.4 亿元，比上年增长 0.3%，逆差规模总体持续扩大。电信计算机和信息服务、知识产权使用费和个人文化娱乐等新兴服务进口同比分别增长 54.9%、21% 和 30.6%②。2005—2015 年，我国服务贸易竞争力指数（Trade Competitive Power Index，取值大于 1，表示处于比较优势；取值小于 1，表示处于比较劣势；越接近于 －1，表示该产业的竞争力越弱）均为负值，这表明我国服务业整体上一直处于比较劣势③。相对于其他国家，我国服务业发展滞后，附加值小，服务种类、深度不够；服务业供给品种和质量，无法满足国内快速增长、升级的需求，导致需求外溢。

4. 新兴服务业质量亟待提高

随着互联网、物联网（IOT）、信息通信（ICT）、人工智能（AI）等技术的发展，顾客参与服务、顾客与服务组织接触交互的时间、地点、方式、过程都发生了翻天覆地的变化，各种新兴服务业态风起云涌④。根据中国互联网络信息中心（CNNIC）发布的第 43 次《中国互联网络发展状况统计报告》数据，截至 2018 年 12 月，我国网民规模为 8.29 亿，其中手机网民规模达 8.17 亿；网络购物用户规模达到 6.10 亿；手机网络支付用户规模达到 5.83

---

① 《2018 年全国消协组织受理投诉情况分析》，2019 年 1 月 23 日。
② 《重点服务行业质量监测报告（2018 年）》。
③ 《服务业补短板：问题、成因、应对与机遇》，2016 年 2 月 26 日。
④ 崔立新. 人与技术融合模式对顾客沉浸体验的影响机制 [J]. 信息与管理研究. 2019 – 9.

亿①。现代技术背景、经济背景和社会背景下的服务质量提升问题亟待解决。根据中国消费者协会与国家统计局数据监测，2017年，质量监测的一项重要统计指标——万人投诉量（投诉量/全国总人口数），服务业（万人投诉量3.03）呈现上升趋势，高于制造业（万人投诉量2.20），与2016年相比，互联网服务投诉量上升明显，增幅达到330.86%。以网络购物为主体的远程购物投诉量在服务投诉中依然遥遥领先，部分共享单车新兴企业出现押金退还困难，电商平台、以微商为代表的个人网络商家和电视购物中，商品服务、质量不合格问题严重。互联网等新兴行业的快速发展，缺乏质量标准规范体系，突显了市场监管同步创新与质量提升跟进的必要性，服务业质量法律法规制度体系需进一步完善。

（三）服务业质量问题带来诸多不利影响

服务业质量目标是精准、高效匹配供给与需求。服务业质量是提高社会效率的催化剂和助推器。可见，服务业质量问题影响重大。

1. 限制创新研发能力、制约制造业和农业质量目标的实现，特别是生产型服务业质量问题将直接制约"中国制造2025"的顺利实现

在2013年德国"工业4.0"提出之后，2014年美国制定了"AMP2.0"系列规划，中国2015年发布"中国制造2025"。"中国制造2025"根本目标在于改变中国制造业"大而不强"的局面，为到2045年将中国建成具有全球引领和影响力的制造强国奠定坚实基础。其中，"积极发展服务型制造和生产性服务业"②是"中国制造2025"中"九项战略任务"之一。在这些战略规划中都体现了对服务业发展的依赖。发展服务型制造，是增强产业竞争力、推动制造业由大变强的必然要求③。正如美国经济学家R. Shelp指出的，农业、采掘业和制造业是经济发展的"砖块"，服务业则是把他们黏合起来的"灰泥"④。在工业化后期，制造业结构升级、制造业与生产性服务业融合发展是实现经济转型的重要方向⑤。生产性服务业的发展关乎经济运行效率、经济增长与结构优化，对农业、工业、贸易的升级与竞争力提升起到重要的作用⑥。在我国工业化与信息化融合的进程中，通过新一代信息通信技术的深度应用，产业分工协作不断深化，制造业与服务业需要不断协同融合，实现科技创新、资源配置、社会分工、劳动者素质等核心要素的协调、集成和整合；实现法治环境、文化教育、健康保健、诚信建设等环境因素的有效提供、保障和优化。高质量、高效率的服务业发展，是抢占价值链高端的有效途径。

2. 缺乏国际竞争力，限制对外服务贸易发展

中国服务业顾客满意度情况不容乐观，平均顾客满意度低于第二产业，不利于中国产业结构转型升级。从国际上看，与美国相比，中国快捷酒店顾客满意度分值低8.48，网上购物低5.76，超市低5.08，银行低4.7，快递服务低4.3，加油站低1.21，移动通信低0.43，

---

① 《中国互联网络发展状况统计报告》，2019年2月28日。
② "中国制造2025"。
③ 《发展服务型制造专项行动指南》。
④ Shelp R. The Role of Service Technology in Development, in Service Industry and Economic Development—Case studies in Technology Transfer [M]. NY: Praeger Publishers, 1984.
⑤ 《服务业补短板：问题、成因、应对与机遇》，2016年2月26日。
⑥ 魏际刚. 生产性服务业发展呈现十大趋势 [J]. 中国经济时报. 2018-7-24.

直接影响到中国服务业的国际竞争力,限制对外服务贸易发展①。

3. 阻碍互联网＋新经济、新动能的健康发展

互联网等新兴行业的快速发展,亟须市场监管同步创新,需要服务业质量提升体制机制创新、方法创新,以及质量标准规范体系的创新。新兴服务业质量如果不能得到改善,将阻碍互联网＋、电商、平台、共享（分享）等新经济、新动能的持续发展。

4. 缺乏国际知名品牌,影响大国形象

根据研究机构 Kantar 在 2019 年 6 月 11 日发布的 2019 年 BrandZ 全球最具价值品牌百强榜,亚马孙已经超过谷歌和苹果成为世界上最具价值品牌,品牌价值达到 3 155 亿美元,比去年增长了 52%。BrandZ 的负责人 Doreen Wang 认为亚马孙排名跃升是因为它销售各种各样的服务。由于技术的便捷性,让亚马孙、谷歌和阿里巴巴等品牌能够在多个消费者接触点提供一系列的服务。中国上榜的 14 个企业中有 10 个服务业,包括阿里巴巴、腾讯、中国移动、中国工商银行、中国平安、中国建设银行、百度、京东、滴滴出行、美团。但是与发达国家如美国品牌榜排名前 10 名占 8 个相比,我国存在很大差距,与大国形象不符。缺乏品牌竞争优势,不仅影响了中国国内市场保份额和中国企业走出去,也制约了中国提升服务业发展的质量效益。②

二、中国服务质量问题的深层次原因

中国服务业质量问题的深层次原因,可以从政府、市场、企业和社会等层面探究。

（一）政府层面：顶层设计、质量标准、监督监管等存在问题

1. 顶层设计方面

长期以来,由于国家设定的粗放式、高速发展的经济目标,不管是中央政府还是地方政府忽视生产效率提升难度较大、速度较慢、任务复杂艰巨的服务业以及服务业质量提升领域的顶层设计和规划,尤其缺乏国家战略层面的服务业质量提升顶层设计。中国作为产业大国和资源大国,企业大而全、小而全的现象严重,大小企业之间的专业化协作水平力缺乏。资源要素仍处于分散割裂的状态。中国现代服务业是以现代科学技术特别是信息技术为支撑,建立在新的商业模式、服务流程和管理理念基础上,融合中国几千年文化资源,促进各个产业专业化协作、融合和创新的新兴服务理念。中国服务业质量的提升需要国家战略层面的宏观顶层设计,需要系统性思维。

2. 质量标准方面

与制造业的质量管理不同,服务业的质量管理仅有不到 40 年的历史。由于服务的无形性、差异性、不可储存性、服务与消费的同时性、顾客的参与性等特性,构建服务业质量标准规范体系比制造业复杂得多。世界范围内服务质量标准体系建设都是匮乏的。特别是互联网等新兴行业的快速发展,更加凸显了服务质量标准规范体系建立的必要性和复杂性。以《国家科技服务业统计分类（2018）》为例,虽然在 2015 年分类基础上进行了修订,包括 7 个大类,24 个行业中类,88 个行业小类,但是不论在大类还是小类,大多是金融、互联网、

---

① 《重点服务行业质量监测报告（2018 年）》。
② 国家市场监督管理总局：中国服务业质量存三大问题 [J]. 中国对外贸易. 2014 – 6.

信息处理和存储服务，缺乏与科学研究、开发创新相关的服务类别的设立，这将直接影响国家创新能力建设。

3. 监督监管方面

我国服务业质量的监督监管目前还处于探索、摸索阶段，法律、法规、制定体系极其不完善，特别是新兴服务业质量的监督监管，由于技术含量高，更加匮乏，已经对互联网+、电商等新经济、新动能的持续发展产生制约影响，凸显了市场监管同步创新与质量提升跟进的必要性。

（二）市场层面：同质化严重、缺乏服务创新，从业人员专业水平和综合素质参差不齐、对外开放不足等问题

服务同质化严重，缺乏服务特色和服务创新。从结构视角看，批发零售、交运仓储、住宿餐饮等传统服务业在全部服务业中所占比重仍然较高。代表经济转型未来方向的生产性服务业发展不足，缺乏服务特色和服务创新，如微笑曲线的两端；科学研究和技术服务业、软件和信息技术服务业、品牌策划、营销咨询服务业等发展极为不充分，严重制约制造业升级；制造业产能过剩和服务业供给不足并存。健康、养老、医疗等服务业供给不足，不能满足居民消费需求。我国工业化、信息化、城镇化、市场化、国际化进程加快，新技术、新形势下需要服务创新。

从业人员专业水平和综合素质参差不齐。在餐饮、物流等行业从业人员专业水平和综合素质有待提高。在研发设计、互联网服务、教育、医疗等高科技公司从业人员专业水平和综合素质较高。由于各行业从业人员专业水平和综合素质相差较大，加大了市场监管的复杂性、艰巨性。

服务业对外开放程度低，参与全球化不足。服务业竞争力不强的根源，是对外开放力度不够。在 WTO 框架下，日本开放领域覆盖率为 73%，其他发达国家约为 62%，中国仅为 54%，差距明显①。随着我国经济发展进入新常态和新一轮改革开放的深入推进，国际上知名服务品牌商的进入，我国服务业将面临更激烈的竞争，亟待加强供给侧结构性改革，大力发展高技术服务、品牌设计及推广服务、知识产权保护等现代服务业，提升传统服务业专业化、规范化、品牌化水平，对标国际先进水平提升质量。

（三）企业层面：基础能力、流程工艺、质量管理体系等有待提升

1. 基础能力不足，流程及工艺创新不足

服务业中小企业较多，基础能力薄弱。由于顾客的参与性、服务与消费的同时性等特性，服务业流程工艺创新比较复杂，中国的服务企业，由于没有国外现成的经验可以学习、借鉴，目前这方面更加薄弱，使得本来就生产效率低下的服务生产，效率更加低下。

2. 质量意识薄弱、质量管理体系缺乏

目前多数服务企业没有质量管理部门。全员、全过程、全方位的质量管理意识薄弱，缺乏质量计划、质量控制、质量改进、质量攻关、质量比对、质量风险分析、质量成本控制、质量管理小组等先进技术手段和现代质量管理理念方法的应用，缺乏服务业质量管理体系的设计、构建和实施。

---

① 张猛. 服务业现有开放程度不足，发展潜力巨大 [J]. 中新经纬. 2019-3-27.

（四）社会层面：浮躁之风盛行、缺乏工匠精神

服务业质量目标是精准满足顾客的需求、精准匹配服务供给与服务需求，需要精益求精，追求不断完善和提升，提倡专业、热情、用心、敬业、团队、亲情和执着，呼唤现代工匠精神的回归。而当今社会浮躁之风盛行，各行各业急功近利，缺乏工匠精神。

三、促进中国服务质量提升的对策建议

（一）深化理论研究，创新中国服务业质量提升理论体系

与从工业革命时期开始的制造业产品质量管理理论研究不同，服务业的质量管理理论研究是从 20 世纪 80 年代发达国家陆续进入服务经济时代开始的，到今天仍有很大的研究空间。由于服务业的业态多样性、需求差异性、质量评价主观性以及监督管理复杂性等特性，服务业质量提升一直是世界范围内长期难以解决的问题。特别是互联网等新兴行业的快速发展，在服务业质量提升理论研究方面，凸显了中国与世界处于同一起跑线的优势。我们应该抓住这次千载难逢的好时机，加大理论研究支持力度。

1. 国家基础研究机构对服务业质量理论基础研究给予政策倾斜

如国家自然科学基金、国家重点研发计划、国家科技重大专项等国家基础科学资助项目，需转变一直以来以制造业、农业相关基础理论研究为主的支持模式，加大对服务业质量基础理论研究的倾斜、支持力度。

2. 进行收益管理、动态定价的基础算法和模型的突破研究

收益管理主要是针对时效性强、生产能力有限、固定成本高、可变成本低、需求波动大等特征的产品或服务的一种科学管理手段，通过动态预测、定价和容量分配等方法来实现资源的有效分配，从而达到收益最大化的目的。由于服务的易逝性和不可储存性，服务需求与服务供给的矛盾比制造业突出，收益管理和动态定价是国际通用的服务需求调节的有效方法。收益管理模型最早由民航服务部门开发，目前在发达国家已经广泛应用于酒店、旅游、房屋租赁、电力、通信、电子商务等领域。亚马孙的"动态定价体系"每天会对产品的价格调整 250 万次①，使亚马孙提高利润 25%。但是在我国，即使在收益管理、动态定价的开发领域——航空服务领域，与世界发达国家的差距也是巨大的。差距的根源在于收益管理、动态定价的基础算法和模型缺乏自主创新和突破。研究不能一味照搬照抄国外的算法、模型，或者对国外算法、模型的小修小补，需要根据中国国情，包括中国的需求规模、文化传统，中国人的消费心理、消费习惯，科学选择变量，突破算法、构建自主创新的模型。

3. 重视学科交叉融合的服务业质量提升基础理论研究，特别是与现代信息技术、社会科学、心理科学等领域前沿理论融合的服务业质量提升基础理论研究

首先，移动互联网、物联网等技术的不断创新，实现了服务企业与顾客互动的多样性、多重性和复杂性②。目前流行的交互模式除了人和人、面对面，还包括数字（网页聊天）、机器人（人工智能系统）、机器（ATM 机、ETC、手机 App）等日益增加和丰富的互动和交互界面。交互界面多样性扩大了服务企业与顾客互动的界面的性质、构成、数量和范围，增

---

① 《利润提升 25%：解密亚马孙"动态定价体系"》，2018 年 11 月 9 日。
② 崔立新. 人与技术融合模式对顾客沉浸体验的影响机制 [J]. 信息与管理研究. 2019－9.

加了影响顾客感知的服务业质量的风险和机会。互联网技术实现了万物互联互通，大数据技术赋能企业更精准地分析客户需求，人工智能技术大幅降低了满足客户需求的成本，一系列颠覆性技术不断模糊企业与客户之间的关系，模糊行业和行业之间的边界，需要重新定义行业的运行法则和企业的竞争规则①。这些都说明，亟须与现代技术融合的服务业质量提升基础理论研究。

其次，随着经济发展和人均收入水平提高，消费者的消费需求沿着"衣、食—耐用品—住、行—服务"的路径升级，服务消费增长速度远远超过物质消费，服务业消费升级需求潜力巨大，为了提高消费者满意度，需要进行融合现代技术、中国国情的消费心理学研究。

最后，需要结合现代化信息技术，创新服务业质量测评方法。包括借助物联网技术采集顾客感知的全数据，运用大数据分析方法如非监督机器学习技术 LDA 方法识别服务业质量属性。

（二）创新一、二、三产业、先进制造业与现代服务业协同融合模式和产业，构建服务生态体系和服务型新农业，提升服务业质量

1. 创新制造业与服务业协同融合模式，构建服务生态体系

打破企业大而全、小而全的模式，不断深化制造业企业专业化分工，增强先进制造业与现代服务业协同融合能力，创新协同融合模式，整合资源要素，构建服务生态系统。加快科技研发服务与产业链协同融合发展，深化产业链和相关金融服务的产融合作，鼓励开展服务外包和业务协作，大力发展品牌设计、形象策划、管理咨询等服务企业。服务生态系统由各个企业组成的产业链、供应链、价值链和服务链组成。融入系统中的每个企业，与其他企业合作共赢、相互成长、相互赋能，彼此融合交叉并相互渗透，最终形成满足顾客个性化需求的服务生态体系。

2. 创新农业与服务业协同融合模式，构建服务型新农业

利用信息技术创新服务业新模式、构建服务型新农业。北京平谷区"互联网+大桃"工程不仅让农民触网卖桃，还催生了"新农人讲师团"，"授之以渔"的农民电商培训师应运而生。这些讲师个个都是土生土长的平谷桃农，把最接地气的电商培训课送到农民身边。据统计，2018 年"新农人讲师团"开课近 300 场，培训农民 8 000 余人次。截至 2019 年 7 月，已开展培训 366 场，培训农民 11 000 余人次。相比农民过去把大桃一股脑儿卖给桃贩子，通过大桃分级并通过互联网、商超、市场等多渠道销售，可为农民增收 1.5 倍以上。数据显示，2018 年全国农产品网络零售额达到 2 305 亿元，同比增长 33.8%②。服务型新农业正成为脱贫攻坚、农民增收的重要手段。

（三）从国家战略高度推进服务业质量教育体系不断完善

1. 从国家全民教育体系层面

从国家全民教育体系层面，特别是高等教育体系，服务业质量的理论体系与制造业和农

---

① 于晓宇，吴祝欣. 为什么确定性其实是企业的敌人 [J]. 哈佛商业评论. 2019 - 8 - 14.
② 赵语涵. 农产品销售搭上互联网快车——果园里诞生电商培训师 [J] 北京日报，2019 - 8 - 13.

业有很大差距。目前，高校与服务业相关的学科、与质量相关的学科极度匮乏，不利于高水平服务业质量管理人才培养。

2. 从企业顾客教育体系层面

与制造业不同，服务的有效传递、运行和实施过程需要顾客参与，顾客是决定服务业质量的重要组成部分。因此，对顾客的教育，即信息、知识向顾客有效的转移，在服务业质量保证中起到关键性作用。有研究证明[①]，顾客教育正向影响服务过程中的顾客参与程度，即顾客教育会提高服务过程中的顾客参与程度；顾客教育的质量正向影响顾客的选择性行为，即高质量的顾客教育会提高顾客选择的正确性和准确性；顾客教育正向影响顾客感知的、从功能性、经济性、安全性、时间性、舒适性、文明性6个方面评价的服务业质量，即顾客教育有利于提升顾客感知的服务业质量。

3. 从社区顾客互动教育体系层面，包括网络平台社区教育体系的建设

通过顾客参与、顾客之间互动，有效完成传统文化教育、新技术传播教育，甚至通过顾客之间互动和积极参与，进行服务创新。有研究把顾客之间互动分为信息互动和人际互动，通过对网络社区的顾客互动研究发现，信息互动会提升顾客感知服务业质量全部属性，人际互动会提升顾客感知服务业质量的部分属性，顾客兼容性会影响顾客互动对顾客感知服务业质量的提升效果[②]。

（四）做好国家层面的服务业质量提升体制机制顶层设计

1. 积极开展服务业质量标准建设工作

建立健全服务业质量标准体系和服务业质量测评体系，拓展服务业标准化工作领域，建立、完善、细化、深化生产性服务业质量标准与行业规范，进一步制定完善生活性服务业标准，建立健全重点突出、结构合理、科学适用的服务业质量国家标准体系，实现重要服务行业和关键服务领域标准全覆盖，扩大服务标准覆盖范围。根据生产性和生活性服务业的不同特点，建立健全服务业质量标准体系和服务业质量测评体系，在科学研究与技术服务、品牌策划、营销推广、现代物流、银行保险、信用评级、商贸流通、教育培训、医疗卫生、邮政通信、社区服务等重点领域，建立顾客满意度评价制度，推进服务业满意度评价试点。促进服务企业增强质量意识、建设质量文化，提高服务业从业人员的质量素养和质量管理水平，完善服务企业质量管理体系，促进服务业质量管理向标准化、规范化、国际化发展。

2. 推进服务业质量诚信体系建设

健全服务业质量信用信息收集与发布制度。由于服务的无形性，服务业质量诚信体系建设尤为重要。运用现代网络、信息技术搭建服务业质量信用信息平台，推动行业质量信用建设，实现银行、商务、海关、税务、工商、质检、工业、农业、保险、统计等多部门质量信用信息互通与共享。完善服务企业质量信用档案和质量信用信息记录，健全服务业质量信用评价体系，实施服务业质量信用分类监管。建立服务业质量失信"黑名单"并向社会公开，加大失信惩戒力度。鼓励发展质量信用服务机构，规范发展质量信用评价机构，建立多层次、全方位的质量信用服务市场。

---

① 崔立新，等. 顾客教育影响顾客参与机理研究［J］. 信息与管理研究，2019，4（4-5）：33-43.
② 崔立新，何桢. 人与技术融合模式对顾客体验的影响机制［J］. 信息与管理研究，2019，4（4-5）：1-11.

（五）扩大对外开放，打造"中国服务"品牌

提高品牌意识，提倡工匠精神，打造"中国服务"品牌，围绕"一带一路"倡议，积极"走出去"，鼓励国内企业、科研院所、大专院校、社会团体积极参与主办、协办国际服务业质量大会，交流服务业质量管理和技术成果，开展务实合作。参与质量相关国际和区域性标准、规则的制定，促进中国服务标准、计量、认证认可体系与国际接轨。同时，扩大服务业的对外开放程度，积极把国外先进的服务业质量管理方法、技术和高端人才"引进来"。

第三节 服务质量管理的意义

一、理论意义

由于服务的特性使其形成的服务质量管理理论与技术与有形产品对应的理论与技术有显著的区别。服务质量是一个主观范畴，是顾客对服务的期望和实际感知之间的比较，即顾客感知服务质量。这些概念和特性决定了服务质量管理，特别是服务质量评价极其复杂和困难。本书充分利用现代科学技术研究成果，创新网络化、信息化、大数据背景下服务质量管理和评价的概念、技术、方法、模型体系，具有以下理论意义。

（1）推动服务质量管理理论与技术的发展。

服务质量管理理论与技术的发展，特别是服务质量评价理论与技术的发展，受到服务特性的限制，一直比较缓慢，本书的研究成果将充分运用技术领域的研究成果，推动服务质量管理理论与技术的发展。

（2）拓展网络化、信息化、大数据技术的应用领域。

技术领域的研究成果也需要经过实践的运用，以得到进一步的完善和推广。本书将在此方面作出尝试，拓展网络化、信息化、大数据技术的应用领域。

二、实践意义

由于服务质量管理理论与技术的缺乏，服务质量管理及评价实践的开展受到限制。本研究将有助于提高服务质量管理水平，在满足顾客需求的同时，为企业创造利润和竞争优势。

第四节 服务质量管理的对象与内容

一、界定对象

本研究以服务质量管理的概念、技术、方法、模型体系为研究对象。

二、确定内容

服务质量管理包括以下3个方面的内容：

（1）服务质量和认证评价指标选取和设计技术、方法现状研究，包括所有的服务认证评价指标选取和设计技术、方法。既包括来自制造业有形产品的质量和认证评价指标选取和设计技术、方法的研究，也包括其他学科研究领域评价指标选取和设计技术、方法的研究；既包括国内的研究，也包括国外的研究；既包括传统技术方法，也包括与新技术结合的技术方法。

（2）现有服务认证评价指标选取和设计技术、方法的问题研究。目前现有的质量评价指标选取和设计技术、方法多来自国外或其他行业，并没有真正考虑服务的特性，也没有从中国国情、中国文化背景出发对服务认证评价指标选取和设计技术、方法进行研究。

（3）构建网络化、信息化、大数据条件下服务认证评价指标选取和设计的框架体系。构建充分考虑服务特性的，从中国国情、中国文化背景出发的服务认证评价指标选取和设计理论体系。

第二章 理论基础

第一节 服务的定义及特性

一、服务的定义

美国的市场营销学会（AMA，1960）将服务定义为，用于出售，或是随同产品一起出售的活动、利益或者满足感，是指消费者从有偿的活动或所购买的相关商品中获得的利益和产生的心理满足感。里根（Regan，1963）提出服务是指消费者在购买服务或者产品时，所获得的一种无形满意结果或者有形和无形满意结果相结合的活动。美国营销学家菲利普·科特勒（Philip Kotler，1983）认为，服务是一方向另一方提供的基本上属于无形的行为或绩效，服务不会导致所有权的转移。服务的生产过程可能与物质产品有关联，也可能不相关。A. 佩恩（1985）定义服务为一种具有无形性特征的活动，服务包括与顾客或顾客所拥有财产的相互活动，它不会造成所有权的变更。格罗鲁斯（Gronroos，1982）则认为，服务是以无形方式出现的，一般发生在顾客与服务人员、有形产品或者服务系统之间，且能够解决顾客问题的一种或者一系列活动。崔立新（2003）认为，服务不仅是一种无形的特殊活动，而且更是一种观念，它的实质是更好地与消费者沟通，挖掘消费者现有的和潜在的需求，并最大限度地满足需求，获得利润，创造财富，取得竞争实力（优势）。

2015版ISO9000（GB/T 19000—2016）将服务定义为，至少有一项活动必需在组织和顾客之间进行的组织的输出，并注解说明：通常，服务的主要要素是无形的；通常，服务包含与顾客在接触面的活动，除了确定顾客的要求以提供服务外，可能还包括与顾客建立持续的关系，如银行、会计师事务所或公共组织（如学校或医院）等；服务的提供可能涉及，例如在顾客提供的有形产品（如需要维修的汽车）上所完成的活动、在顾客提供的无形产品（如为准备纳税申报单所需的损益表）上所完成的活动、无形产品的交付（如知识传授方面的信息提供）、为顾客创造氛围（如在宾馆和饭店）；通常，服务由顾客体验。

ISO9004-2：1991《质量管理和质量体系要素指南》中定义服务为："为满足顾客的需要，供方与顾客接触的活动和供方内部活动所产生的结果。"

综上所述，服务是一种提供时间、空间和形式效用的经济活动，它发生于顾客与员工、有形资源的相互作用中，服务的过程不会发生所有权的改变，但直接或间接地改变了服务接受者或其拥有的物品形态。

二、服务的特性

服务具有以下几点特性：

1. 无形性

服务与有形产品有很大的区别，是无形的、不可触的；而且服务产品使用后的利益也不是立竿见影的，是无法被观察到的。

2. 生产和消费的不可分离性

在整个服务的过程中，都是有消费者的参与的，服务的生产、销售与消费是在同一时间点共同发生的，在时间上具有不可分割性。这与制造业的"生产"与"营销"的职能划分是完全不同的，因此以产品为中心的管理方法是不适用于以人为中心的服务运作过程的。

3. 不可存储性

服务并不像有形产品一样可以被贮存、再次使用或退回，顾客无法一次购买较多量的服务来满足未来的消费需求，因为消费者并没有实质性的拥有服务，服务过程中不会发生所有权转移，交易结束时服务即消失。

4. 差异性

服务的差异性一方面源于服务提供人员自身的差异性，另一方面源于顾客。即不同的服务提供者因自身认知、素质或习惯的不同会提供不同效果的服务类型；同一个顾客在不同时间使用同种服务，可能会产生不同的感受；此外不同的服务提供地点和环境，也会导致不同的顾客评价。

5. 顾客参与性

服务过程即是顾客参与的过程，顾客不仅仅是被动地接受服务，他们也为服务过程提供了资源输入。

第二节 服务质量的含义及特性

一、服务质量的含义

1982 年，北欧学派创始人之一芬兰学者格朗鲁斯（Gronroos）在概念上开创性地提出了顾客感知服务质量，具有突破性的历史意义，使学术界对该领域的研究进入了一个全新时代。Gronroos 从认知心理学的角度出发，提出了顾客感知服务质量的概念。Gronroos 认为，服务质量是建立在比较的基础上的，是取决于顾客对期望的服务和对感知的服务的比较结果。他认为，从本质上看，对服务质量的评价其实是以一个主观存在于消费者头脑中的顾客感知为基础的，它来自顾客对服务的期望值与实际感知值之间的比较。他认为，服务质量（SQ）＝服务感知（P）－服务期望（E）。服务期望是指顾客在实际消费之前，根据以往的经验或资料搜集，对服务水平产生的心理预期。而服务感知则是顾客在服务消费过程中切切实实感受到的服务水平。如果服务感知高于或恰好等同于服务期望，则顾客就能获得较高的满意度；反之，顾客则会产生心理落差，对服务质量的评价较低。因此服务质量，其实就是顾客感知服务质量。此后的许多学者也进行了研究，表达了与 Gronroos 类似的观点，比较有代表性的是美国服务管理研究组合 PZB（A. Parasuraman、Valarie A. Zeithaml 和 Leonard L. Berry）。PZB 经研究，也对服务质量是一种主观的，以感知进行评价的观点表示认同，认为它是一种差距，是感知服务与期望服务比较的结果。

Gronroos 认为，任何服务产品都既包括了服务过程，又包括了作为结果的服务产出。因此，从这个角度，他将服务质量划分为技术质量（Technical Quality）和功能质量（Functional Quality）两部分。技术质量反映的是服务交易结束时企业为顾客提供的服务结果，即服务产出的质量；相反，功能质量是过程质量，发生在整个服务过程中，是与顾客互动产生的服务效果。"服务过程质量"的观点将服务质量与产品质量从本质上区别开来。任何服务质量都是既包括服务结果的质量，也包括服务过程的质量，只有当两者都是优时，顾客所感知的服务质量才是优质的。Gronroos 建立的模型不仅对功能质量和技术质量进行了描述，还引入了形象质量的因素，把企业在公众心中的总体印象也考虑在内。从某种程度上来说，形象质量是顾客是否选择企业服务的先决条件，但服务质量又反过来影响着企业的形象质量。

尽管目前学者们对服务质量的定义还未达成一致，但综合来看，他们的观点在以下方面具有共识：服务质量不同于有形产品，存在着很大的灵活性，难以制定统一的实施标准；服务质量即顾客感知服务质量，来自顾客对服务的预期与实际感知的比较；服务质量的评价往往是综合考虑服务过程和服务产出。

二、服务质量的特性

服务质量作为一种反映服务过程满足顾客需求程度的体现，它具有以下几点特性：

1. 主观性

服务质量是一种灵活性很大的主观质量，是无法用特定的标准去衡量的，不同于有形产品，可以按照质量标准体系去生产。服务质量的评价往往来自顾客的主观感受，即表现为主观性特点。顾客对一家服务企业质量的评价，往往是对比早已形成的服务期望和实际经历的服务感知的差距得出的。影响服务期望形成的因素可能有多方面，比如自我需求、以往的购买经历、客户口碑、竞争者情况等。若顾客感知持平或超过服务期望，就会给予服务质量正面评价；反之，即使顾客享受了从企业角度认为是最周到、最完美的服务，但是顾客的感知值低于期望值，其给予服务质量的评价也会是负面的。因此，相同的服务，期望值高的顾客给出差评的概率较高，而期望值较低的顾客则很有可能做出正面的评价。因此，企业若想获得较高的顾客评价，一方面应把控好顾客的服务期望，另一方面则应合理设计服务过程。服务企业是顾客导向型企业，应从顾客角度出发对服务质量进行设计、交付、衡量与评价。

2. 参与性

服务的生产和消费是同时进行且无法分离开来的，换言之，服务人员提供服务的同时也是顾客消费服务的过程，因此服务过程的全程都是有顾客参与的，服务人员不可能独自完成服务的环节。服务质量的形成，需要服务企业的各部门、各要素（人、财、物、信息等）的广泛参与和高度协调配合，需要顾客与服务员工、设施、工具和环境等直接接触。客户关注的不仅仅是服务的产出质量，还会注重考虑服务过程中的感受。这就是服务质量全程参与的特点。这个特点也对服务质量提出了较高的要求，即对服务质量的评价是对整体——从服务开始到结束的所有环节的评价，若任何一个细节出问题，都有可能会影响顾客对服务质量的整体评价。

北京理工大学教授郎志正认为，服务质量具有以下特性：

①控制特性不明显，不确定因素多。

②行为属质量特性，服务质量中包含更多的人的可靠性。

③服务质量水平必须有顾客参与才能最终确定。

④不能进行完全等同于实体产品意义上的质量控制和测量，如不能监控偏差和进行静态的精确测量。

⑤服务质量不能预先决定。

⑥服务通常由服务企业中报酬最低的人员直接提供。

⑦服务质量更具综合性。

⑧服务质量既是客观的，又是主观的。客观性在于它涉及测量个人目标、感受、意念和神经系统反应等因素的影响。主观性在于服务主体是人，客体也是人，服务质量依赖于人的知识、能力、意识、期望等主观因素。

第三节　服务质量和服务认证评价要素分析

Gronroos（1982）提出了服务质量的三个维度，即技术质量、功能质量和企业形象，并在1984年又将服务质量简化为技术质量和功能质量两个维度。Rust 和 Oliver（1994）提出了将服务质量分为服务产品、服务传递和服务环境三个维度。美国管理学教授 J. Ivancevich，P. Lorenzi 和 S. Skinner（2003）提出了可靠性、企业有形资产、响应能力、保障性、体谅等服务质量维度。

PZB（1985）首次提出了可靠性、响应性、胜任性、有形性、移情性、接近性、可信性、礼貌性、安全性及沟通性10个服务质量维度。1988年PZB对先前的维度划分做出了修正，将原来的10个维度进行了提炼和合并，最终确认为有形性、可靠性、响应性、保证性、移情性和有形性5个维度。

可靠性反映的是企业对服务承诺兑现履行的能力，即在特定的外部条件、外部环境或时间范围内实现服务承诺的能力。可靠性表现为企业能准时无差错地完成服务承诺的程度。

响应性是指服务企业或组织能快捷、有效地响应顾客需求或解决顾客问题的能力。顾客就是上帝，时间就是金钱，如果服务响应不够迅速，让顾客等待，尤其是无缘无故的等待，毫无疑问会产生消极后果，降低顾客最终对服务质量的评价。企业想提供较快速的响应性就必须能够迅速、准确地识别客户的需求，进而及时满足其需求；此外，服务过程中难免会出现差错，企业要能够迅速弥补过失，采取行动解决问题，尽量将客户的抱怨和不满消除，达到客户满意。

保证性是影响顾客对企业服务质量的信任与安全感的重要因素，是与服务人员的态度与能力息息相关的。员工若能表达出信心、礼貌与魅力，客户会产生更多的信赖。亲切有感染力的服务态度是客户与企业进一步交流合作的基本礼节，而娴熟准确的专业知识则是保证服务质量的深层因素。因此，礼貌态度和专业能力两者是相互关联不可或缺的。保证性表现为如下特征：礼貌和尊敬地对待客户、与客户进行有效的沟通、完成服务的能力与专业化程度、将客户最关心的事放在心上的态度。

移情性是指企业以客户需求为出发点，能够尽力为客户提供利益、对其给予特别的关注并适当地满足其需求的能力。移情性反映出的是企业人性化的一面，以客户为导向的理念。移情性表现为：接近客户、为客户提供便利的能力；能准确和有效地识别客户需求并满足之。

有形性是通过与服务有关的一切可视化要素来衡量的，比如服务设施、设备、人员着装和各种服务宣传资料等。

国内在服务质量的维度研究方面，郎志正（1987）提出了"6性"——功能性、经济性、安全性、时间性、舒适性、文明性；郑秉治（1995）提出了设计质量、技术质量、行为质量和感觉质量4个服务质量维度；范秀成（1999）提出了技术质量和交互质量2个服务质量维度。

郎志正（1987）提出的"6性"的具体含义为：

功能性：作用、效能。

经济性：费用。

安全性：健康、精神、生命、财产。

时间性：及时、省时、准时。

舒适性：设施和环境。

文明性：和谐。

基于郎志正（1987）提出的"6性"要素，我国服务业在"十一五"国家科技支撑计划重点项目"国家重点领域认证认可推进工程"中，取得了"服务质量"系列相关研究成果，包括《服务质量评价理论与方法》《汽车维修服务质量评价与服务认证》《物业管理服务质量评价与服务认证》《医疗服务质量评价与服务认证》。在"十二五"国家科技支撑计划重点项目"支撑认证认可的评价分析、检测验证与有效性保障技术研究与示范"中，取得了《金融窗口服务质量管理》《服务认证技术研究与示范》《合同能源管理服务综合评价与认证技术》等与服务质量管理相关的研究成果。

第三章 服务质量管理理论与技术现状

服务质量的评价模型一直是国内外服务质量研究的核心，也是全球企业管理领域的前沿课题。企业需要提供顾客满意的服务，动态地全程跟踪服务质量，及时地将整个服务链的各个阶段分解评价，从而尽快发现问题的症结所在，在发现问题的第一时间制定应对方案，这些对企业发展至关重要。本章综述了目前为止国内外学者提出的服务质量评价指标（模型），包括各行业和领域的服务质量评价指标（模型）。国外学者有格朗鲁斯（Gronroos）、PZB等，国内学者如郎志正、崔立新等。常见的服务质量的评价模型包括：格朗鲁斯（Gronroos）顾客感知服务质量模型、服务质量差距模型、PZB顾客感知服务质量SERVQUAL模型等。国内在服务质量评价模型研究方面，郎志正（1987）基于服务特性、服务质量特性以及全面质量管理等理论的研究，提出了服务质量评价的功能性、经济性、安全性、时间性、舒适性、文明性的"6性"模型，该模型在国内质量管理领域得到广泛认可和应用。崔立新（2003）在对多个服务质量评价模型进行比较研究的基础上，提出了顾客感知服务质量评价指标选取的价值曲线评价模型。

另外，学者们开发了各个行业的服务质量评价模型，如：物流服务质量评价LSQ模型、出租汽车服务质量评价指标体系、LODGQUAL量表、INDSERV模型等。

第一节 基础理论

一、Gronroos顾客感知服务质量模型

（一）模型提出

20世纪80年代初期，芬兰学者格朗鲁斯（Gronroos）根据认知心理学的基本理论，首先提出了顾客感知服务质量模型，并成为旗帜性的研究成果，成为其他关于服务质量研究的基础性模型。他将感知服务质量定义为"顾客期望的服务质量与顾客实际接受的服务质量之间的差异"，指出服务质量是在服务体验过程中，顾客的主观期望同其实际感受的对比。

格朗鲁斯（Gronroos）认为顾客对服务质量的评价过程实际上就是将其在接受服务过程中的实际感觉与接受服务之前的心理预期进行比较的结果：如果实际感受满足了顾客期望，那么顾客感知质量就是上乘的；如果顾客期望未能实现，即使实际质量以客观的标准衡量是不错的，顾客感知质量仍然是不好的。格朗鲁斯（Gronroos）的"顾客感知服务质量模型"的核心是质量是由顾客来评价的，实际上是要求服务厂商从顾客的角度来评价和管理服务质

量,顺应了"以客户为中心"的现代市场营销潮流,特别是在市场竞争越来越激烈的服务市场营销中有特别重要的指导意义。

(二) 模型的要素

Gronroos(1982)提出了建立在"感知服务质量"基础上的三维度模型(如图 3.1 所示)指出总服务质量包含企业形象、功能质量和技术质量等构成要素,成为之后学者们研究服务质量模型效仿的标杆。技术质量是顾客在服务过程结束后的所得。通常,顾客对结果质量的衡量是比较客观的,因为结果质量牵涉的主要是技术方面的有形内容。顾客接受服务的方式及其在服务生产和服务消费过程中的体验也会对顾客所感知的服务质量产生影响,构成服务过程的功能质量。与技术质量不同,功能质量一般不能用客观的标准来衡量,顾客通常会采用主观的方式来感知功能质量。服务质量由技术质量和功能质量两部分组成,这两个部分表明的是"顾客得到了什么服务"和"顾客是如何得到服务的"这两个问题。

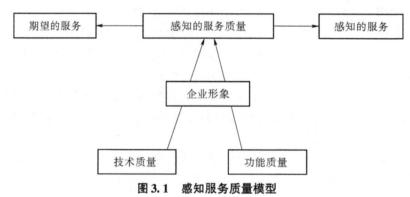

图 3.1 感知服务质量模型

(三) 服务质量应结合心理学认知理论

Gronroos 教授依据学术研究经验并联系服务业的真实特征,他崇尚服务质量应当结合心理学的认知理论,应该从顾客实际体验的角度界定服务质量。此外,他还解释道:"服务质量的好坏完全凭借顾客的心理衡量值,是某项服务的期望质量值与实际感受质量值之间的对比分析。"

二、GAP 模型(服务质量差距模型)

1985 年,美国研究组合 PZB 的三位学者发表了论文《服务质量的概念模型及其对未来研究的提示》(A Conceptual Model of Service Quality and Its Implication for Future Research),提出了服务质量差距模型,如图 3.2 所示。

服务质量差距模型中有 5 个差距:差距 1 是管理者理解的差距;差距 2 是服务质量规范的差距;差距 3 是服务传递的差距;差距 4 是承诺的差距;差距 5 是顾客服务期望与服务感知的差距。差距 1 到差距 4 分别是公司对顾客的期望不了解、错误的服务质量标准、未按服务标准提供服务、实际传递的服务与宣传的服务之间的差别。差距 5 是顾客期望与感知的差距。

(1) 管理者理解的差距。

通常在管理层和客人之间对于服务的理解上，可能存在以下3个方面的问题：

①管理层接收不到客人信息。具体表现为由于组织层次过多而造成的向上流动的信息中断或歪曲，以及消费者向上传递的信息不好或不存在。

②管理层接收到不准确的或理解错了正确的客人信息。原因可能来自市场调研和需求分析的信息不准确或对有关期望的信息做了不准确的解释。

③管理层忽略了客人信息。即经营管理时未做需求分析。

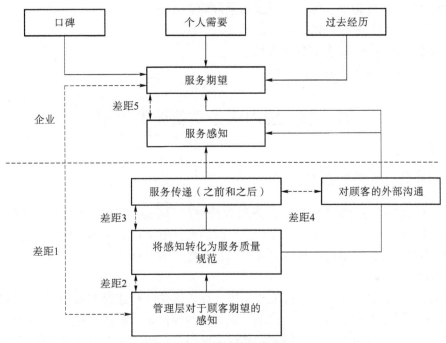

图3.2　服务质量差距模型

(2) 服务质量规范的差距。

服务标准和管理层理解差距，即使组织中存在关于消费者预期的充分而准确的信息，所制定的服务标准依然可能失效。可以从以下4个角度来理解这个差距：

①从消费者角度看，管理者不重视消费者最重视的质量。高层管理者未对服务质量真正承担起义务，没有视服务质量为最优先考虑的问题。

②从员工角度看，管理者服务标准未重视员工可行性。管理层计划错误或不完备的计划步骤。

③从供应商角度看，管理者服务标准未重视供应商认同度。目标和质量设置未得到供应商认同。

④从社会角度看，管理者服务标准不重视政策法规。

(3) 服务传递的差距。

服务传递的差距产生的原因包括以下几点：

①员工不重视服务标准，违背质量标准的行为却受到控制系统的鼓励。

②员工做不到服务标准，雇员对说明与规定的理解有误、雇员对消费者的愿望与需求的理解有误；员工工作负荷；员工工作得不到充分支持。

③员工忽视服务标准。

④服务标准与现有的企业文化不一致，由于目标和质量标准与现存的企业文化不适应而不能贯彻执行的情况也时有发生。

（4）承诺的差距。

承诺的差距产生的原因包括以下几点：

①市场营销传播计划未能和服务运营活动相结合。

②在市场营销活动和内部计划间缺乏协调配合。

③市场营销以服务标准宣传，实际服务未做到。

④市场营销浮夸与过分许诺。

（5）顾客服务期望与服务感知的差距。

这是其他差距共同作用的结果。

第二节　国内服务质量评价模型

一、郎志正"6性"模型

郎志正（1987）基于服务特性、服务质量特性以及全面质量管理等理论的研究，提出了服务质量评价的功能性、经济性、安全性、时间性、舒适性、文明性的"6性"模型，该模型在国内质量管理领域得到广泛认可和应用。具体内容包括以下6个方面：

1. 功能性

功能性是指某项服务所发挥的效能和作用。商店的功能是让顾客买到所需要的商品；交通运输功能是运送旅客和货物到达目的地，是人和物的位移；医院、诊所的功能是使病人恢复健康；银行的功能是为用户提供储蓄和其他金融服务。而工业企业的销售和售后服务的功能是使采购方满意地得到和使用产品。能否使被服务者得到这些功能是对服务的最基本要求。也就是说，功能性是服务质量中最基本的特性。

2. 经济性

经济性是指顾客为了得到不同的服务所需费用的合理程度。这里所说的费用是指在接受服务的全过程中所需要的费用，即服务周期费用。经济性是相对于所得到的服务满足不同类别和不同等级需要的，它是每一个顾客在接受服务时都要考虑的质量特性。

3. 安全性

安全性是指保证服务过程中顾客的生命不受到危害，身体和精神不受到伤害，以及财产不受到损失的能力。安全性的改善和保证的重点在于服务设施的可靠性和维护保养，安全和保密措施的完善、商品和环境的清洁卫生，防火和防盗措施的健全等。特别是交通运输业，更应该把安全性放在第一位。

4. 时间性

时间性是指服务在时间上能够满足顾客需要有能力，它包括了及时、准时和省时3个方面。及时是当顾客需要某种服务时，能够及时地提供；准时是要求某些服务在时间上是准确的；省时是要求顾客为了得到所需的服务所耗费的时间能够缩短。及时、准时和省时三者是相关的、互补的。

5. 舒适性

舒适性是指在满足了功能性、安全性和时间性等方面特性的情况下，服务过程的舒适程度。它包括服务设施的完备和适用、方便和舒服，环境的整洁、美观和有秩序。显然，舒适性与顾客所付出的代价，即服务的不同等级是密切相关的，也就是说，舒适的程度是相对的，但不同等级应制定出相应的规范来做出要求。

6. 文明性

文明性是指顾客在接受服务过程中满足精神需要的程度。顾客期望得到一个自由、亲切、尊重、友好、自然与谅解的气氛，有一个和谐的人际关系，在这样的条件下来满足顾客的物质需要。文明性充分体现了服务的特色。

另外，郎志正（1991）提出服务质量的测量评价有以下 3 个特性：

①可直接测量的特性：时间、价格成本、准确率、故障率。
②可观察条件和结果的特性：是否、对错、好坏。
③可观察行为特征和态度的特性：打分。

二、崔立新价值曲线评价模型

崔立新（2003）基于对多个服务质量评价模型进行比较研究的基础上，提出了顾客感知服务质量评价指标选取的价值曲线评价模型。

价值曲线评价模型所遵循的是价值创新的逻辑思路，追求的是顾客感知服务质量在某些属性上的质的飞跃，它突破现存的、赋予某行业的服务质量评价标准，调查始于以下"4 个问题"：①本行业被赋予的服务质量评价要素中，哪些要素是应该取消的？②哪些要素应该削减到行业标准之下？③哪些要素应该提升到行业标准之上？④哪些要素是从未提供而顾客需要、应该由企业创造的？调查不仅要求顾客做出评价，还要求内部员工和管理人员做出评价，最终目标是发现使顾客感知服务质量产生质的飞跃的关键要素。

价值曲线评价模型实施步骤分为以下 5 步：

1. 确定行业标准要素

各个行业之间顾客感知服务质量的标准要素是不同的，目前世界范围内标准化管理部门已经在很多服务行业开展了服务质量标准的制定和实施工作。

2. 根据上述"4 个问题"设计问卷

不仅要求顾客做出评价，还要求内部员工和管理人员做出评价。

3. 构建价值曲线

根据来自顾客、内部员工、管理人员的调查数据的分析，构建创新的价值曲线（如图 3.3 所示）。

4. 实现价值创新

通过评价、实施创新的价值曲线，实现企业价值突破。企业可以通过淘汰某些属性、创建某些属性，以及将某些属性降低或者将某些属性提升到行业前所未有的水平的组合应用，实现企业价值创新，从而更加符合顾客的期望和要求，提高顾客感知的服务质量。

5. 监控价值曲线

企业创新的价值曲线迟早会被竞争者模仿，同时顾客的需求也会随着时间而变化，因此，监控价值曲线尤为重要，需要动态地应用价值曲线评价模型。

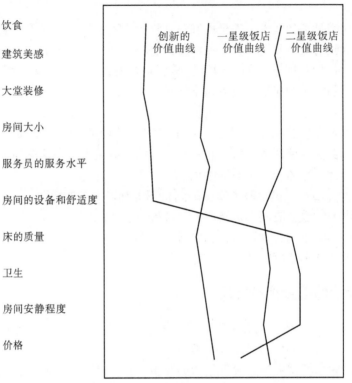

图 3.3　价值曲线示意图

三、服务质量指数模型

唐晓芬（2003）在《服务质量指数》一文中提出利用服务质量评价的新型工具——服务质量指数来定量化地描述服务质量水平，建立了服务质量指数模型。唐晓芬认为，服务质量能力和服务质量过程都是决定服务质量水平的前提，以服务实现过程为研究主线，先是构建了服务质量体系模型，模型中的服务要素、服务过程、服务实现分别产生服务质量能力指数、服务质量过程指数、服务质量绩效指数，三项指数整合成为服务质量指数，用以对企业的服务质量做整体评价。

服务质量绩效是服务的结果，服务内容、提供服务的水平能力与客户对服务质量的需求与期望决定了服务质量绩效水平。服务质量绩效指数是利用 SERVQUAL 模型和服务质量的特性，结合服务内容、服务质量水平的客观数据以及顾客的主观感受来设计指标。

服务质量过程指数是对服务过程的测量结果，该部分可利用服务设计蓝图对服务流程进行过程分析，寻找到服务接触点，结合扩展的 GAP 模型生成服务质量过程指数的测评指标。

服务质量能力指数：总结组织的服务质量要素，归纳组织内与服务质量相关的职能部门，并做服务质量意识状态的水平判断，然后进行服务质量要素、服务质量职能部门、服务质量意识水平的多维综合内部评价。

对于三套指标体系，作者提出采用三维评价方法：从服务的接受方服务、提供方以及专家的角度同时进行评价，其中顾客评价服务绩效，组织内部评价的对象为服务过程，专家对服务能力进行评价。三方评价结束后分别产生相应的评价指数作为评价结果。

文中还提出了服务质量能力指数、服务质量过程指数、服务质量绩效指数的生成方法，采用层次分析法将三个指数合成服务质量指数，并以某供电公司为研究对象进行了实证研究。

第三节　国外服务质量评价模型

一、SERVQUAL 模型

SERVQUAL 最早出现在 PZB 学术团队在 1988 年发表的《SERVQUAL：一种多变量的顾客感知服务质量度量方法》一文中。PZB 学术团队提出决定服务质量的十个要素，后合并为五个要素，并开发出包括 22 个问项的量表，后来的学者称为 SERVQUAL 测量法（如表 3.1 所示）。该测量法建立在顾客对服务质量感知的基础上，测量并计算顾客对服务的期望和实际感知之间的差异，并将计算结果作为判断服务质量好坏的依据。应用 SERVQUAL 测量法，可以更好地了解顾客的期望和感知过程，帮助企业寻找到对顾客感知服务质量影响较大的维度，找到影响服务质量的关键问题，从而更好地做质量改进决策。由于 PZB 学术团队是根据对银行、信用卡公司、设备维修及长途电话四个行业的研究得出的结论，所以其普遍适用性不一定成立。他们认为，SERVQUAL 测量法是一种动态的服务质量评价方法，在具体应用时应根据不同的文化背景、行业特点对服务质量的维度和问项进行适当的调整，这样才能保证 SERVQUAL 测量法的科学性和有效性。服务质量（SQ）= 服务感知（P）－服务期望（E）。当 P＞E 时，顾客对服务的感知超过了对服务的期望，顾客能够感受到高质量的服务；当 P＝E 时，顾客对服务的感知等于对服务的期望，顾客感到服务质量尚可；当 P＜E 时，顾客对服务的感知低于对服务的期望，顾客感到服务质量低下。

表 3.1 的 5 个维度中，有形性（Tangibles）包括实际设施、设备以及服务人员的外表等；可靠性（Reliability）是指可靠地、准确地履行服务承诺的能力；响应性（Responsiveness）是指企业帮助顾客并迅速地提高服务水平的愿望；保证性（Assurance）是指员工所具有的知识、礼节以及表达出自信与可信的能力；移情性（Empathy）是关心并为顾客提供个性化服务的能力与愿望。

虽然 PZB 研究小组认为，SERVQUAL 可普遍应用于所有服务行业服务质量的测评。但实证研究表明，当 SERVQUAL 移植到不同的行业时，其测评问卷与评价指标都可能需要调整。因此，对于不同企业和行业的服务质量测量，SERVQUAL 量表都要根据其特点进行一定程度的修改。

表 3.1　SERVQUAL 量表

十要素	五要素	组成项目
有形性	有形性	1. 提供的服务设施是现代化的
		2. 能够提供吸引公众的服务设施
		3. 工作人员的服装和外表比较整洁
可接近性		4. 通过企业服务设施能够承诺的服务

续表

十要素	五要素	组成项目
可靠性	可靠性	5. 企业能及时地完成向顾客承诺的事情
		6. 企业能够向遇到困难的顾客提供帮助
能力		7. 对于顾客而言，企业是可靠的
		8. 在向顾客提供所承诺的服务时企业都很准时
		9. 企业能够保证服务记录正确
响应性	响应性	10. 工作人员会告诉顾客提供服务的准确时间
		11. 企业会向顾客提供及时的服务
交流		12. 企业工作人员向来愿意帮助顾客
		13. 企业员工不会因为太忙而不满足顾客的需求
可信度	保证性	14. 可以信赖企业工作人员
		15. 顾客对与企业进行的交易感到放心
礼貌		16. 企业工作人员对顾客很有礼貌
		17. 企业鼓励员工尽可能地为顾客提供更好的服务
安全性	移情性	18. 企业为不同类型的顾客提供针对性强的服务
		19. 企业工作人员会给予顾客个别的关怀
		20. 企业工作人员主动了解顾客的需求
理解		21. 企业在做出决策时会优先考虑顾客的利益
		22. 顾客认为企业提供的服务时间能够符合所有顾客的需求

注1）问卷采用7分制，7表示完全同意，1表示完全不同意，中间分数表示不同的程度。
注2）问卷中的问题随机排列。
注3）资料来源：Parasuraman A., Valarie A. Zeithaml and Leonard Berry. SERVQUAL, A Multiple – Item Scale for Measuring Consumer perceptions of service Quality［J］. Journal of Retailing, 1988, 64（1）: 12 – 40

克罗宁和泰勒（Cronin 和 Taylor，1992）为克服 SERVQUAL 测量模型实证研究的缺陷，提出 SERVPERF 测量法。SERVPERF 即绩效感知服务质量度量方法，是指利用一个服务绩效变量来测量顾客感知的服务质量。该测量法对 SERVQUAL 有很大的依赖性，两者在问卷设计上没有实质上的区别，在度量过程中并不牵涉加权问题。所以克罗宁和泰勒认为 SERVPERF 是较为简单、实用的评价方法。

二、基于心理学判断标准的比较评价模型

1993 年，PZB 对他们之前提出的服务质量评价模型做了修改，将顾客的"容忍区域"加入新的"顾客感知服务质量模型"之中，理想服务和适当服务之间的区域就是容忍区域，顾客就是通过比较这两个水平来评估服务质量的，他们还将顾客的预期服务做了细化和分解，如图 3.4 所示。

基于心理学判断标准的比较评价模型的研究目的有两个：一是在心理学判断标准的基础上建立三套可选择的衡量服务质量的评价标准，以解决还未解决的方法论问题；第二个目的是把扩大了的期望概念结合到可选择的衡量服务质量的评价标准中去，产生另一种顾客感知

服务质量的评价模型——基于心理学判断标准的比较评价模型。这种模型对于衡量服务质量，了解顾客感知，具有一定的借鉴作用。

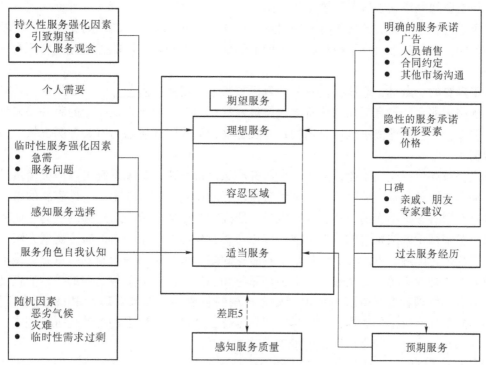

图 3.4　PZB 基于心理学判断标准的比较评价模型

1. 三套调查问卷

选定三套可选择的调查问卷表，一套是结合差异分数的阐述，另外两套是结合服务质量的直接衡量。这三套问卷的每一套同时也结合了扩大的期望概念，以同时得到我们前面定义的。这三套形式的问卷表分别单独给出了要求的、最低的和感知的服务的分值，这三种分值是在同一个评价标准下，并排设计的。它需要分别计算感知——要求差异数值、感知——适当差异数值，以分别使优质服务的衡量分数（MSS）和适当服务的衡量分数（MSA）定量化。因此，尽管不是重复 SERVQUAL 评价模型的项目组，但是，它衡量服务质量的程序与 SERVQUAL 评价模型是相似的。

总之，与最低的和要求的服务期望值结合在一起评价感知的数值，有助于精确地诊断服务缺陷并通过创新采取适当的改进措施。为了达到这些目标，三列问卷表比其他两个问卷形式更能提供详细的和精确的数据。

2. 结论和影响

研究结果总体模式告诉我们，在选择最合适的衡量服务质量的方法时，有许多心理学实践的权衡。这三种问卷形式具有相对优势和弱点，它强调了互相之间的权衡，以及对实践和理论的影响。

（1）实践影响。

三列问卷和二列问卷都提供了有关优质服务和最低服务的衡量方法，而三列问卷需要三个独立的数值，因此对于回复者来说需要更多的时间。但是，三列问卷比较容易完成的特性缓和了它在提供更多附加信息的同时而增加的时间耗费。二列问卷具有显然的复杂性，回复者认为此类问卷具有较大的难度和对回复此问卷具有较低的信心，因此，尽管它只需要两套数值，但是要想完成它必然需要更多的时间。

至于通过服务质量的衡量而得到的信息的价值，三列问卷优于二列问卷，二列问卷又优于一列问卷。但是，喜欢直接衡量相对于期望的感知的管理者，可能想通过一列问卷仅仅衡量MSS。

这里重要的一点是，应该根据企业的目标来决定采用哪种衡量方法。如果目标是对服务质量做预测，那么，仅有感知的评价方法是最好的。但是，如果识别关键的服务缺陷是主要目标，那么，三列问卷似乎是最有用的；并且，这种形式的问卷还为有关预测提供了独立的感知数值。

总之，被评价行业应当考虑采用一个服务质量衡量系统，这个系统可以单独衡量最低的服务、要求的服务和感知的服务。根本地替换现存的衡量系统可能不是一件容易的事，特别是那些具有固有思维不变的快递企业，但是，研究的结论同样可以对这样的快递企业施以影响。仅有感知衡量方法系统的快递企业，应当考虑至少增加一个要求的服务衡量方法，来对当前的系统进行改进，以能够更精确地识别服务缺陷。如果增加一个新的衡量方法是不可能的，应当考虑把仅有感知的衡量方法变为衡量感知和要求的服务期望之间的差异的直接衡量方法。再有，管理者应当清醒地认识到动态观测的重要性，如果管理者跟踪整个时间的数值，会得到更加有价值的数据，即随着时间的推移，在每个特性上的绩效是否改进了、变坏了还是保持相同水平，随之可以采取准确有效的行动。

（2）理论影响。

研究的结论在扩大了有关服务质量及其衡量方法的知识的同时，还提出了需要进一步研究的追加问题。

尽管三列问卷具有优越的使用价值，但是在全面实施中可能会有实际困难，尤其在电话调查中，或者当在22个基本条款之外附加了更多的与实际公司有关的具体条款时，增加了实践中的困难。因此，需要一个有效的追加研究的方法，这个方法可以探索实施的可靠性、稳妥性，同时还能获得全面的使用价值。在探索预测的差异和实际的结果之间出现差异的原因的研究能够使我们更好的理解，在服务质量衡量中哪些因素是真正主要的。这样的研究特别迫切。需要把实践的标准与传统的、由心理学标准主导的评价模型图简要地结合起来。

例如，建立容忍带图表所需的信息，可以通过以下3条"不完全的"方法获得：

第一，从一半的样本中得到适当的服务数值和感知数值，而从另一半中得到渴望的服务数值和感知数值。

第二，从三个可比较的样本中分别地得到适当的服务数值、渴望的服务数值及感知数值。

第三，把整个样本分成5个可以比较的分样本，从每个样本中获得仅对SERVQUAL 5个方面的其中一个方面的所有这三类数值。还需要进行研究来评价这些方法的可靠性和有效性、评价结果的统计意义以及评价相对于整体样本的整个问卷的管理。

"感知服务质量模型"中"容忍区域"理论的提出，提高了该模型的实际应用价值。引入了"容忍区域"的概念后，企业的服务质量水平即使在该区域内有波动，顾客仍将是认可企业的服务的或会感到满意。这点可以帮助企业在与其顾客进行沟通时，明确必须首先了解顾客，其次一定要使用顾客能理解的"语言"。

三、关系质量模型

关系质量模型是由李亚德尔和斯特拉迪维克提出的,他们将顾客对服务质量的感知分成了两部分——情节感知和关系感知。这种分类无疑使得顾客感知服务质量的研究向前迈了一大步。

Veronica Liljander 于 1995 年出版的专著《顾客感知服务质量研究中的比较标准》(Comparison Standards in Perceived Service Quality) 和 Tore Strandvik 推出的《感知服务质量中的"容忍区域"》(Tolerance Zones in Perceived Service Quality) 提出了所谓的关系模型(Relationship Model)。

李亚德尔和斯特拉迪维克在 1995 年提出了关系质量模型,在 PZB 的研究基础上加入了新的变量即顾客感知价值。顾客感知价值是顾客感知质量与顾客感知付出比较后得出的结果,如果感知质量超过感知付出,顾客认为服务的感知价值较大,反之则较小,而决定顾客满意的要素不再是顾客服务质量,而是顾客感知价值。

四、PCP 属性模型

这是一个等级结构形式的模型,它基于三个主要的特征等级——中枢属性、核心属性和边缘属性。根据此模型(如图 3.5 所示),每种服务由三个重叠的区域构成,大量的维度和概念被用来定义服务质量。这些分级的水平被定义为中枢属性(输出)、核心属性和边缘(共同代表输入和过程)属性。

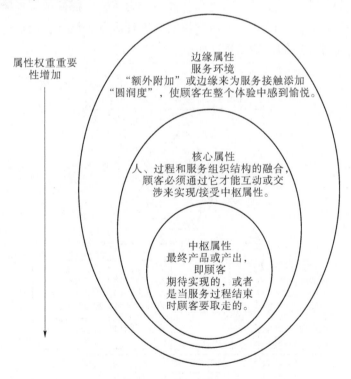

图 3.5　PCP 属性模型

1. 中枢属性

中枢属性位于核心,一般被认为是对消费者决定接触某组织的唯一的最具决定作用的因素和在满意度水平上产生最大影响的因素。在服务接触上，他们被定义为"最终产品"或"产出"；换句话说，就是消费者所期待实现和接受的，或者是当服务过程适时结束时消费者要取走的。

2. 核心属性

核心属性围绕于中枢属性，被形容为人、过程和服务组织结构的融合，顾客必须通过它才能互动或交涉来实现/接受中枢属性。

3. 边缘属性

模型的第三个水平关注的是边缘属性，被定义为"额外附加"或边缘来为服务接触添加"圆润度"，为顾客提供完整的喜悦的体验。

当顾客做任何服务接触的评价时，如果中枢属性实现，他就会满意，但是当服务接触更频繁时，核心属性和边缘属性可能会变得更加重要。

五、属性模型

本模型从服务涉及的三个角度——有形设备和过程、人员行为和专业判断来对服务种类进行划分，每一个特征属性都由很多指标构成。在这个模型中，每一组属性都形成了三角形的一个角。过度关注这些元素中的任何一个而排除其他合适的元素将有可能导致恶劣的结果。

按照接触和互动的程度、劳动力密集程度、服务订制化程度将不同种类的服务绘制在这个模型中，例如与顾客接触程度、订制化程度和劳动力密集度都低的服务类型，在模型中更加靠近有形设施和过程属性。因此，该模型说明在这种服务类型下，企业应确保设施设备是可靠的并且是方便顾客使用的，如图3.6所示。

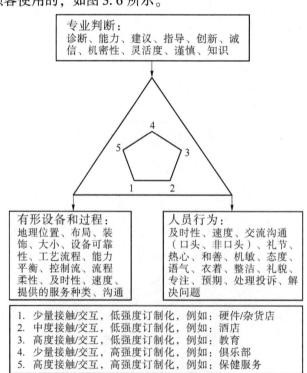

图 3.6　服务质量属性模型

第四节　不同行业服务质量评价指标体系

学者们基于 SERVQUAL 等模型开发了各个行业的服务质量评价模型，如物流服务业质量评价 LSQ 模型、出租汽车服务业质量评价指标体系、LODGQUAL 量表、INDSERV 模型等。

一、出租汽车服务业质量评价指标体系

郭政和崔继峰基于能力、过程、绩效三个方面建立了出租汽车服务质量三维评价模型。

研究认为，出租汽车行业的服务水平体现在服务的全过程，包括服务的基础能力、服务过程中的顾客感知、服务绩效的达成因素。研究从基础能力是否要求高、服务提供者与顾客的服务接触程度、服务是否以结果为导向三个角度对出租汽车服务属性进行分析，指出出租汽车服务更强调以服务结果和绩效为导向。研究建立的出租汽车服务业质量评价指标如表 3.2 所示。

表 3.2　出租汽车服务业质量评价指标

一级指标	二级指标	观测指标
服务基础能力	运营设备完善程度	车辆运营的基础设备完善
	车辆内外整洁程度	车辆内外整洁美观
	司机仪表整洁程度	司机衣着规范，仪表整洁
	快速乘车的时效性	可接受的时间范围内能快速乘车
服务过程水平	司机服务态度	司机服务热情，态度良好
	服务用语规范性	服务用语规范易懂
	行驶与停靠	在行驶与停靠过程中，确保安全，规范行驶
	路线合理性	选择比较便捷的路线达到乘客目的地
	服务提醒的明确程度（语音、人工、标识）	车辆中的服务提醒比较明确，如语音提醒清晰、标识规范等
服务绩效水平	收费的规范性	规范收费，并与行驶里程保持一致
	按要求到达的有效性	在乘客期望的时间内到达目的地
	乘车满意程度	对最近一次乘车的满意程度
	热线服务满意程度（咨询、投诉、电招等）	对最近一次热线服务满意程度，包括咨询、投诉、电招等热线

该指标贯彻了服务质量指数模型设计的思想，指标的选用和界定更明确直接，指标之间的关联性低，测评结果可靠、准确。

二、电子服务质量评价模型

服务质量是决定电子商务成败的关键因素之一。电子服务（E-service）可以被定义为网络空间内的服务（Rust and Lemon，2001）。

这一研究提出了一个电子服务质量概念模型及其决定因素，如图 3.7 所示。其中指出电子服务质量具有潜在的（网站恰当的设计，技术如何被用于为顾客提供容易的接触，网站的理解性和吸引力）和活跃的维度（支持良好，速度快，注意维护网站为顾客提供的内容）以增长点击率，使用黏性和顾客维系。

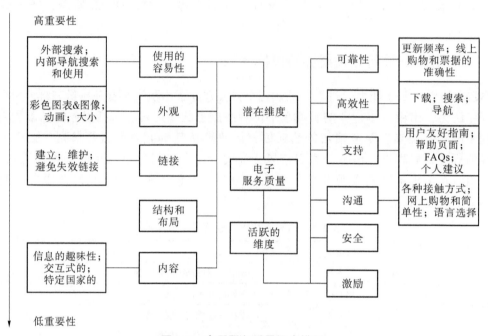

图 3.7 电子服务质量概念模型

该领域学者们建立的模型有以下几种。

1. E – S – QUAL 和 E – RecS – QUAL 模型

A. Parasuraman 等人以顾客线上购物网站电子服务质量为评价对象，建立了 E – S – QUAL 模型和 E – RecS – QUAL 模型。E – S – QUAL 模型包含 4 维：效率（Efficiency）、完成度（Fulfillment）、系统可用度（System Availability）、隐私（Privacy）。E – RecS – QUAL 模型包括 3 个维度：响应性（Responsiveness）、回报（Compensation）、联系（Contact）。

2. E – TailQ 模型

Wolfinbarger 和 Gilly 于 2003 年，使用在线和线下焦点小组、排序任务和在线顾客访谈等方法，开发了一个 14 个题目的问卷，叫作 E – TailQ 量表，揭示出 4 个在线零售体验影响因素：网站设计、可靠性、隐私（安全）性和顾客服务。

3. 基于 IT 信息技术的服务质量评价模型

该模型强调了基于 IT 信息技术的服务指标的重要性。服务提供者利用 IT 降低成本并为他们的顾客创造具有附加价值的服务。研究提出了一种服务质量模型，联系了顾客感知的基于 IT 的服务指标和传统服务维度，如图 3.8 所示。该模型尝试研究基于信息技术的服务和顾客感知服务质量之间的关系。这一基于 IT 的服务结构被联系到服务质量这一概念，并利用 SERVQUAL 进行测量。一些关键指标影响顾客对基于 IT 的服务的观点，这些指标得到了鉴定并被描述在图 3.8 中。

这一模型聚焦利用 SERVQUAL 进行测量的服务维度之间的联系，这一架构展示了基于 IT 的服务质量、传统服务的偏好、使用基于 IT 服务的经历和感知的 IT 政策。这些维度对感知服务质量、顾客满意的影响也得到了详细的说明。

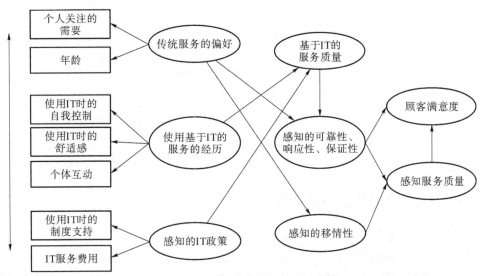

图 3.8　基于 IT 信息技术的模型

4. SITEQUAL 模型

Yoo 和 Donthu（2001）在针对如何评价网站服务质量时提出了 SITEQUAL 评价方法，该方法基于顾客的视角，衡量网站质量的因素主要包括易用性、美观设计、处理速度和安全性四个方面，其研究对象包括了六种不同的购物网站（零售网站）：生产者零售网站、拥有离线商店的零售商网站、纯网络零售网站、目录式网站、商场式网站、中介式网站。该研究证实量表的四个测量网站服务质量的维度可以很好地反映网站真实的服务水平。但同时他们亦认为，这只是测量网站质量的一个起点，跨文化研究、更大样本及其在 B2B 领域的适用性都有待进一步的研究。

5. WebQual 模型

Barnes 和 Vidgen（2001）开发了 WebQual 模型，提出了 5 个维度：可用性、设计、信息、信任和认同。这个研究让学生和在职人员访问三个网上书店中的一个，来收集关于他们选择的那本书的信息，然后要求他们评价购物体验。这个问卷只是针对购物过程，而不是对一个网站的服务质量的总体评估。

6. 网上银行模型

互联网作为服务传递途径，其中一个关键挑战就是服务公司如何能管理服务质量，因为这些远程形式在顾客互动和行为上带来了重大变化。这个研究提出并测试了一个网上银行的服务质量模型（如图 3.9 所示）。这个研究使用了英国互联网网站社区的参与人观察和叙事性分析来探索网银顾客如何感知，以及这个模型的构成要素。在互联网背景下，五个关键要素被认为是感知服务质量的核心影响因素。它们是：顾客期望服务、服务组织的形象和声誉、服务场景的方面、实际的服务接触和顾客参与。

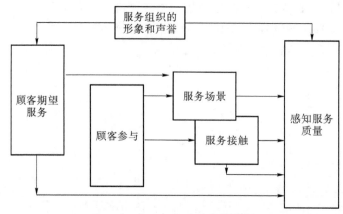

图 3.9 网上银行服务质量模型

三、电子政务服务质量评价模型

1. E – gov – ACSI 模型

美国电子政务顾客满意指数（E – Government American Customer Satisfaction Index，E – gov – ACSI），是电子政务顾客满意指数的代表，如图 3.10 所示。该模型是在对顾客满意度指数 CSI（Customer Satisfaction Index）模型的基础上进行了改进，应用于电子政务服务质量的评价。

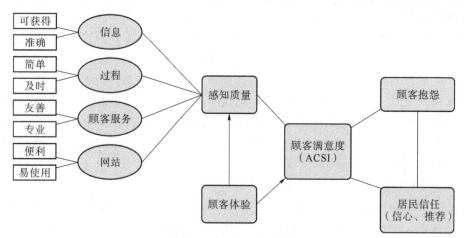

图 3.10 E – gov – ACSI 模型

该模型是一个因果关系的模型，满意度影响因素在左边，满意度在中间，满意情况的结果在右边。它将电子政务网站分成商业/交易、新闻/信息、主要网站入口/部门以及招聘/职业 4 个类别进行测量。它包括信息、过程、顾客服务和网站 4 个维度和可获得、准确、简单、及时、友善、专业、便利和易使用 8 个测量指标，每一个维度对应着两个测量指标。

将 E – gov – CSI 模型用于电子政务服务质量评价除了美国的电子政务顾客满意度指数，还有韩国政府的顾客满意度指数，这两种方法比较相似，均是在 ACSI 模型基础上建立起来的；以及 2005 年欧洲公共管理网络提出的欧洲用户满意度指数（the European User Satisfaction Index，EUSI）。

2. g-CSI 模型

Kim T. H. 等人建立了 g-CSI 模型,如图 3.11 所示。

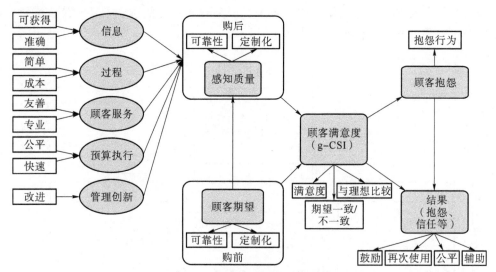

图 3.11 电子政务顾客满意模型

g-CSI 模型根据政府组织的特点和活动,为"感知质量"增加了两个因素,整体上形成三种评价:第一部分不包括对政府组织向顾客提供的财务服务进行评价,第二部分是对政府组织向顾客提供的财务服务进行评价,第三部分是评价政府组织对其他组织提供的服务。g-CSI 模型的活动如表 3.3 所示。

表 3.3 g-CSI 模型的活动

服务目标	机构举例	活动
顾客	分区供热公司、电力安全公司、科学基金会等	信息,过程,顾客服务
顾客,包括财务服务	国民健康保险公司、国民养老金公司等	信息,过程,顾客服务,预算执行
其他组织	测试实验室、能源管理公司、天然气安全公司	信息,过程,顾客服务,预算执行,管理创新

3. e-GovQual 模型

Xenia Papadomichelaki 建立了电子政务评价模型 e-GovQual 模型,修正后(筛选后是 6 个维度、33 个指标)由效率、信任、可靠性、公众支持这 4 个维度和 21 个测量指标组成。

①效率:使用网站的简易性以及所提供信息的质量。
②信任:用户对站点安全、不受入侵,以及个人信息能够受保护这一看法的相信程度。
③可靠性:网站的易用性、连接速度和收到的服务。
④公众支持:在被需要时能够提供帮助的能力。

四、公共体育服务绩效测评指标模型

卢跃东在对前人研究的基础上,将公共体育服务绩效定义为政府部门或其他社会组织提供公共体育服务的质量与效果，揭示人们享受到的公共体育服务的水平和对于这种享受的主观感受与满意程度，包括客观的公共体育服务水平和主观的公共体育服务感受，并且，从公共体育服务的服务规模、服务质量、服务效果、服务效率4方面建立了基于公众满意度的公共体育服务绩效的测评指标模型，如图3.12所示。

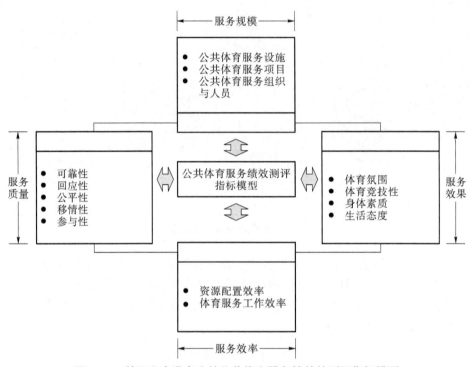

图 3.12　基于公众满意度的公共体育服务绩效的测评指标模型

其中：

①公共体育服务规模测度指标。

从公共体育服务内容划分角度对该部分的绩效进行测评，从公共体育服务设施、公共体育服务项目和公共体育服务组织与人员3个方面分别设计指标。

②公共体育服务质量测度指标。

公共体育服务质量是公共体育服务测评的核心部分之一。研究基于PZB提出的SERVQUAL模型，并结合公共体育服务的基本特征，从可靠性、回应性、公平性、移情性、参与性5个方面来对公共体育服务质量进行测评。

③公共体育服务效果测度指标。

公共体育服务效果的公众满意度是揭示公共体育服务绩效的核心部分，该部分将从体育氛围、体育竞技性、身体素质、生活态度等方面展开测评。

④公共体育服务效率测度指标。

服务效率是公共服务领域关注的重要问题，对该部分的将从2个维度进行评价，即资源配置效率、体育服务工作效率。

最终，基于公共满意度的公共体育服务绩效评价指标体系形成，如表3.4所示。

表 3.4　基于公共满意度的公共体育服务绩效评价指标体系

目标	准则	评估指标
公共体育服务绩效	服务规模	公共体育服务场地面积
		公共体育服务地域覆盖面
		体育场馆对公众开放程度
		公共体育服务活动周期
		公共体质测试服务供给
		公共体育指导员覆盖率
	服务质量	公共体育服务安全可靠
		公共体育设施维护
		公共体育服务信息公开及时
		公共体育服务的公平性
		公共体育服务的城乡差异
		公共体育服务互动性
		公共体育的个性化服务
	服务效果	公共体育服务以人为本
		公共体育文化氛围
		公共体育事业发展
		参与体育活动积极性
		国民体质测定标准合格率
		公民身体健康状况
		公众生活幸福感
		社交、集体荣誉感、意志品质的提高
	服务效率	公共体育服务资金投入效率
		公共体育服务设施利用效率
		公共体育服务工作及时性

五、酒店、餐饮服务质量评价模型

酒店、餐饮服务质量评价模型主要包括以下 3 种模型。

1. HOLSERV 模型

Mei 和 Dean 等人基于 SERVQUAL 模型开发了 HOLSERV 量表来测量酒店服务质量。该量表对 SERVQUAL 指标进行修改，增加了 8 个新的指标，包含员工（行为和外形）、有形性和可靠性 3 个维度，以及 27 个问项，并使用七点 Non-difference 评分标准直接测量酒店顾客感知与期望之间的差异。他们向澳大利亚 5 个 3—5 星级酒店的顾客发放了 1 000 份调查问卷，通过实证研究，发现员工是三个维度中最重要的维度，并证明 HOLSERV 量表具有较高的信度和效度。同时，作者提出该量表是对 3—5 星级酒店进行调研，各酒店在使用该量表时应当根据自身的设施等情况适当进行调整。

2. LODGSERV 量表

Knutson 和 Stevens 等人在 SERVQUAL 量表的基础上开发了 LODGSERV 量表。该量表包括 26 个项目，采用七点评分尺度，专门用来测量顾客对酒店服务质量的期望。他们利用该量表对酒店业服务质量进行了一系列研究，得出了很多有价值的研究成果。对高、中、低档酒店顾客服务质量期望的差异进行了研究，发现性别、旅行目的和停留时间等因素，对顾客期望没有显著性影响；同时，他们发现顾客对酒店的服务质量期望如此之高，使得酒店提供超过顾客期望的服务质量的可能性不大，因此他们认为酒店只要做到能满足顾客的期望，服务质量就可以有很大的提升。

3. DINESERV 指标体系

在餐饮服务领域，P. Stevens，B. Knutson，M. Patton（1995）基于 SERVQUAL 模型开发了 DINESERV 指标体系。DINESERV 指标体系包括 29 项指标：有看得见的引人注目的停车区域和建筑外观；有看得见的引人注目的餐饮区域；有干净、整洁并且衣着合宜的员工；有符合其形象和价格幅度的装饰布置；有简单易读的菜单；有看得见的、引人注目的且能够反映餐厅形象的菜单；有舒适的餐饮区域，能容易地在这片区域里走动；有十分干净的洗手间；有十分干净的就餐区域；在餐厅有舒适的座位；按承诺的时间给予服务；迅速纠正任何错误；可靠的（可信赖的）、始终如一的；提供准确的账单；准确提供你预订的食物；在业务繁忙时段，增加员工数量以确保服务的速度和质量；提供快速的服务；为了你的特殊要求而付出额外努力；有能够完整地回答你的问题的员工；在你与他们打交道时，让你觉得舒服、自信；有能够并且愿意给你提供关于菜单项目及其原料和制作、准备方法的信息的员工；使你觉得个人有安全；有看上去训练有素、有能力、经验丰富的员工；看上去给了员工相关支持，以便他们能比较好地完成工作；有对你的个人需要和想法有灵敏嗅觉的员工，他们不总是依赖于规章和程序；让你觉得自己很特别；预见到你的个人需要和想法；如果存在错误，有具有同情心的、可靠的（让人安心的）员工（注：能出来发现和解决问题）；看上去心存顾客的最大利益。

六、生产服务质量评价模型 INDSERV 模型

INDSERV（Industry Service Quality）模型是 Gounaris 于 2005 年提出的 B2B 模式下服务质量评价模型。Gounaris 将服务质量划分为四个维度，即硬过程质量、软过程质量、潜在质量、结果质量，构建了包含 23 个测量问项的四维度模型。Gounaris 对希腊雅典地区 1 285 家公司进行了研究，证明在 B2B 模式下，相较于 SERVQUAL 模型，INDSERV 量表具有更好的适应性。

INDSERV 模型四个维度含义如下：

①硬过程质量：服务提供商在提供具体服务时的客观表现，如成本和时间控制。

②软过程质量：用来描述服务提供者的服务态度和沟通绩效水平。

③潜在质量：服务提供方必须具备的一些要素和能力，例如恰当的人员配置、品牌建设、管理思维等。

④结果质量：整个服务最终输出的成果水平，一般与效益挂钩，体现在对顾客的整体影响。

苏秦等人参考 INDSERV 模型，建立了基于认证行业的 B2B 服务质量测评模型。他们认

为 INDSERV 模型中的硬过程质量和软过程质量过于抽象，对此进行了修正，新开发了过程服务能力和过程交互质量这两个维度。

七、基于多维和分层的机场服务质量模型

张君等人基于 BCM 模型，提出了多维和分层的机场服务质量模型（如图 3.13 所示），并形成了机场服务质量测量量表。该模型是一个高阶因子模型，包含 3 个维度和 11 个子维度。

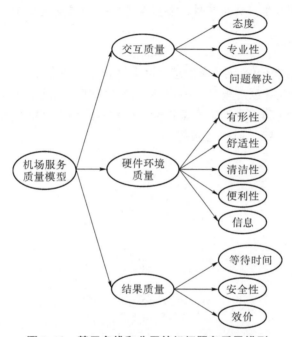

图 3.13 基于多维和分层的机场服务质量模型

八、图书馆服务质量评价模型 LibQUAL + ™模型

LibQUAL + ™是美国研究图书馆协会（ARL）于 1999 年提出的一种图书馆服务质量测评方法。利用 SERVQUAL 的评价方法和工作机理，ARL 同 Texas A&M 大学合作，基于 Web 用户调查对 SERVQUAL 不断修改，以适合图书馆服务特性，并于 2000 年正式构建 LibQUAL + ™模型，包含 8 个层面、41 个问项。

后来，LibQUAL + ™又经过反复的试验和修改，于 2001 年测评后将模型调整为 5 个层面、56 个问题；2002 年又修改为 4 个层面、25 个问题；2003 年调整为 3 个层面、23 个问题。最终 LibQUAL + ™确定为包含服务效果、图书馆环境、信息控制 3 个维度、22 个指标的评价指标体系。

LibQUAL + ™模型在实际应用十分灵活，在基于 22 个指标进行统一评价的基础上，又增加了 100 个地方性问题集，允许地方图书馆结合自身的情况从中自主选择 5 个问题，形成 22 + 5 的测评指标模式。2004 年，LibQUAL + ™量表设置了开放性问题。后来定性评价实现了固定化，用于收集用户的意见和建议。

九、物流服务质量评价模型

(一) LSQ 模型

Mentzor 等人基于 SERVQUAL 服务质量模型，针对物流服务质量的特性，以美国大型物流服务商的客户作为研究对象，提出了物流服务领域的 LSQ 模型。该模型以物流服务发生的时间过程为基础，以顾客为导向，包括人员工资、订单释放数量、信息质量、订货过程、货品精确率、货品完好程度、货品质量、误差处理质量和时间这 9 个维度以及 25 个指标。

(二) 3P LSQ 模型

3P LSQ 模型是常浩在传统 LSQ 模型基础之上结合第三方物流企业服务的特点建立的第三方物流企业服务质量测评系统模型。该模型充分考虑到信息网络环境对第三方物流企业运作的影响，增加了经济性和信息网络质量指标，由技术质量、功能质量、特有质量 3 个维度构成，并包括 8 个二级指标、30 个三级指标。

第四章　服务质量测评及验证技术

目前服务质量评价指标选取技术研究已经引入各学科定性和定量技术方法，学者们借鉴了模糊理论、多元统计分析、多属性决策、人工神经网络、心理学等领域的科学方法与技术，开发出很多服务质量评价指标选取技术，其中定量技术包括 AHP 法、模糊综合评价法、系统动力学、验证性因子分析、回归方程、多维度模糊语言信息、Non-difference 测量方法、加权绩效评价法、归因模型、Kano 二维测量方法等；定性技术包括服务蓝图法、实地观察法（民族志研究法）、影子顾客、访谈法、德尔菲法、关键事件技术、认知图分析等。

第一节　定量技术

一、不需要确定权重的服务质量和认证评价指标选取和设计技术、方法

（一）聚类分析

聚类分析是研究如何将研究对象（样品或变量）按照多个方面的特征进行综合分类的一种多元统计方法，它是根据物以类聚的原理将相似的样品或变量归为一类，聚类分析，给人们提供了丰富多彩的分类方法，包括系统聚类法、模糊聚类法、K-均值法等。

1. 系统聚类法

系统聚类法是聚类分析诸方法中用得最多的。主要过程为：首先，将 n 个样品看成 n 类（一类包含一个样品），然后将性质最接近的两类合并成一个新类，得到 $n-1$ 类，再从中找出最接近的两类加以拟合并变成 $n-2$ 类。如此下去，最后所有的样本均在一类，然后根据需要或者根据给出的距离临界值（阈值）确定分类数及最终要分的类。

系统聚类法的过程如图 4.1 所示。

系统聚类法在服务质量评价研究中常用于选取指标。

2. 模糊聚类法

模糊聚类法是将模糊数学的思想观点用到聚类分析中产生的方法，该方法用于定性变量的分类。

模糊聚类分析的几个基本概念：

（1）特征函数。

对于一个普通集合 A，空间中任一元素 x，要么 $x \in A$，要么 $x \notin A$，两者必居其一，这一特征用一个函数表示为：

$$A(x) = \begin{cases} 1, x \in A \\ 0, x \notin A \end{cases}$$

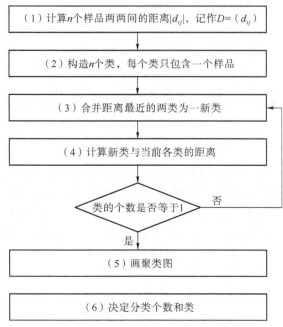

图 4.1　系统聚类法的过程

则称 $A(x)$ 为集合 A 的特征函数。

（2）隶属函数。

模糊数学将特征函数从 (0, 1) 推广到 [0, 1] 闭区间，即用 [0, 1] 区间的一个数去度量它，这个数叫隶属度。当用函数表示隶属度的变化规律时，就叫作隶属函数。即

$$0 \leq A(x) \leq 1$$

设 x 为全域，若 A 为 x 上取值 [0, 1] 的一个函数，则称 A 为模糊集。

若一个矩阵元素取值于 [0, 1] 范围内，则称该矩阵为模糊矩阵。

（3）模糊矩阵的运算法则。

如果 A 和 B 是 $n \times p$ 和 $p \times m$ 的模糊矩阵，则乘积 $C = A \cdot B$ 为 $n \times m$ 阵，其元素为：

$$C_{ij} = \bigvee_{k=1}^{p} (a_{ik} \wedge b_{kj}), \quad i = 1, 2, \cdots, n; \, j = 1, 2, \cdots, m$$

符号 $\vee$ 和 $\wedge$ 的含义是：

$$a \vee b = \max(a, b), \quad a \wedge b = \min(a, b)$$

模糊聚类分析的实质就是根据研究对象本身的属性构造模糊矩阵，在此基础上根据一定的隶属度来确定其分类关系。如果水平 1λ 和 2λ 满足 $0 \leq 1\lambda \leq 2\lambda \leq 1$，则按水平 2λ 分出的每一类必是按水平 1λ 分出的某一类的子类。这就是模糊分类的基本原理。

模糊聚类分析计算步骤如下：

①对原始数据进行变换。变换方法通常有标准化变换、极差变换、对数变换。

②计算模糊相似矩阵。选取在 [−1, 1] 区间中的普通相似系数 $r_{ij}^* = \cos(\theta)$ 构成相似系数矩阵，在此基础上做变换 $r_{ij} = \dfrac{1 + r_{ij}^*}{2}$，使得 r_{ij}^* 被压缩到 [0, 1] 区间内，$R = (r_{ij})$ 构成了一个模糊矩阵。

③建立模糊等价矩阵。对模糊矩阵进行褶积运算：$R \to R^2 \to R^3 \to \cdots \to R^n$，经过有限次的褶积后使得 $R^n \cdot R = R^n$，由此得到模糊分类关系 R^n。

④进行聚类。给定不同的置信水平 λ，求 $R\lambda$ 截阵，找出 R 的 λ 显示，得到普通的分类关系 $R\lambda$。当 $\lambda = 1$ 时，每个样品自成一类，随着 λ 值的减小，由细到粗逐渐并类。聚类结果也可像前面系统聚类画出树形聚类图。

模糊聚类分析在服务质量评价研究中常用于选取指标。

（二）马田系统分析法

马田系统的前身是 20 世纪 90 年代日本的田口玄一博士在质量工程学基础上发展起来的模式识别技术。2000 年，田口玄一等人首次提出了 MTS 的概念，并简单系统地介绍了 MTS 方法，其首要目标是优化指标体系，用 MTS 中正交表进行方案的选择，并计算各个方案的信噪比，通过信噪比的排序和比较更加有效地剔除对结果影响较小的指标，从而实现对初始测评指标的测选和筛选，达到优化评价指标体系的目的。

MTS 的另外两个重要任务就是确定优化的基准空间和有效的评价阈值，然后计算评测样本到基准空间的马氏距离，将结果与各空间域值相比较，从而有效界定测评样本反映的测评体的质量状况，并确定测评体所属的质量区域。如果测评体是多个，还可以依照马氏距离对测评其质量进行相互比较和有效排序。

马田系统无须对数据进行任何的假定，就可以对具有多特征的样品进行分类，从而达到诊断、评价和预测的目的。与传统复杂的计算相比，马田系统在处理较多检测变量时直观、简洁，因此受到工程师等的喜爱。

马田系统在服务质量评价研究中常用于优化指标体系。

（三）主成分分析法

主成分分析法（Principal Components Analysis）是利用降维的思想，把多指标转化为少数几个综合指标的多元统计分析方法。对原始变量相关矩阵结构关系进行研究，找出影响某一经济过程的几个综合指标，使问题变得比较简单、直观，而且这些较少的综合指标之间互不相关，又能提供原有指标的绝大部分信息。

主成分分析除了降低多变量数据系统的维度以外，同时还简化了变量系统的统计数字特征。主成分分析在对多变量数据系统进行最佳简化的同时，还可以提供许多重要的系统信息，例如数据点的重心位置（或称为平均水平），数据变异的最大方向，群点的散布范围等。主成分分析作为最重要的多元统计方法之一，在社会经济、企业管理及地质、生化等各领域都有其用武之地，如在综合评价、过程控制与诊断、数据压缩、信号处理、模式识别等方向获得广泛的应用。

主成分分析法在服务质量评价研究中常用于构建指标体系并确定指标权重。

二、需要确定权重的服务质量和认证评价指标选取和设计技术、方法

（一）加权和法

1. 基本原理

加权和法是在实际应用中最常采用的评估方法，也是最被理解的方法，这个方法的实质

是赋予每个指标权重后，对每个方案求各个指标的加权和。

$$y_i = \sum_{j=1}^{n} w_j x_{ij}$$

式中：y_i 为评估方案的加权综合评估值；x_{ij} 为第 i 个评估方案的第 j 个归一化后的指标值；w_j 为第 j 个指标的权重。

加权和的评估优选准则为

$$y^* = \max_i y_i$$

y^* 对应的方案为评估最优方案。

2. 特点和适用范围

加权和法具有以下特性：

①各个评估指标间相互独立，此时各评估指标对评估结果的贡献彼此没有什么影响。由于"合成"运算采用"和"的方式，其现实关系应是部分之和等于总体；若各评估指标间不独立，"和"的结果必然是信息的重复，也就难以反映客观实际。

②各指标的价值函数是可加型函数，指标间的价值是完全可以互补的，即某些指标值的下降，可以由另一些指标值的上升来补偿任一指标值的增加都会导致综合评估值的上升。任一指标值的减少都可以用另一指标值的相应增量来维持综合评估水平的不变。

③权重系数的作用比在其他"合成"法中更明显，且突出了指标值或权重较大者的作用。

④指标体系为树形结构，即每个下级指标只与一个上级指标相关联。

⑤当权重系数预先给定时（由于各指标值之间可以线性地补偿）对区分各备选方案之间的差异不敏感。

⑥加权和法对（无量纲的）指标数据没有什么特定的要求。

⑦加权和法容易计算，便于推广普及。

对于加权和来说，指标值大的指标，对评估结果的作用是很大的，即具有很强的"互补性"，具有"一俊遮百丑"或"一见钟情"的突出特征。

如果评估主体或决策者长期使用加权和法对所属部门的被评估对象进行评估，将会诱导被评估对象"走捷径"、想"奇招"，设法保持评估结果值的不变（或增加）而导致系统（或被评估对象）的"畸形"发展。

（二）加权积法

1. 基本原理

加权积法是赋予每个指标权重后，对每个方案求各个指标的加权积。

主要公式为：

$$y_i = \prod_{j=1}^{n} x_{ij}^{w_j}$$

式中：y_i 为评估方案的加权综合价值；x_{ij} 为第 i 个评估方案的第 j 个归一化后的指标值；w_j 为第 j 个指标的权重。

2. 特点和适用范围

加权积法具有以下特征：

①加权积法适用于各指标间有较强关联的场合。

②加权积法强调的是各备选方案（无量纲）指标值大小的一致性，即这种方法是突出评估值中较小者的作用，这是由乘积运算的性质决定的。

③在加权积法中，指标权重的作用不如加权和那样明显。

④加权积法对指标值变动的反映比加权和更敏感，因此加权积法更有助于体现备选方案之间的差异。

⑤加权积法对指标值数据要求高，即要求无量纲指标均大于或等于1。

⑥评估的结果主要体现各个项目之间的均衡性。

⑦与加权和法相比，加权积法在计算上更复杂。

对加权积法来说，指标值越小的指标，拖综合评估结果"后腿"的作用也越大。"木桶原理"恰如其分地给出这种评估方法的一个直观解释，即假定一只水桶是由多个（满足一定长度的）长短不同的木板组成的，那么它的容量取决于长度最短的那块木板（因为当液体平面超过最短的那块木板的高度时液体就会溢出）。因此，若增大木桶的容量，首先必须加高长度最短的那块木板。也就是说，在评估指标中，只要有一个指标值非常小，那么总体评估值将迅速地接近于零。换言之，这种评估模型对取值较小的评估指标的反应是灵敏的，而对取值较大的评估指标的反应是迟钝的。因此这是一个具有"不求有功，但求无过"或"一丑遮百俊"特征的评估模型。

但从另一方面来说，如果评估主体或决策者经常应用加权积法将有力地促使系统（即被评估对象）全面协调发展。

（三）ADC 法

作战形式的变化对武器装备或系统的功能及可靠性提出了更高的要求。为有效评估这个问题，美国空军于 1963 年 9 月成立了专门的工业界装备系统效能咨询委员会（Weapon System Efficiency Industry Advisory Committee，WSEIAC）来研究这个问题，并向管理部门提出建议。

ADC 法就是该委员会评估装备系统用的模型或方法，它的目的在于根据有效性（Availability）、可依赖性（Dependability，可靠性）和能力（Capacity）三大要素评估装备系统，把这三大要素组合成一个表示装备系统总性能的单一效能量度。

咨询委员会对 ADC 法的解释为：无论在什么时间，只要需要使用某个系统，它首先应处于能正常工作的准备状态。而且，假如知道系统是有效的，那就需要它在执行任务过程中能可靠地工作。最后，系统还必须能够有效地完成预定的任务。因此，用有效性向量 A 表示在开始执行任务时的可能状态；用可信赖性（可靠性）矩阵 D 描述系统在执行任务期间的随机状态；在已知系统有效性与可信赖性的条件下，用能力（性能）向量 C 或矩阵表征系统的效能，那么系统效能就可以表示为这三项的乘积，即

$$E = A \cdot D \cdot C$$

咨询委员会对有关术语定义：

系统效能是预计系统满足一组特定任务要求的程度的量度，是有效性、可依赖性和能力的函数。

系统效能向量 $\overline{E} = [e_1, e_2, \cdots, e_k, \cdots, e_n]$，则

$$\overline{E} = \overline{A^T}[\overline{D}][\overline{C}]$$

式中：$e_k = \sum_{i=1}^{n} \sum_{j=1}^{n} a_i d_{ij} c_{jk}$，为第 k 个品质因数。

有效性是在开始执行任务时系统状态的量度，是装备、人员、程序三者之间的函数。即

$$\overline{A^T} = (a_1, a_2, \cdots, a_i, \cdots, a_n)$$

式中：a_i 为开始执行任务时系统处于状态的概率，$\sum a_i = 1$。

可信赖性是在已知开始执行任务时系统状态的情况下，在执行任务过程中的某一个或某几个时刻系统状态的量度，可以表示为系统在完成某项特定任务时将进入和（或）处于它的任一有效状态，且完成与这些状态有关的各项任务的概率，也可以表示为其他适当的任务量度。

可信赖性直接取决于装备系统的可靠性和使用过程中的修复性，也与人员素质、管理因素有关，即

$$\overline{D} = (d_{ij})n \times n, \quad \sum_j d_{ij} = 1$$

式中：d_{ij} 为已知在开始执行任务时系统处于状态 i，则在执行任务过程中系统处于状态 j 的概率。

当完成任务的时间相当短时，即瞬间发生，则可以证明可信赖矩阵为单位阵，系统效能公式简化为

$$E = A \cdot C$$

能力是在已知执行任务期间的系统状态的情况下，系统完成任务能力的量度。更确切地说，能力是系统各种性能的集中表现。能力向量为

$$\overline{C} = (C_{ij})_{n \times m}$$

式中：C_{ij} 为在系统的有效状态下 i 条件下，第 j 个品质因数的值。

（四）BP 神经网络法

1. 基本原理

BP 神经网络是 1986 年由 Rumelhart 和 McCelland 为首的科学家小组在《并行分布式处理》一书中提出的，是一种按误差逆传播算法训练的多层前馈网络，是目前应用最广泛的神经网络模型之一，其网络的基本结构图如图 4.2 所示。

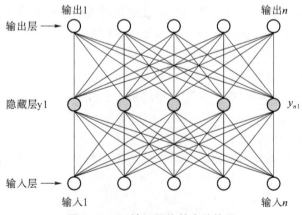

图 4.2 BP 神经网络基本结构图

BP 神经网络算法学习过程分为两个阶段。第一阶段为正向传播过程，从输入层经隐藏层逐层计算各层节点的实际输出值，每一层的节点只接受前一层节点的输入，也只对下一层节点的状态产生影响。第二阶段是反向传播过程，若输出层未能得到期望的输出值，则逐层递归计算时机输出和期望输出之间的误差，根据该误差修正前一层权值使误差信号趋向最小。在误差函数斜率下降的方向上不断地调整网络权值和阈值的变化而逐渐逼近目标函数，每一次权值和误差的影响成正比。权值不断调整的过程，也就是网络的学习训练过程。此过程一直进行到网络输出的误差减少到可接受的程度，或进行到预先设定的学习时间，或进行到预先设定的学习次数为止。

2. 特点和适用范围

基于人工神经网络的评价方法具有自适应能力、可容错性，能够处理非线性、非局域性的大型复杂系统。适用于实际综合评估非常复杂，各个因素之间互相影响，呈现出复杂的非线性关系。缺点是需要大量的训练样本，精度不高，应用范围受限。

BP 神经网络法在服务质量评价研究中常用于选取指标并确定指标权重。

（五）粗糙集评估法

粗糙集（Rough Set，RS）理论是由波兰学者 Z. Pawlak 在 1982 年提出的，是一种刻画不完整性和不确定性的数学工具，能有效地分析和处理不精确、不一致、不完整等各种不完备信息，并从中发现隐含的知识，揭示潜在的规律。

粗糙集理论具有两个显著的特点：它仅利用数据本身所提供的信息，无须提供所需处理的数据集合之外的任何先验信息，因此与其他不确定推理理论相比更具客观性；它具备从大量数据中求取最小不变集合（称为核）与求解最小规则集（成为约简）的能力，这一特性有助于简化冗余属性和属性值，提取有用的特征信息，从而在保证信息系统分类能力不变的条件下能有效地削减指标，减轻评估的工作量，提高评估速度。

粗糙集理论的基本方法如下：

①基于粗糙集的属性权重确定。由粗糙集理论的信息量定义可知，当从不同的属性角度考虑信息系统的分类时，相同的分类确定了不同属性具有相同的信息量。反之，两属性信息相同时，系统的分类必相同。换言之，某些属性的加入会直接影响到系统的分类，而将某些属性从信息系统中去掉可能不会改变系统的分类能力。

设系统中的条件属性为 C，决策属性为 D，在 C 中有 n 个属性 x_1, x_2, $\cdots$, x_n，考察所有条件属性将样本划分为决策类的分类能力，由决策属性对条件属性的依赖度 $r_c(D)$ 表示。在去掉条件属性 i 后，再重新考察分类情况，得到属性的重要度 $r_c(D) - r_{c-|i|}(D)$。进行归一化处理后即可得到属性的客观权重：

$$q(x_i) = [r_c(D) - r_{c-|i|}(D)] / \sum [r_c(D) - r_{c-|i|}(D)]$$

②建立评估指标体系。

③从最低一层指标开始，建立其对上层指标的知识表达系统，各子指标即构成条件属性集合 C，上层指标即为对应的决策属性 D。

④初始指标体系缩减。观察决策表 $T = <U, A>$，对于论域 U，若属性 i、$j \in A$ 对应的评估对象的属性值相同，则认为属性 i、j 具有相同的分辨能力，只需保留一个，经过删除相关列，初步简化决策表，缩减对应的初始指标体系。

⑤决策表属性简化。计算不可分辨关系,属性依赖度和属性重要度,进一步简化对策表及对应的指标体系。

⑥指标权重计算。先计算底层各指标权重,然后计算较高一层各指标的权重,将主观权重和客观权重相结合,得出综合权重。

⑦属性值约简。考察决策表中各规则,计算其核值,得到约简后的属性值,获得描述各评估对象特征信息的决策规则。

⑧综合评估的计算。根据属性的各自权重以及属性值的意义,综合决策规则的描述信息,对各评估对象做出相应的评价。

粗糙集方法是一种数据分析工具,对于数据的处理无须提供所研究问题数据集合之外的任何先验信息。该方法不需要建立解析式的数学模型,完全由数据驱动。根据粗糙集理论中属性约简的原理将冗余的指标进行剔除,在保证信息系统分类能力不变的条件下有效地消减指标,将冗余的指标进行剔除,以减轻评价工作量,提高评价速度。该方法根据数据本身的规律计算每个指标的权重,不完全依赖于专家的知识判断,客观性强,消除了主观性和模糊性,使评价结果更具有可靠性。

粗糙集理论在服务质量评价研究中常用于选取指标并确定指标权重。

(六) TOPSIS 法

TOPSIS(Technique for Order Preference by Similarity to Ideal Solution)称为逼近理想解的排序方法。它的基本思想是:对归一化后的原始数据矩阵,确定出理想中的最佳方案和最差方案,然后通过求出各被评方案与最佳方案和最差方案之间的距离,得出该方案与最佳方案的接近程度,并以此作为评价各被评对象优劣的依据。

算法步骤如下:

假设一多属性决策问题有 m 个备选方案 $A_1, A_2, \cdots, A_m$,同时有 n 个决策属性(指标)$R_1, R_2, \cdots, R_n$,其评价值构成决策矩阵。

1. 计算规范决策矩阵

规范值为:

$$z_{ij} = \frac{y_{ij}}{\sqrt{\sum_{i=1}^{m} y_{ij}^2}} (i = 1, 2, \cdots, m; j = 1, 2, \cdots, n)$$

	R_1	R_2	$\cdots$	R_n
A1	y_{11}	y_{12}	$\cdots$	y_{1n}
	y_{21}	y_{22}	$\cdots$	y_{2n}
A_2	$\cdots$	$\cdots$	$\cdots$	$\cdots$
A_m				
$\cdots$	y_{m1}	y_{m2}	$\cdots$	y_{mn}

2. 计算加权规范决策矩阵

设由决策人给定 $W = (w_1, w_2, \cdots, w_n)$,$w_j$ 为 R_j 的权重。加权值为

$$x_{ij} = w_j \cdot z_{ij}(i = 1,2,\cdots,m; j = 1,2,\cdots,n; \sum_{j=1}^{n} w_j = 1)$$

3. 确定理想解 x^* 和负理想解 x^0

设理想解 x^* 的第 j 个属性值是 x_j^*，负理想解 x^0 的第 j 个属性值是 x_j^0，则：

理想解 $x_j^* = \begin{cases} \max_i x_{ij}, & j \text{ 为效益型属性} \\ \min_i x_{ij}, & j \text{ 为成本型属性} \end{cases}$ $j = 1, 2, \cdots, n$

负理想解 $x_j^0 = \begin{cases} \max_i x_{ij}, & j \text{ 为成本型属性} \\ \min_i x_{ij}, & j \text{ 为效益型属性} \end{cases}$ $j = 1, 2, \cdots, n$

4. 计算各方案到理想解与负理想解的距离

备选方案 x_i 到理想解的距离为：

$$d_i^* = \sqrt{\sum_{j=1}^{n} (x_{ij} - x_j^*)^2}, \quad i = 1, 2, \cdots, m$$

备选方案 x_i 到负理想解的距离为：

$$d_i^0 = \sqrt{\sum_{j=1}^{n} (x_{ij} - x_j^0)^2}, \quad i = 1, 2, \cdots, m$$

5. 计算各方案的排队指示值（即综合评价指数）

$$C_i^* = \frac{d_i^0}{d_i^0 + d_i^*}, \quad i = 1, 2, \cdots, m$$

6. 按 C_i^* 由大到小排列方案的优劣次序

（七）灰色关联分析法

灰色关联分析法是由中国学者邓聚龙教授于1982年创立的。该理论是以"部分信息已知，部分信息未知"的小样本、贫信息、不确定性系统为研究对象，根据因素之间发展趋势的相似或相异程度，亦即"灰色关联度"，作为衡量因素间关联程度的一种方法。其突出优点是不需要太多的样本数据，不要求数据具有典型的分布，因此被广泛应用于多个领域，收到良好的效果。

1. 基本原理

灰色关联分析法是将研究对象及影响因素的因子值视为一条线上的点，与待识别对象及影响因素的因子值所绘制的曲线进行比较，比较它们之间的贴近度，并分别量化，计算出研究对象与待识别对象各影响因素之间的贴近程度的关联度，通过比较各关联度的大小来判断待识别对象对研究对象的影响程度。

2. 计算步骤

（1）确定分析数列。

确定反映系统行为特征的参考数列和影响系统行为的比较数列。反映系统行为特征的数据序列，称为参考数列；影响系统行为的因素组成的数据序列，称为比较数列。进行灰色关联分析，首先要有作为参照的特征序列和被比较的因素序列，记特征序列为 $X_0(t)$，采集 m 个数据：$X_0(t) = \{X_0(1), X_0(2), \cdots, X_0(m)\}$；记因素序列为 $X_i(t)$，其中有 n 个子序列，每个序列采集 m 个数据：$X_i(t) = \{X_i(1), X_i(2), \cdots, X_i(m)\}$，$i = 1, 2, \cdots, n$

（2）变量的无量纲化。

由于系统中各因素列中的数据可能因量纲不同，不便于比较或在比较时难以得到正确的结论。因此，在进行灰色关联度分析时，一般都要进行数据的无量纲化处理。

常用的无量纲化方法有初值化算子、均值化算子和区间化算子。如果是初值化，则将所有数据均用第 1 个数据除，然后得到一个新的序列，这个新的数列即是各个不同时刻的值相对于第一个时刻的值的百分比。经济序列中常用此法处理。如果是均值化，$X_i(t) = \{X_i(1), X_i(2), \cdots, X_i(m)\}$ 为因素 X_i 的行为序列，D 为均值化序列算子，$X_iD = \{X_i(1)d, X_i(2)d, \cdots, X_i(m)d\}$，则均值化的数据值为：

$$X_i(k)d = \frac{X_i(k)}{\overline{X_i}}, \overline{X_i} = \frac{1}{m}\sum_{k=1}^{m} X_i(k), i = 1, 2, \cdots, n$$

（3）计算关联度。

特征序列与因素序列在第 t 点的关联系数为：

$$\xi 0_i(t) = \frac{\Delta\min + \rho\Delta\max}{\Delta 0_i(t) + \rho\Delta\max}$$

式中，$\Delta\max$ 为的最大值；为 $\Delta\min$ 的最小值；$\Delta 0_i(t) = |x_0(t) - x_i(t)|$ 为 t 时刻的值；$\rho \in (0, \infty)$ 为分辨系数，ρ 越小，分辨力越大。一般 ρ 的取值区间为 $(0, 1)$，具体取值可视情况而定。当时，$\rho \leq 0.5463$ 时，分辨力最好，通常取 $\rho = 0.5$。

特征序列与因素序列间的关联度为：

$$\gamma_{0i} = \frac{1}{m}\sum_{t=1}^{m} \xi 0_i(t)$$

（4）关联度排序。

将求得的 n 个关联度 γ_{0i} 自大到小顺序排列，得到关联度序集，依此序集判定前者对 x_0 的影响较后者要大。若特征序列有 p 个，因素序列有 q 个，就可以构成关联矩阵。

$$\Gamma = \begin{pmatrix} \gamma_{11} & \gamma_{12} & \cdots & \gamma_{1q} \\ \gamma_{21} & \gamma_{22} & \cdots & \gamma_{2q} \\ \vdots & \vdots & \vdots & \vdots \\ \gamma_{p1} & \gamma_{p2} & \cdots & \gamma_{pq} \end{pmatrix}$$

在灰色关联度矩阵中，每一行表示不同因素对同一特征指标影响的关联程度。若存在 $h, l \in \{1, 2, \cdots, q\}$，满足 $\gamma_{jh} \geq \gamma_{jl}$（$j = 1, 2, \cdots, p$），则称系统因素 x_h 优于系统因素 x_l，记为 $x_h > x_l$。若 $\forall_h, l \in \{1, 2, \cdots, q\}$，$h \neq l$，恒有 $x_h > x_l$，则称 x_h 为最优因素。若存在 $\forall_h, l \in \{1, 2, \cdots, q\}$，满足 $\sum_{j=1}^{p}\gamma_{jh} \geq \sum_{j=1}^{p}\gamma_{jl}$，则称系统因素 x_h 准优于系统因素 x_l。根据此分析，可以判断影响因素与特征因素间的作用。分析哪些因素起主要影响，哪些因素起次要影响。因此，灰色关联分析法在服务质量评价研究中常用于选取指标。

（八）Kano 二维测量方法

Kano 模型（卡诺模型）是由日本教授狩野纪昭（Noriaki Kano）于 1984 年首次提出的，是对用户需求分类和优先排序的有用工具。它以分析用户需求对用户满意的影响为基础，体现了产品性能和用户满意之间的非线性关系。Kano 模型并不直接用来测量用户满意度，而是通过对用户的不同需求进行区分处理，帮助产品找出提高用户满意度的切入点。它常用于对影响指标进行分类，帮助产品了解不同层次的用户需求，识别使用户满意的至关重要的因素。

在 Kano 模型中，将产品和服务的质量特性分为五种属性：

①必备属性。当优化此需求，用户满意度不会提升，当不提供此需求，用户满意度会大幅降低。

②无差异属性。无论提供或不提供此需求，用户满意度都不会有改变，用户根本不在意。

③期望属性。当提供此需求，用户满意度会提升，当不提供此需求，用户满意度会降低。

④魅力属性。用户意想不到的，如果不提供此需求，用户满意度不会降低，但当提供此需求，用户满意度会有很大提升。

⑤反向属性。用户根本没有此需求，提供后用户满意度反而会下降。

Kano 主要是通过标准化问卷进行调研，对每个质量特性都由正向和负向两个问题构成，分别测量用户在面对存在或不存在某项质量特性时的反应。除了对于 Kano 属性归属的探讨，还可以通过对于功能属性归类的百分比，计算出 Better－Worse 系数，表示某功能可以增加满意或者消除很不喜欢的影响程度。

Better 可以被解读为增加后的满意系数。Better 的数值通常为正，代表如果提供某种功能属性的话，用户满意度会提升；正值越大，越接近 1，表示对用户满意上的影响越大，上升得也就更快。Worse 可以被叫作消除后的不满意系数。其数值通常为负，代表如果不提供某种功能属性的话，用户的满意度会降低；值越负向，越接近 －1，表示对用户不满意上的影响最大，满意度降低的影响效果越强，满意度下降得越快。因此，根据 Better－Worse 系数，对系数绝对分值较高的功能/服务需求应当优先实施。

根据 Better－Worse 系数构造四象限图，对指标、功能进行分析。根据调研内容得到的 Better－Worse 系数，分别落入象限图的象限中。

第一象限表示：Better 系数值高，Worse 系数绝对值也很高的情况。落入这一象限的因素，称为期望属性。

第二象限表示：Better 系数值高，Worse 系数绝对值低的情况。落入这一象限的因素，称为魅力属性。

第三象限表示：Better 系数值低，Worse 系数绝对值也低的情况。落入这一象限的因素，称为无差异属性。

第四象限表示：Better 系数值低，Worse 系数绝对值高的情况。落入这一象限的因素，称为必备属性。

然后根据特性采取相应的措施。一般来讲，首先要全力以赴地满足用户最基本的需求，即第四象限表示的必备属性，然后满足用户的期望型需求，即第一象限表示的期望属性，这是质量的竞争性因素。提供用户喜爱的额外服务或产品功能，使其产品和服务优于竞争对手并有所不同，引导用户加强对本产品的良好印象。最后争取实现用户的魅力型需求，即第二象限表示的魅力属性，提升用户的忠诚度。

(九) 系统动力学方法

系统动力学的出现始于 1956 年，创始人是美国麻省理工学院的 J. W. 福瑞斯特（Jay. W. Forrester）教授。20 世纪 50 年代后期，系统动力学逐步发展成为一门新的学科，是系统科学的一个重要分支。从诞生开始，系统动力学就有了独立的理论体系与科学方法，并且系统动力学研究问题的方法是一种系统分析与综合推理相结合、定性分析与定量分析相结合的方法。

系统动力学是社会复杂系统的仿真实验室，采用不同的策略，所得到的不同结果，可以通过系统动力学模型仿真加以验证。系统动力学建模及仿真的基本步骤为：

1. 明确建模目的

构建模型之前要弄清楚系统目标，即建模目的。建模的最终目的是要通过构建的模型来分析和解决实际生活中的问题，例如对未来发展趋势进行预测或者对已经发生的事情的原因进行分析等。在建模时首先要明确的是，要研究的社会经济现象，研究的最终目的是要解决这些现象中的哪些可控问题，以及要达到什么样的效果。

2. 明确系统边界

系统动力学适应于研究复杂系统，通过界定所研究的系统及其系统环境，可在两者之间勾画出该系统的边界。其中系统环境是指出系统内部之外的一切与系统相关联的事物所构成的集合。尽可能缩小系统的边界，如果一些变量对于问题的研究无关紧要就可以不考虑。

3. 构建因果关系图

系统内部的各影响因素相互作用，从而影响整体的系统行为，所以要想弄清系统结构以及行为特征就应该从构建各因素之间的因果关系图开始。根据建模目的，在充分了解研究问题的基础上，参考有关的经验、知识和现有研究成果等一切有价值的资料，构建系统动力学因果关系图。

4. 建立系统流图，写出系统动力学方程

根据上述构建的系统动力学因果关系图，对其基本因素的性质和类型加以区分，确定流位变量、流率变量、辅助变量以及其他变量，构建系统动力学流图，并写出相关变量的系统动力学方程。

5. 计算机模拟仿真

根据构建系统流图模型，借助计算机，运用仿真软件，编辑变量方程，对所建的系统动力学模型进行模拟仿真。

6. 仿真结果分析

根据仿真软件输出的结果，分析研究系统的行为特征，可以通过政策调整评估各种政策效果，为决策提供科学依据。

(十) 模糊 TOPSIS 分析法

模糊 TOPSIS 分析法是基于三角模糊 TOPSIS 分析法的第三方物流供应商服务绩效评估方法。

模糊 TOPSIS 方法包括模糊评估的标准和在 TOPSIS 中备选方案的选择。TOPSIS 方法选择的备选方案是最接近正理想解且最远离负理想解的。正理想解的每一项都比负理想解的性能值好，相反，负理想解的每一个值均低于正理想解。模糊分析法的步骤如下：

①制定标准和评价等级。
②计算出聚合的模糊权重和备选方案的模糊权重。
③模糊决策矩阵规范化。
④计算出加权正规化矩阵$\bar{V}$。
⑤计算出模糊正理想解与模糊负理想解。
⑥计算每个备选方案与模糊理想解之间的距离d。
⑦计算每个备选方案的接近度系数并排名。
⑧计算出所有接近度系数后,根据接近度系数大小进行排名。

三、服务质量和认证评价指标权重确定技术、方法

(一) AHP(层次分析法)

1. 基本原理

层次分析法(Analytic Hierarchy Process,AHP)是由美国运筹学家 T. L. Saaty 教授在20世纪70年代初提出来的一种定性与定量相结合的多指标评价分析方法,在社会各个研究领域得到广泛的应用。

层次分析法的基本原理是将一个多目标的决策问题分层细化,形成由目标层、准则层和方案层构成的层次结构,根据人的经验对每一层因素针对上一层因素的相对重要性进行量化表示,之后通过数学方法确定每一层(准则层和方案层)指标的相对重要程度得出权重,最终就得到了方案层对目标层的相对重要性权重系数,得出评价和选择的依据(如图4.3所示)。因此,层次分析法在服务质量评价研究中常用于确定指标权重。

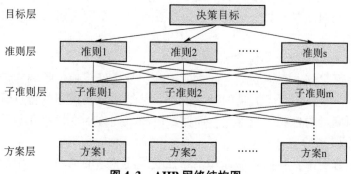

图 4.3 AHP 网络结构图

2. 特点和适用范围

AHP针对由相互关联、相互制约的众多因素构成的复杂系统,提供了一种简洁、实用的评价方法。它具有如下特点:

①AHP是一种思维方式,体现了人的思维的基本特征——分解、判断和综合。
②方法简便、易于接受。
③对评估者的要求较高,要求评估者对问题的本质、结构、包含的因素及其内在的关系有比较深入和全面的认识、理解和判断。
④当遇到因素众多、规模较大的问题时,该方法容易出现问题。

AHP 适用于测度难以量化的复杂问题，同时人的定性判断起重要作用的场合。

（二）结构方程模型

结构方程模型（Structural Equation Modeling，SEM）是一种验证性的多元统计分析技术，是应用线性方程表示观测变量与潜变量之间以及潜变量之间关系的一种多元统计方法，其实质是一种广义的一般线性模型。结构方程模型一般由测量方程和结构方程两部分构成，测量方程描述隐变量与指标之间的关系。结构方程则反映隐变量之间的关系。

SEM 包括：因子分析（验证性因子分析、探索性因子分析）、回归分析、路径分析、t 检验、方差分析、潜变量因果模型（全模型）、高阶因子分析、多质多法分析、潜变量增长模型。

1. 结构方程模型分析过程

结构方程模型分析的过程：在设定结构模型的基础上，为验证模型的准确性，首先要判断这些方程是否为可识别模型。对于可识别模型，通过收集显变量的数据，利用最大似然估计或广义最小二乘估计等估计方法，对未知参数进行估计。对于模型的结果需要对模型与数据之间的拟合效果进行评价。如果模型与数据拟合得不好，就需要对模型进行修正，重新设定模型。要得到一个拟合较好的模型，往往需要反复实验多次。在进行模型估计之前，研究者需要根据专业知识或经验设定假设的初始模型，而结构方程模型的主要用途即为确定该假定模型是否合理。结构方程模型通常借助路径图将初始模型描述出来，对于复杂的模型尤其如此。

2. 结构方程模型的特点

（1）能同时处理多个因变量。

结构方程模型可同时考虑并处理多个因变量，而回归分析中只能处理一个因变量，如果有多个因变量需要处理，则需要分别计算，这样在计算一个因变量时就忽略了其他因变量的存在及影响。

（2）允许自变量和因变量均包含测量误差。

从测量方程中可看到，很多变量，如学业成绩、社会经济地位等因变量的观察值不能用单一指标来测量，而且还包含了大量的测量误差。从结构方程模型的特点看出，结构方程分析允许自变量和因变量均含有测量误差，而回归分析只允许因变量存在测量误差。

（3）估计整个模型的拟合程度。

在传统的路径分析中，我们只估计每条路径变量间关系的强弱。在结构方程分析中可以通过结构方程软件 LISREL 计算出多个拟合参数值，判断不同模型对同一个样本数据的整体拟合程度，从中选取最精确的模型描述样本数据呈现的特征。

因此，结构方程模型在服务质量评价研究中常用于选取指标。

（三）因子分析法

1. 基本原理

因子分析是主成分分析的自然延伸，用少数几个因子来描述许多指标和因素之间的联系，以较少几个因子反映原资料的大部分信息的统计学方法。通过对多个变量的实际观测值的相关矩阵进行计算，依次提取方差贡献最大的各个主成分，以达到约减变量的目的。

因子分析的数学模型是把 P 个观测变量分别表示为 $m<P$ 个公共因子 f 和独特 NF 加权线性和，即 $z_i = \sum_{j=1}^{m} a_{ij} F_j + a_i \varepsilon_i (i = 1,2,\cdots,p)$。

系数 a_i 为独特因子负荷，在实际中常常取零，即忽略不计随机项 ε_i。a_{ij} 是第 i 个变量在第 j 个公共因子上的系数，称为因子负荷。$A = [a_{ij}]$ 称为因子负荷矩阵，因子负荷矩阵中各行元素平方之和 $h_i^2 = a_{i1}^2 + a_{i2}^2 + \cdots + a_{im}^2$，称为变量 Z_i 的公共因子方差，也称为共同度，因子负荷矩阵中各列元素平方之和 $s_i = a_{li}^2 + \cdots + a_{pj}^2$ 为单个公共因子 F_i 的方差贡献，是衡量某个公共因子相对重要性的指标因子分析。

2. 特点和适用范围

因子分析的特点如下：

①因子分析是从众多的原始变量中构造出少数几个具有代表意义的因子变量，但要求原有变量之间要具有比较强的相关性，否则，就无法从中综合出能反映某些变量共同特性的少数公共因子变量。因此，在因子分析时需要对原有变量作相关分析，最简单的方法就是计算变量之间的相关系数矩阵。如果在对相关系数矩阵进行统计检验中，大部分相关系数都小于 0.3 并且未通过统计检验，那么这些变量就不适合于进行因子分析。

②因子变量的数量远少于原有的指标变量的数量，对因子变量的分析能够减少分析中的计算工作量。

③因子变量不是对原有变量的取舍，根据原始变量的信息进行重新组构，它能够反映原有变量大部分的信息。

④因子变量之间不存在线性相关关系，对变量的分析比较方便。

⑤因子变量具有命名解释性，即该变量是对某些原始变量信息的综合和反映。

因子分析的优点：它不是对原有变量进行取舍，而是根据原始变量的信息进行重新组合，找出影响变量的共同因子，化简数据；它通过旋转使得因子变量更具有可解释性，命名清晰性高。

因子分析的缺点：在计算因子得分时，采用的是最小二乘法，此法有时可能会失效。

因子分析与主成分分析不同：主成分分析是寻求若干个可观测随机变量的少量线性组合，说明其含义；因子分析主要的目的是找出不一定可观测的潜在变量作为公共因子，并解释公共因子的意义及如何用不可观测随机变量计算可观测随机变量。

（四）熵权法

熵原本是一热力学概念，最先由申农（C. E. Shannon）引入信息论，称为信息熵。现已在工程技术、社会经济等领域得到十分广泛的应用。

熵权法是一种客观赋权法。熵权法的基本思路是根据指标变异性的大小来确定客观权重。一般来说，若某个指标的信息熵越小，表明指标值的变异程度越大，提供的信息量越多，在综合评价中所能起到的作用也越大，其权重也就越大。相反，某个指标的信息熵越大，表明指标值的变异程度越小，提供的信息量也越少，在综合评价中所起到的作用也越小，其权重也就越小。因此在具体应用时，可根据各指标值的变异程度，利用熵来计算各指标的熵权，利用各指标的熵权对所有的指标进行加权，从而得出较为客观的评价结果。

1. 基本概念

若系统可能处于多种不同的状态,而每种状态出现的概率为 p_i($i=1,2,\cdots,m$)时,则该系统的熵就定义为:

$$e = -\sum_{i=1}^{m} p_i \cdot lnp$$

显然,当 $p_i = \dfrac{1}{m}$($i=1,2,\cdots,m$)时,即各种状态出现的概率相同时,熵取最大值为:$emax = lnm$

现有 m 个待评项目,n 个评价指标,形成原始评价矩阵 $R=(r_{ij})m \times n$,

$$R = \begin{pmatrix} r_{11} & r_{12} & \cdots & r_{1n} \\ r_{21} & r_{22} & \cdots & r_{2n} \\ \vdots & \vdots & \vdots & \vdots \\ r_{m1} & r_{m2} & \cdots & r_{mn} \end{pmatrix}$$

其中 r_{ij} 为第 j 个指标下第 i 个项目的评价值。对于某个指标 r_j 有信息熵:

$$e_j = -\sum_{i=1}^{m} p_{ij} \cdot lnp_{ij}, 其中 p_{ij} = \frac{r_{ij}}{\sum_{i=1}^{m} r_{ij}}$$

2. 求各指标值权重的过程

(1) 计算第 j 个指标下第 i 个项目的指标值的比重 p_{ij}。

$$p_{ij} = \frac{r_{ij}}{\sum_{i=1}^{m} r_{ij}}$$

(2) 计算第 j 个指标的熵值 e_j。

$$e_j = -k \sum_{i=1}^{m} p_{ij} \cdot lnp_{ij}, 其中, k = 1/lnm$$

(3) 计算第 j 个指标的熵权 w_j。

$$w_j = \frac{(1-e_j)}{\sum_{j=1}^{n}(1-e_j)}$$

(4) 确定指标的综合权数 β_j。

假设评估者根据自己的目的和要求将指标重要性的权重确定为 α_j,$j=1,2,\cdots,n$,结合指标的熵权 w_j 就可以得到指标 j 的综合权数:

$$\beta_j = \frac{\alpha_i w_i}{\sum_{i=1}^{m} \alpha_i w_i}$$

当各备选项目在指标 j 上的值完全相同时,该指标的熵达到最大值 1,其熵权为 0。这说明该指标未能向决策者提供有用的信息,即在该指标下所有的备选项目对决策者来说是无差异的,可考虑去掉该指标。因此熵权本身并不是表示指标重要性的系数,而是表示在该指标下对评价对象的区分度。

(五) 模糊综合评价法

模糊综合评价法是一种基于模糊数学的综合评价方法。该综合评价法根据模糊数学的隶属度理论把定性评价转化为定量评价,即用模糊数学对受到多种因素制约的事物或对象做出一个总体的评价。它将一些边界不清、不易定量的因素定量化,从多个因素对被评价事物隶属等级状况进行综合性评价,能较好地解决模糊的、难以量化的问题,适合各种非确定性问题的解决。

模糊综合评价的基本程序如下:

①确定评价对象的因素(指标)集合评价(等级)集 $U=\{u_1, u_2, \cdots, u_m\}$;确定评语等级集合 $V=\{v_1, v_2, \cdots, v_n\}$。

对各个评价指标中的因素建立相应的模糊权重数 a_i ($i=1, 2, \cdots, m$),$a_i \geq 0$;$\sum a_i = 1$ 表示第 i 个因素的权重,再由各权重组成的一个模糊集合 A 就是权重集。

②被评价对象从每因素 u_i ($i=1, 2, \cdots, m$) 上进行量化,确定模糊评判矩阵。

$$R = \begin{pmatrix} r_{11} & r_{12} & \cdots & r_{1n} \\ r_{21} & r_{22} & \cdots & r_{2n} \\ \vdots & \vdots & \vdots & \vdots \\ r_{m1} & r_{m2} & \cdots & r_{mn} \end{pmatrix}$$

利用合适的合成算子将 A 与模糊关系矩阵 R 合成得到各被评价对象的模糊综合评价结果向量 B,从而得到模糊综合评价结果。

$$B = A \cdot R = (a_1, a_2, \cdots, a_m) \begin{pmatrix} r_{11} & r_{12} & \cdots & r_{1n} \\ r_{21} & r_{22} & \cdots & r_{2n} \\ \vdots & \vdots & \vdots & \vdots \\ r_{m1} & r_{m2} & \cdots & r_{mn} \end{pmatrix} = (b_1, b_2, \cdots, b_n)$$

其中 b_j ($j=1, 2, \cdots n$) 是由 A 与 R 的第 j 列运算得到的,表示被评级对象从整体上看对 v_j 等级模糊子集的隶属程度。

模糊综合评价法的优点:

①模糊评价通过精确的数字手段处理模糊的评价对象,能对蕴藏信息呈现模糊性的资料做出比较科学、合理、贴近实际的量化评价。

②评判对象逐一进行,对被评价对象有唯一的评价值,不受被评价对象所处对象集合的影响。

③评价结果是一个向量,而不是一个点值,包含的信息比较丰富,既可以比较准确地刻画被评价对象,又可以进一步加工,得到参考信息。

④很好地解决一般模糊综合评价模型的一些缺点,如因素多导致各因素权重小而造成的严重失真现象或多峰值现象等。

模糊综合评价法的缺点:

①计算复杂,对指标权重向量的确定主观性较强。

②当指标集个数较大时,在权向量和为 1 的条件约束下,相对隶属度权系数往往偏小,权向量与模糊矩阵不匹配,结果会出现超模糊现象,分辨率很差,无法区分谁的隶属度更高,甚至造成评判失败,此时可用分层模糊评估法加以改进。

模糊综合评判可以做到定性和定量因素相结合，扩大信息量，使评价数度得以提高，评价结论可信。模糊综合评价法多用于模糊环境下对受多因素影响的事物做综合决策的领域。比如对企业融资效率、创新能力、经济效益、绩效考核的评价、选址问题、交通路线比选、服务质量评价等模糊性问题中。

模糊综合评价法在服务质量评价研究中常用于确定指标权重。

第二节　定性技术

定性技术，这里是指识别和鉴定服务质量评价指标有哪些元素组成的问题。由于服务质量的特性，决定了服务质量评价指标选取中定性方法的使用。

一、德尔菲法

德尔菲法，即专家调查法，是采用匿名或背靠背的方式将问卷或问题传达到不同专家手中，然后回收汇总全部观点以整理出综合意见。对综合意见进行再调查、分析、整理，这样反复循环后最终得到比较一致的预测结果的方法。德尔菲法的实施要求专家没有横向联系，不能互相讨论，各专家独立分析，只能与调查人员发生联系。这种方法具有广泛的代表性，较为可靠。

（一）德尔菲法的特点

德尔菲法是一种利用函询形式进行的集体匿名思想交流过程。它有三个明显区别于其他专家预测方法的特点，即匿名性、反馈性、统计性。

1. 匿名性

所有专家组成员不直接见面，只通过函件交流，可消除权威的影响。这是该方法的主要特征。从事预测的专家彼此互不知道其他有哪些人参加预测，他们是在完全匿名的情况下交流思想的。后来改进的德尔菲法允许专家开会进行专题讨论。

2. 反馈性

该方法需要经过3~4轮的信息反馈，在每次反馈中使调查组和专家组都可以进行深入研究，使得最终结果基本能够反映专家的基本想法和对信息的认识，所以结果较为客观、可信。小组成员的交流是通过回答组织者的问题来实现的，一般要经过若干轮反馈才能完成预测。

3. 统计性

最典型的小组预测结果是反映多数人的观点，少数派的观点至多概括地提及一下，没有表示出小组的不同意见的状况。而统计回答不是这样，它报告1个中位数和2个四分点，其中一半落在2个四分点之内，一半落在2个四分点之外。这样，每种观点都包括在这样的统计中，避免了专家会议法只反映多数人观点的缺点。

（二）德尔菲法工作流程

德尔菲法的工作流程大致可以分为4个步骤，在每一步中，组织者与专家都有各自不同的任务。

1. 开放式的首轮调研

第一，由组织者发给专家的第一轮调查表是开放式的，不带任何框框，只提出预测问题，请专家围绕预测问题提出预测事件。因为，如果限制太多，会漏掉一些重要事件。

第二，组织者汇总整理专家调查表，归并同类事件，排除次要事件，用准确术语提出一个预测事件一览表，并作为第二步的调查表发给专家。

2. 评价式的第二轮调研

①专家对第二步调查表所列的每个事件做出评价。例如，说明事件发生的时间、争论问题和事件或迟或早发生的理由。

②组织者统计处理第二步专家意见，整理出第三张调查表。第三张调查表包括事件、事件发生的中位数和上下四分点，以及事件发生时间在四分点外侧的理由。

3. 重审式的第三轮调研

①发放第三张调查表，请专家重审争论。

②对上下四分点外的对立意见做一个评价。

③给出自己新的评价（尤其是在上下四分点外的专家，应重述自己的理由）。

④如果修正自己的观点，也应叙述改变理由。

⑤组织者回收专家们的新评论和新争论，与第二步类似地统计中位数和上下四分点。

⑥总结专家观点，形成第四张调查表。其重点在争论双方的意见。

4. 复核式的第四轮调研

①发放第四张调查表，专家再次评价和权衡，做出新的预测。是否要求做出新的论证与评价，取决于组织者的要求。

②回收第四张调查表，计算每个事件的中位数和上下四分点，归纳总结各种意见的理由以及争论点。

值得注意的是，并不是所有被预测的事件都要经过四步。有的事件可能在第二步就达到统一，而不必在第三步中出现；有的事件可能在第四步结束后，专家对各事件的预测也不一定都是达到统一，不统一也可以用中位数与上下四分点来得出结论。事实上，总会有许多事件的预测结果是不统一。

（三）德尔菲法的优点

①能充分发挥各位专家的作用，集思广益，准确性高。

②能把各位专家意见的分歧点表达出来，取各家之长，避各家之短。

③管理者可以保证在征集意见以便做出决策时，没有忽视重要观点。

④德尔菲法能避免专家会议法的缺点，如权威人士的意见影响他人的意见，有些专家碍于情面，不愿意发表与其他人不同的意见，出于自尊心而不愿意修改自己原来不全面的意见。

（四）德尔菲法的缺点

①缺少思想沟通交流，可能存在一定的主观片面性。

②易忽视少数人的意见，可能导致预测的结果偏离实际。

③存在组织者主观影响。

（五）德尔菲法适用事件

一般来说，德尔菲法较多地运用于具有以下几个特征的事件：
①该事件缺乏足够的相关资料。
②需要对事件做长远规划或进行大趋势的预测。
③影响预测事件的因素太多。
④主观因素对预测事件的影响较大。

因此，德尔菲法在服务质量评价研究中常用于选取指标并确定指标权重。

二、访谈法

访谈法（Interview）又称晤谈法，是指通过访员和受访人面对面地交谈来了解受访人的心理和行为的心理学基本研究方法。因研究问题的性质、目的或对象的不同，访谈法具有不同的形式。根据访谈进程的标准化程度，可将它分为结构型访谈和非结构型访谈。访谈法运用面广，能够简单而迅速地收集多方面的工作分析资料，因而深受人们的青睐。

访谈根据不同的维度可以分为不同的类型。根据访谈所涉及的人数可以分为个别访谈和集体访谈；根据访谈的内容是否标准化可以分为结构式访谈或非结构式访谈以及半结构访谈；从访谈的沟通方式可以分为直接访谈和间接访谈；按访谈的正式的程度可以分为正式访谈与非正式访谈；按访谈的次数可以分为一次性访谈与多次访谈。

访谈法根据其进行的流程，可以分为三个阶段，即访谈的准备阶段、访谈的实施阶段和访谈结果整理分析阶段。在明确访谈的目的之后，首先确立访谈的提纲、准备好访谈的工具、访谈的抽样和与被访谈者确立研究关系。在一切准备工作就绪以后进入访谈的实施阶段。此阶段包括与被访谈者初步接触、进行提问、记录和结束访谈。在结束访谈的实施阶段以后对访谈结果进行整理分析。

访谈法在服务质量评价研究中常用于初筛指标。

三、服务蓝图法

服务蓝图是一种准确地描述服务体系的工具，它借助于流程图，通过持续地描述服务提供过程、服务接触、员工和顾客的角色以及服务的有形证据来直观地展示服务。

服务蓝图能够在横向上按时间顺序对整个业务流程中参与的员工、支持行为、顾客以及提供服务的有形展示对各自的行为进行描述；同时也可以在纵向上显示同一时间段各要素间的协调活动，能更好地反应业务流程中各部门的活动和责任。完整的服务系统可以分为3大要素：

（1）服务形成的步骤与工作内容（Service Process）。
（2）执行每项工作的方法与途径（Mean）。
（3）提供给顾客的服务感知。

服务蓝图由4部分构成：1个有形展示（是指顾客能直接观察或接触到的服务的展示部分）；4种行为（顾客行为、前台员工行为、后台员工行为、支持行为），连接行为的流向线；分割行为的3条分界线（互动分界线、可视分界线和内部互动分界线），如图4.4所示。

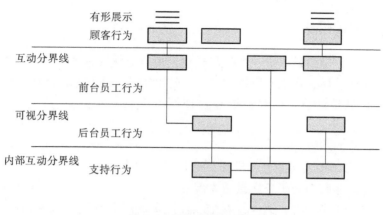

图 4.4 服务蓝图构成图

服务蓝图法在服务质量评价研究中常用于初筛指标。

四、关键事件技术（CIT）

关键事件技术（Critical Incidents Technique，CIT）是美国匹兹堡大学心理学教授福莱·诺格（John C. Flanagan）在1949年《人事评价的一种新途径》一书中提出的方法，是通过搜集某个特定领域的关键事件并采用内容分析法对其中有效或者无效的行为实行分类处理，在深入分析后得出研究结论的方法。其中，"事件"是指任何可观察的人类活动，应发生在一种目标与意向非常清楚的意境中，具有足够的完整性，从而可以对人们的表现做出推断和预测；"关键"是指对整个活动目的而言发挥了重大作用，不论是积极或者是消极的。Flanagan将该方法描述为"一套通过直接观察和收集人类行为，并有效地提炼出其潜在价值，用以解决实际问题的过程"。其应用范围很广，涉及管理学、旅游服务、营销教育学等多个领域，重点应用于人力资源的绩效评估、服务质量的测定、卫生科学研究等领域，其信度和效度也一再得到检验和证明。

关键事件技术和因子分析、聚类分析、多维尺度分析等归纳分类方法一样，是一种分类方法。与后者不同的是，在数据分析阶段，关键事件法所运用的"数据"则是在访问或询问过程中得到的"故事""经历"和"事件描述"，关键事件技术采用对事件和行为的内容分析，而非定量分析。当一个研究领域缺乏关于对分类非常重要的属性描述的文献，而这恰恰是研究者关注的现象和问题时，或者研究者旨在在透彻理解的基础上去描述一个真实世界的现象时，就特别适合使用关键事件技术的方法。

该方法能够有效地发掘行为人的情感与动机，不仅能够较全面、客观地测量行为人对具体事件或事物的感知，而且还能提供用于改善行为效果的信息，研究者也可以根据研究的需要针对事实个案进行深入分析和探讨。关键事件技术与叙事法有相似之处，但它将叙事法的优点最大化，缺点最小化，有效地将被调查者的叙述转化为可分析的数据。

然而，关键事件技术也有其自身的局限，如研究者在对收集的关键事件进行内容分析时，会很容易掺杂个人的价值观、情感、心境。因此，研究者应力求客观地再现故事本身，尽可能地不夹杂本人的判断。在运用关键事件技术法时常常结合问卷调查法和访谈法。

关键事件技术在服务质量评价研究中常用于初筛指标。

五、价值曲线评价法

价值曲线评价法,是通过评价一个公司相对于该行业顾客感知服务质量关键性要素的业绩表现,来评价顾客总体感知服务质量的方法。这种方法不仅要求顾客做出评价,还要求内部员工和管理人员做出评价,最终目标是发现使顾客感知服务质量产生质的飞跃的关键要素。

价值曲线评价法的步骤为:

(1) 确定行业内顾客感知服务质量的关键要素。

各个行业之间顾客感知的服务质量的关键要素是不同的,比如,对于快递行业,它的关键要素一般有价格、快递种类、速度、安全、快递员的服务态度、包装完好、保险政策等;而对于航空公司来说,乘客感知的服务质量的关键要素一般有安全性、正点程度、价格、机型、空姐仪表等。

(2) 设计问卷进行市场调研,让顾客给各个要素打分。

在这个步骤中,把每个关键要素列于调查问卷中,设计 0—10 的 11 个分数等级,让顾客根据自己的期望和要求给各个要素打分,目的是找出大多数顾客普遍认为重要的因素、不重要的因素以及服务企业提供的多余的因素。问卷最后还可以设计若干个开放性问题,如:您认为还应当提供哪些重要的服务项目?您认为应当去掉哪些冗余的服务项目?

(3) 进行分数加总,画出价值曲线。

(4) 评价价值曲线,提高顾客感知的服务质量。

通过分析和评价价值曲线,找出三个分数最高的要素和三个分数最低的要素,说明在顾客感知的服务质量中,他们分别是最重要的三个属性和最不重要的三个属性。于是,企业可以通过淘汰某些属性,创建某些属性以及将某些属性减少或者提升到行业前所未有的水平,实现价值曲线的突破,从而更加符合顾客的期望和要求,提高顾客感知的服务质量。

(5) 监控价值曲线的必要性。

一个公司一旦通过价值曲线评价法创造了新的价值曲线,那么,竞争者迟早都会企图模仿。为了试图保住自己辛辛苦苦争取来的顾客群,公司最后都有可能陷入一场为了取胜的竞争中,为抓紧市场份额所困扰,于是,公司就可能陷入传统战略逻辑的陷阱。

因此,动态地应用价值曲线评价方法,即监控价值曲线是非常必要的,它可以使一个公司在从现今的服务中仍然能够得到一个巨大的利润时就看到并及时抓住质的飞跃机会。

价值曲线评价法所遵循的逻辑思路是价值创新的战略逻辑思路,它与传统的战略逻辑有很大的区别,主要区别表现在五个基本方面(如表 4.1 所示)。

价值曲线评价法在服务质量评价研究中常用于初筛指标。

表 4.1 价值创新战略逻辑与传统战略逻辑的差异

五个维度	传统战略逻辑	价值创新战略逻辑
产业假设	产业条件已经给定	产业条件可以改变
战略重点	一个公司应该培养竞争优势,其目标是在竞争中获胜	竞争不是基准,一个公司应该在为顾客提供的价值上,追求领先,满足顾客需求,以主导市场的发展

续表

五个维度	传统战略逻辑	价值创新战略逻辑
顾客	一个公司应当通过进一步的市场分割和营销手段来保持和扩大其顾客群，它应关注顾客评价的差异	目标是把顾客感知的服务质量带入一个质的飞跃，从而赢得大多数顾客
资产与能力	一个公司应调节其现有的资产和负债	一个公司一定不能受其过去的约束，必须问自己如果开始创新该怎么办
提供的服务	产业的传统界限决定了一个公司提供的服务是什么，公司的目标是使其提供的服务价值最大化	一个价值创新者是根据顾客的要求来考虑其应当提供的服务，即使这样可能会使企业超越产业的传统界限

六、客户旅程地图法

Customer Journey Map（CJM），即客户旅程地图法。这是一种用来说明客户（或顾客）与企业之间服务交互过程的导图，描述了顾客在使用产品或者服务时的体验、主观反应和感受。服务过程中接触点越多，图就越复杂。这个方法在设计、市场和营销、内部流程优化等方面都可以发挥一定作用。

在客户旅程地图中，顾客与企业的交互过程被一步步描述出来。通过客户旅程地图，企业（服务提供者）可关注如下问题，帮助提升客户体验。

行动：客户在每个阶段做什么？他们采取了哪些行动将自己转移到下一个阶段？

动机：为什么客户有兴趣继续前进下一个阶段？他们感觉到什么情绪？为什么他们在乎？

问题：有什么不确定性、行话或其他问题妨碍客户进入下一阶段？

障碍：什么结构、过程、成本、实施或其他障碍阻碍了进入下一个阶段？

（一）客户旅程地图法的特点和优势

（1）关注客户从最初访问到目标达成的全过程，而不仅仅关注某一个环节。这样的设置，可以避免过分关注细节、只见树木不见森林的弊端，能够分析出产品和服务在各个环节的优势和劣势。

（2）客户旅程分析是完完全全从客户的角度进行的。

（3）客户旅程分析采用图表、故事版的方式，直观地告诉各方：客户每一个阶段的痛点，以及客户在这个阶段想要什么。

（二）客户旅程地图法的一般流程

（1）了解客户。收集和评估所有已有的关于客户的知识，可以采用文献收集、在线问卷、线下访谈等方法实现。

（2）找出知识差距。明确哪些是还不知道或者不确定的事情（主要是关于客户/用户）。在这个阶段，不要关注定性或定量数据，要更多关注用户的原话。我们所有分析出来的结果补充到我们对用户的理解中,为下一步客户角色模型创建提供了基础。

(3) 创建客户角色模型。一个客户角色模型,应当完整地描述出客户使用你产品时的目标和行为。

(三) 客户旅程地图法的作用和意义

(1) 可以更深入了解用户、辅助进行用户的分类。

(2) 可以帮助进行产品或服务的重构,以及进行企业流程再造(Business Process Reengineering,BPR)。

客户旅程地图法在服务质量评价研究中常用于初筛指标。

七、实地观察法

实地观察法,是观察者有目的、有计划地运用自己的感觉器官或借助科学观察工具,能动地了解处于自然状态下的社会现象的方法。

(一) 实地观察法的显著特点

(1) 它是观察者有目的、有计划的自觉认识活动。

(2) 它是运用两类观察工具进行的观察活动。这两类观察工具是:人的感觉器官,其中最主要的是视觉器官——眼睛;科学观察工具,如照相机、摄影机、望远镜、显微镜、录音机、探测器、人造卫星,以及观察表格、观察卡片等。

(3) 它的观察过程是一个积极的、能动的反应过程。

(4) 它的观察对象应该是处于自然状态下的社会现象。

(二) 实地观察法的分类

(1) 根据观察者的角色,实地观察可分为参与观察和非参与观察。

参与观察也称局内观察,就是观察者参与到被观察人群之中,并通过与被观察者的共同活动从内部进行观察。参与观察按照参与程度的不同,可分为完全参与观察和不完全参与观察。完全参与观察,就是观察者完全参与到被观察的人群之中,作为其中一个成员进行活动,并在这个群体的正常活动中进行观察。不完全参与观察,就是观察者以半"客"半"主"身份参与到被观察人群之中,并通过这个群体的正常活动进行观察。非参与观察也称局外观察,就是观察者不加入被观察的群体,完全以局外人或旁观者的身份进行观察。一般地说,参与观察比较全面、深入,能获得大量真实的感性认识,但观察结果往往带有一定主观感情色彩;非参与观察比较客观、公允,能增加许多感性知识,但往往只能看到一些表面的甚至偶然的社会现象。

(2) 根据观察的内容和要求,实地观察可分为有结构观察和无结构观察。

有结构观察也称有控制观察或系统观察,它要求观察者事先设计好观察项目和要求,统一制定观察表格或卡片。在实地观察过程中,要严格按照设计要求进行观察,并做详细观察记录。无结构观察也称无控制观察或简单观察,它只要求观察者有一个总的观察目的和要求,一个大致的观察内容和范围,然后到现场根据具体情况有选择地进行观察。有结构观察能获得大量翔实的材料，并可对观察材料进行定量分析和对比研究，但它缺乏弹性，比较费时；无结构观察比较灵活，简单易行，适应性较强，但观察所得的材料比较零散，很难进行定量分析和对比研究。

（3）根据观察对象的状况，实地观察可分为直接观察和间接观察。

直接观察，就是对当前正在发生的社会现象所进行的观察。间接观察，就是通过对物化了的社会现象所进行的对过去社会情况的观察。所谓物化了的社会现象，是指反映过去社会现象的各种物质载体，例如写实性绘画、古迹或遗址、各种腐蚀性或积累性物质痕迹，以及反映一定社会现象的物体或环境等。一般地说，直接观察简便易行、真实可靠。间接观察比较复杂、曲折，它需要比较丰富的经验和知识，有时还需要科学的鉴定手段和方法，而且在推论时可能发生种种误差。但是，它可弥补直接观察的不足，更是对过去社会现象进行观察的唯一可行的方法。

（三）实地观察法的优点

实地观察法的最大优点是它的直观性。

与直观性相联系，实地观察法的另一重要优点是它的可靠性。实地观察、特别是非介入性的调查方法，它主要是观察者单方面的观察活动，一般不依赖语言交流，不与被观察者进行人际交往。因此，它有利于对本能够或不需要进行语言交流的社会现象进行调查，有利于排除语言交流或人际交往中可能发生的种种误会和干扰。实地观察、特别是参与观察，有利于直接与被观察者接触，有利于在与被观察群体的共同活动中与观察者建立感情、增进信任和友谊，并在此基础上深入、细致地了解被观察者在各种不同情况下的具体表现。

最后，实地观察法简便易行，适应性强，灵活性大，可随时随地进行，观察人员可多可少，观察时间可长可短，只要到达现场就能获得一定的感性知识。因此，它是一种使用得最为广泛的调查方法。

（四）实地观察法的缺点

实地观察法的最大缺点是它的表面性和偶然性。

实地观察的另一个重要缺点是受时间、空间等客观条件的限制。实地观察的对象和范围有很大的局限性。实地观察不可避免地会产生一定的观察误差，而且观察结果往往取决于观察者的主观状况。

此外，实地观察需要花费较多的人力和时间，获得的资料往往不利于进行定量研究等，也是实地观察法难以避免的缺点。

实地观察法在服务质量评价研究中常用于初筛指标。

八、影子顾客调查法

影子顾客调查法（Mystery Customer）又称神秘顾客调查法，是由经过严格培训的审核员或者调查员，在规定或指定的时间里扮演成顾客，对事先设计的一系列问题逐一进行评估或评定的一种商业调查方式。该方法由20世纪70年代美国零售行业"神秘购物（Mystery Shopping）"的调查方式发展而来，是一种模拟真正顾客体验的检查现场服务质量的调查方法。与其他市场调查方法纯粹作为多适用性的调查技术不同，影子顾客调查法不但作为一种独立和专门的方法，更作为一种服务诊断和评估的有效工具，这是它得到快速发展的重要原因。并且，由影子顾客调查法所收集的数据质量高于顾客调查法所收集的数据质量。影子顾客调查法作为一种有效监测和控制现场服务质量的一种方法，被广泛地应用于各类服务型企业。

影子顾客调查法是广泛应用于服务型行业的一种服务质量监督和评估的有效方法，即是由经过严格培训的调查员，在规定的时间里扮演成顾客，对事先设计的一系列问题逐一进行评估或评定的一种调查方式。由于被检查的对象事先无法识别影子顾客的身份，因而这种调查方式能较为真实、准确地反映客观存在的实际问题。影子顾客调查法最早是由肯德基、罗杰斯、诺基亚、飞利浦等一批国际跨国公司，引入我国为其连锁分部服务的，目前已广泛应用到我国如电信、银行、超市、连锁店、医院等窗口服务型行业。影子顾客调查法也可作为竞争对手调查的一种有效方法。

影子顾客调查法在服务质量评价研究中常用于初筛指标。

第三节　现有大数据选取技术

随着通信技术和计算机技术的发展，全球各行各业信息化、网络化水平有了显著的进步。以物联网和云计算为代表的技术，催生了新兴社会生产力，掀起了计算机、通信、信息内容的监测与控制的4C革命，网络功能开始为社会各行业和社会生活提供全面应用。伴随着新技术的发展，包括结构化、半结构化和非结构化的大数据产生了，且非结构化数据越来越成为数据的主要部分。特别是以云计算为代表的技术创新，使一些原本看起来很难收集和使用的数据开始容易被利用起来了，通过各行各业的不断创新，大数据会逐步为人类创造更多的价值。除此之外，物联网、移动互联网等新兴计算形态，也将使大数据发挥出更大的影响力。

新技术在改造传统服务业的运营模式、助力传统服务业提高服务质量的同时，催生了众多新兴服务模式和业态，如共享经济模式、平台经济模式。不管是传统服务业的网络化、信息化改造升级，还是新兴模式业态的涌现，都带来了服务质量评价方面新的问题和挑战，特别是如何利用大数据技术客观、科学地选取服务质量评价指标。

大数据是指不用随机分析法（抽样调查）这样的捷径，而采用所有数据进行分析处理的方法。大数据方法具有5V特点：大量（Volume）、高速（Velocity）、多样（Variety）、低价值密度（Value）、真实性（Veracity）。大数据是全样本，利用大数据技术，如数据挖掘、机器学习和人工智能等相关技术，将使服务质量评价指标的选取更加客观、科学。

一、词袋法（Bag of Words）

Bag of Words，也叫作"词袋"，在信息检索中，Bag of Words模型假定对于一个文本，忽略其词序和语法、句法，将其仅仅看作是一个词集合，或者说是词的一个组合，文本中每个词的出现都是独立的，不依赖于其他词是否出现，或者说当这篇文章的作者在任意一个位置选择一个词语都不受前面句子的影响而独立选择的。

在这个模型中，一个文档（Document）被表示为一组单词（Word/term）的无序组合，而忽略了语法或者词序的部分。BOW模型在传统NLP（Neuro-Linguistic Programming）领域取得了巨大的成功，在计算机视觉领域（Computer Vision）也开始崭露头角，这种假设虽然对自然语言进行了简化，便于模型化，但在实际应用过程中，它却有一些不可避免的缺陷，比如：

（1）稀疏性（Sparseness）。对于大词典，尤其是包括了生僻字的词典，文档稀疏性不可避免。

（2）多义词（Polysem）。一词多义在文档中是常见的现象，BOW 模型只统计单词出现的次数，而忽略了它们之间的区别。

（3）同义词（Synonym）。同样地，在不同的文档中，或者在相同的文档中，可以有多个单词表示同一个意思。

二、潜在语义分析（LSA）

（一）定义

潜在语义分析又称为潜在语义索引（LSI），是一种使用数学和统计的方法对文本中的词语进行抽取，推断它们之间的语义关系，并建立一个语义索引，而将文档组织成语义空间结构的方法。它的出发点是文档的特征项与特征项之间存在着某种潜在的语义联系，消除词之间的相关性，简化文本向量的目的。

机器学习的主要难点在于"被阐述"的词法和"真正要表达"的语义的区别。产生这个问题的原因主要是：一个单词可能有多个意思和多个用法；同义词和近义词，而且根据不同的语境或其他因素，不同的单词也有可能表示相同的意思。

LSA 是处理这类问题的著名技术，其主要思想就是映射高维向量到潜在语义空间，使其降维。LSA 的目标就是要寻找到能够很好解决实体间词法和语义关系的数据映射。它通过奇异值分解（Singular Value Decomposition，SVD），把特征项和文档映射到同一个语义空间，对文档矩阵进行计算，提取 K 个最大的奇异值，以解决同义、近义和多义现象，近似表示原文档。

（二）LSA 的优点

①LSA 利用潜在的语义结构表示词条和文本，它反映的不再是简单的词条出现频率和分布关系，而是强化的语义关系。

②LSA 模型中不仅能够进行传统的词条与词条、文本与文本之间的相似关系分析，而且能够分析词条与文本之间的相似关系，具有更好的灵活性。

③LSA 用低维词条、文本向量代替原始的空间向量，可以有效处理大规模的文本库。

④LSA 不同于传统的自然语言处理过程和人工智能程序，它是完全自动的。它可以自动地模拟人类的知识获取能力，甚至分类、预测的能力。

（三）LSA 的不足

①LSA 的核心在于奇异值分解，但是矩阵的 SVD 因对数据的变化较为敏感，同时缺乏先验信息的植入等而显得过分机械，从而使它的应用受到了一定的限制。

②LSA 在进行信息提取时，忽略词语的语法信息（甚至是忽略词语在句子中出现顺序），仍然是一种 Bag of Words 方法。它不能进行语法分析，忽略了某些事物之间的前后词序之间的关系，无法处理一些有前后顺序的事件对象。

③此外，LSA 处理的对象是可见变量（文本集中出现的词语、文本），它不能通过计算得到词语的暗喻含义，以及类比推论含义。

（四）LSA 的应用

LSA 可以用于以下几个方面：
①在低维语义空间可对文档进行比较，进而可用于文档聚类和文档分类。
②在翻译好的文档上进行训练，可以发现不同语言的相似文档，可用于跨语言检索。
③发现词与词之间的关系，可用于同义词、歧义词检测。
④通过查询映射到语义空间，可进行信息检索。
⑤从语义的角度发现词语的相关性，可用于"选择题回答模型"（Multi Choice Questions Answering Model）。

三、概率潜在语义分析（PLSA）

（一）定义

概率潜语义分析（PLSA）是基于双模式和共现的数据分析方法延伸的经典的统计学方法。概率潜语义分析应用于信息检索、过滤，自然语言处理，文本的机器学习或者其他相关领域。概率潜语义分析与标准潜在语义分析不同的是，标准潜在语义分析是以共现表（就是共现的矩阵）的奇异值分解的形式表现的，而概率潜在语义分析却是基于派生自 LCM 的混合矩阵分解。考虑到 word 和 doc 共现形式，概率潜语义分析基于多项式分布和条件分布的混合来建模共现的概率。所谓共现其实就是 W 和 D 的一个矩阵，所谓双模式就是在 W 和 D 上同时进行考虑。

PLSA 是更为先进的方法。它解决了同义词和多义词的问题，利用了强化的期望最大化算法（EM）来训练隐含类（潜在类）。而且相对于 LSA，有了坚实的统计学基础。类似于 LSA 的思想，在 PLSA 中也引入了一个 Latent class，但这次要用概率模型的方式来表达 LSA 的问题。

（二）PLSA 的优势

①定义了概率模型，而且每个变量以及相应的概率分布和条件概率分布都有明确的物理解释。
②相比于 LSA 隐含了高斯分布假设，PLSA 隐含的 Multi – nomial 分布假设更符合文本特性。
③PLSA 的优化目标是 KL – divergence 最小，而不是依赖于最小均方误差等准则。
④可以利用各种 model selection 和 complexity control 准则来确定 topic 的维数。

（三）PLSA 的不足

①概率模型不够完备。在 document 层面上没有提供合适的概率模型，使得 PLSA 并不是

完备的生成式模型，而必须在确定 document 的情况下才能对模型进行随机抽样。

②随着 document 和 term 个数的增加，PLSA 模型也线性增加，变得越来越庞大。

③当一个新的 document 来到时，没有一个好的方式得到 $p(d_i)$。

④EM 算法需要反复的迭代，需要很大计算量。

针对 PLSA 的不足，研究者们又提出了各种各样的 topic based model，其中包括大名鼎鼎的 Latent Dirichlet Allocation（LDA）。

四、潜在狄利克雷分布（LDA）

（一）定义

LDA（Latent Dirichlet Allocation，LDA）是一种文档主题生成模型，也称为一个三层贝叶斯概率模型，包含词、主题和文档三层结构。所谓生成模型，就是说，我们认为一篇文章的每个词都是通过"以一定概率选择了某个主题，并从这个主题中以一定概率选择某个词语"这样一个过程得到。文档到主题服从多项式分布，主题到词服从多项式分布。

LDA 是一种非监督机器学习技术，可以用来识别大规模文档集（Document Collection）或语料库（Corpus）中潜藏的主题信息。它采用了词袋（Bag of Words）的方法，这种方法将每一篇文档视为一个词频向量，从而将文本信息转化为易于建模的数字信息。但是词袋方法没有考虑词与词之间的顺序，这简化了问题的复杂性，同时也为模型的改进提供了契机。每一篇文档代表了一些主题所构成的一个概率分布，而每一个主题又代表了很多单词所构成的一个概率分布。由于 Dirichlet 分布随机向量各分量间的弱相关性（之所以还有点"相关"，是因为各分量之和必须为 1），使得我们假想的潜在主题之间也几乎是不相关的，这与很多实际问题并不相符，从而造成了 LDA 的又一个遗留问题。

（二）生成过程

对于语料库中的每篇文档，LDA 定义了如下生成过程（Generative Process）。

①对每一篇文档，从主题分布中抽取一个主题。

②从上述被抽到的主题所对应的单词分布中抽取一个单词。

③重复上述过程直至遍历文档中的每一个单词。

（三）文档生成方式

在 LDA 模型中，一篇文档生成的方式如下：

①按照先验概率 $P(d_i)$ 选择一篇文档 d_i。

②从狄利克雷分布（即 Dirichlet 分布）α 中取样生成文档 d_i 的主题分布 θ_i，换言之，主题分布 θ_i 由超参数为 α 的 Dirichlet 分布生成。

③从主题的多项式分布 θ_i 中取样生成文档 d_i 第 j 个词的主题 $z_{i,j}$。

④从狄利克雷分布（即 Dirichlet 分布）β 中取样生成主题 $z_{i,j}$ 对应的词语分布 $\phi_{z_{i,j}}$，换言之，词语分布 $\phi_{z_{i,j}}$ 由参数为 β 的 Dirichlet 分布生成。

⑤从词语的多项式分布 $\phi_{z_{i,j}}$ 中采样最终生成词语 $\omega_{i,j}$。

其中，类似 Beta 分布是二项式分布的共轭先验概率分布，而狄利克雷分布（Dirichlet 分布）是多项式分布的共轭先验概率分布。

五、监督分类方法

（一）定义

在国外，监督分类方法（Supervised Classification）被用于对 tripadvisor 网站内的酒店在线评论进行分类，为搜索者提供最受推荐的相关评论，并由此发现顾客对酒店服务质量的关注焦点。同时，在线评论会影响顾客决策，好评与差评对顾客选择酒店的决策影响程度更大于酒店的声望。

监督分类法又称训练场地法、训练分类法，是以建立统计识别函数为理论基础、依据典型样本训练方法进行分类的技术，即根据已知训练区提供的样本，通过选择特征参数，求出特征参数作为决策规则，建立判别函数以对各待分类影像进行的图像分类，是模式识别的一种方法，要求训练区域具有典型性和代表性。判别准则若满足分类精度要求，则此准则成立；反之，需重新建立分类的决策规则，直至满足分类精度要求为止。

（二）操作过程

对于不同的应用环境，监督分类中训练样本的选择及对其统计评价的步骤和方法都会有所不同，基本操作过程为：

（1）收集有关分类区域的信息，以了解该区主要分类类别及分布状况。

（2）对图像进行检查，对照已有参考数据或实地考察，评价图像质量，检查其直方图，决定是否需要别的预处理，并确定其分类系统。

（3）在图像上对每一类按照上文提到的标准选择训练样本，其必须是容易识别的，均匀分布于全图。

（4）对每一类别的训练样本，检查显示其直方图，计算、检查其均值、方差、协方差矩阵，以及其对应的特征空间相关波谱椭圆形图和指示其分离度的不同统计指数等，从而评估其训练样本的有效性。

（5）根据（4）中的检查和评估，修改训练样本，必要时重新选择和评估训练样本。

（6）将训练样本信息运用于合适的分类过程中。

（三）优点

监督分类的主要优点如下：

（1）可根据应用目的和区域，充分利用先验知识，有选择地决定分类类别，避免出现不必要的类别。

（2）可控制训练样本的选择。

（3）可通过反复检验训练样本，来提高分类精度，避免分类严重错误。

（4）避免了非监督分类中对光谱集群组的重新归类。

（四）缺点

（1）其分类系统的确定、训练样本的选择，均人为、主观因素较强，分析者定义的类别有可能并不是图像中存在的自然类别，导致各类别间可能出现重叠；分析者所选择的训练样本也可能并不代表图像中的真实情形。

（2）由于图像中同一类别的光谱差异，造成训练样本没有很好的代表性。

（3）训练样本的选取和评估需花费较多的人力、时间。

（4）只能识别训练样本中所定义的类别，若某类别由于训练者不知道或者其数量太少未被定义，则监督分类不能识别。

第四节 大数据选取技术在服务质量评价指标选取中的应用

一、爬虫技术获取顾客感知服务质量评价大数据

由于 Web2.0 显著的时代特征，用户参与使得网络平台上可获取数据大大增加。用户网络评论能够反映顾客实际感知的服务质量，使得评价数据得到显著扩充。

根据评论区的数据构成元素来看，各网站相差不大。数据爬取可以采用 Google 自带的拓展程序 Web Scraper 完成网页数据爬取。跟众多爬虫软件相比，如 Python 脚本的爬虫程序，Web Scraper 学习时间成本低；相较于八爪鱼采集器，不仅在经济性方面有显著的优势，而且在反爬虫方面具有更高的工作可靠度。

二、LDA 技术在服务质量评价指标选取中的应用

2013 年 Blei 等提出了 LDA（Latent Dirichlet Allocation）模型，对 PLSA 模型进行类似于 Unigram Model 的贝叶斯改造，将主题和主题下对应的特征词都引入了先验分布。贝叶斯和频率学派之间观点的不同之处：频率学派认为一个变量的概率是固定的，为了确定这个变量而抽取的样本是不固定的，也就是说通过不同的样本进行实验计算，其得到的变量的概率是一个恒值；而贝叶斯学派认为变量的概率值本身就是一个变量，它服从一个先验分布，通过固定的样本得到的概率也是变化的。靳志辉提供的贝叶斯化的 Unigram 模型和贝叶斯化的 PLSA 模型如图 4.5 所示。

LDA 是一种非监督机器学习技术，可以用来识别大规模文档集（Document Collection）或语料库（Corpus）中潜在的主题信息。LDA 模型的层次结构为非常清晰的三层结构：文档—主题—特征词三层结构（如图 4.6 所示）。它的基本思想是认为每一篇文档是由多个隐藏主题构成的，不同文档下包含的每个主题出现的概率是不一样的；而每个主题是由多个特征词构成，不同主题下包含的每个特征词也是不一样的。LDA 采用词袋（Bag of Words）的方法，得到每一篇文档的主题向量，作为建立模型的数学信息基础。由于词袋方法没有考虑词与词之间的顺序，这大大简化了建模的复杂性。

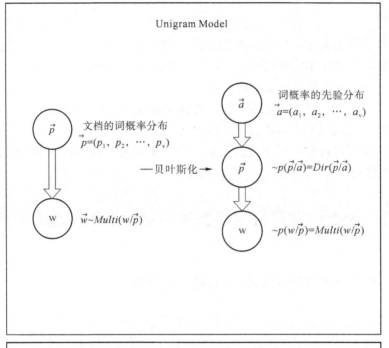

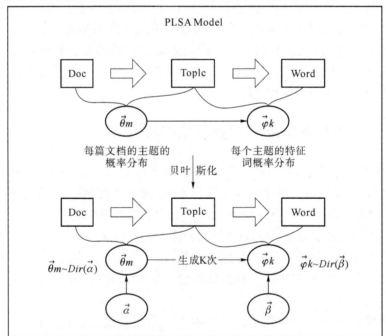

图 4.5 贝叶斯化的 **Unigram** 和 **PLSA** 模型

（一）LDA 主题建模

LDA 模型可以看作是两个贝叶斯化的 Unigram 模型通过隐藏主题集成在一起而生成的模型，其概率图模型如图 4.7 所示，其中各项符号的含义如表 4.2 所示。

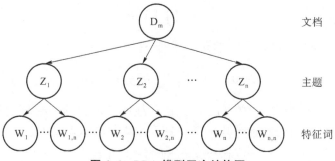

图 4.6 LDA 模型层次结构图

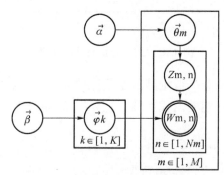

图 4.7 LDA 模型的概率图模型

文档的生成过程包括两个物理过程：

(1) $\vec{\alpha} \to \vec{\theta}m \to z_{m,n}$，这个过程表示根据文档的主题分布随机分配一个主题，以生成第 m 篇文档的所有词所对应的主题。

(2) $\vec{\beta} \to \vec{\varphi}k \to w_{m,n} \mid k = z_{m,n}$，这个过程表示在上一过程给定的主题下，根据该主题在词项上的分布随机分配一个词，以生成第 m 篇文档的所有词项。

表 4.2 LDA 模型中各符号的含义

符号	含义
M	文档总数
N_m	文档 m 中的词项数
K	主题总数
$w_{m,n}$	第 m 篇文档第 n 个词
$z_{m,n}$	第 m 篇文档第 n 个词的主题
θ_m	第 m 篇文档在主题上的概率分布（$M \times K$ 矩阵）
φ_k	第 k 个主题在词项上的概率分布（$K \times V$ 矩阵，V 为词表中词项数）
α	θ_m 的共轭先验 Dirichlet 分布的参数
β	φ_k 的共轭先验 Dirichlet 分布的参数

在 LDA 模型中，只有词项是可观察的，其他的变量均为未知的隐含变量。α 和 β 都是根据经验给定的先验参数。根据以上模型，在给定文档的长度，以及先验参数的情况下，可以得到主题和特征词的联合概率为：

$$P(\vec{\theta},\vec{z},\vec{w}\mid\vec{\alpha},\vec{\beta}) = P(\vec{\theta}\mid\vec{\alpha})\prod_{m}^{K}\prod_{n=1}^{N}P(\vec{z}_m\mid\vec{\theta})P(w_{m,n}\mid\vec{z}_m,\vec{\beta})$$

将上式对 θ 和 z 积分，可以得到单篇文档的边缘概率【18-19】：

$$P(\vec{w}\mid\vec{\alpha},\vec{\beta}) = \int P(\vec{\theta}\mid\vec{\alpha})\left\{\prod_{n=1}^{N}\sum_{z_n}P(\vec{z}_n\mid\vec{\theta}_d)P(\vec{w}_n\mid\vec{z}_n,\vec{\beta})\right\}d\theta$$

我们想要求得 LDA 模型的参数是 θ_m 和 φ_k 两个概率矩阵，这个处理过程是通过吉布斯采样（Gibbs Sampling）进行参数估计与推理，其具体流程如图 4.8 所示。

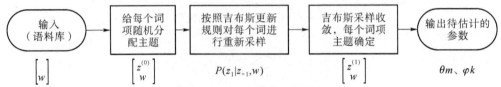

图 4.8　LDA 吉布斯采样流程

吉布斯采样的思想是在给定其他维度的变量值的条件下，每次选取概率向量的一个维度来更新当前维度的值，通过一定的迭代次数，直到吉布斯收敛输出待估参数，其采样公式为【17，18，20】：

$$P(z_i = k\mid\vec{z}_{\neg i},\vec{w}) = \frac{P(\vec{w},\vec{z})}{P(\vec{w},\vec{z}_{\neg i})} = \frac{P(\vec{w}\mid\vec{z})}{P(\vec{w}_{\neg i}\mid\vec{z}_{\neg i})}\cdot\frac{P(\vec{z})}{P(\vec{z}_{\neg i})} \propto E(\theta_{m,k})\cdot E(\varphi_{k,t})$$
$$= \widehat{\theta}_{m,k}\cdot\widehat{\varphi}_{k,t}$$

由于 $\theta_{m,k}$ 和 $\varphi_{k,t}$ 为 Dirichlet 的后验分布参数，根据 Dirichlet 分布的期望计算公式：

$$E(Dir(\vec{\alpha})) = \frac{\alpha_i}{\sum_{i}\alpha_i}$$

故这两个参数的估计值分别为：

$$\widehat{\theta}_{m,k} = \frac{n_{m,\neg i}^{(k)} + \alpha_k}{\sum_{k=1}^{K}(n_{m,\neg i}^{(k)} + \alpha_k)} \qquad \widehat{\varphi}_{k,t} = \frac{n_{k,\neg i}^{(t)} + \beta_t}{\sum_{t=1}^{V}(n_{k,\neg i}^{(t)} + \beta_t)}$$

式中各项符号含义如表 4.3 所示。

表 4.3　吉布斯更新公式中各符号的含义

符号	含义
z_i	第 i 个单词对应的主题变量
$\neg i$	不包括其中的第 i 项
$n_k^{(t)}$	k 主题中出现词项 t 的次数
$n_m^{(k)}$	第 m 篇文档中出现主题 k 的次数
α_k	主题 k 的 Dirichlet 先验参数
β_t	词项 t 的 Dirichlet 先验参数
$n_{k,\neg i}^{(t)}$	除了当前这个词项之外，k 主题中出现词项 t 的次数
$n_{m,\neg i}^{(k)}$	除了当前这个词项之外，第 m 篇文档中出现主题 k 的次数
$\theta_{m,k}$	第 m 篇文档中主题 k 的概率
$\varphi_{k,t}$	主题 k 中词项 t 的概率

（二）语料库的预处理

一般来说，获得的顾客评论信息多数文本长度短、信息量少、离散度高且规范性较低，而输入决定输出，数据清洗对生成一个有效的主题模型是极其重要的，故需要对获取的原始语料库进行预处理，尽量降低噪声数据对数据分析的影响。预处理步骤如下：

（1）利用 Python 中的 jieba 分词包进行分词处理，将文档转化为原子元素。

（2）整合哈工大停用词表、百度停用词表、四川大学机器学习智能实验室停用词表等去掉停用词和标点符号。

（3）词性过滤和词干提取，根据词性移除掉意义不大的词，主要是非语素字，结构助词的、地和时态助词了、着等对文档主题提取无意义的词；根据词频提取出关键字。

（三）主题分析

根据 LDA 模型获得每篇文档的主题分布：$D = [z_1, z_2, \cdots, z_k]$，其中下标 k 表示文档 D 所在主题。利用每篇文档的主题向量作为该文档的特征向量，根据向量中的最大值确定该文档的主题。

在 LDA 主题模型中，需要确定的主题数目是不确定的，需要根据主题分布的明确性以及从主题词分布中提取指标的辨识度确定最佳的主题数目 K，以及先验参数 α、β 和吉布斯采样迭代次数。

根据每个主题下每个词的词频高低对词进行编号，编号越靠前，词频越高。对每个主题下的词进行分析可以挖掘出潜在主题，从而构成服务质量评价指标。

第五节　大数据选取技术在服务质量评价指标设计中的应用

基于大数据方法如 LDA 提取的主题获取的指标，结合前人的研究成果、服务蓝图方法获取的指标、问卷调研获取的指标构建服务质量指标体系。

以外卖服务为例，分析如何把传统方法与大数据方法结合进行指标选取和设计，如表 4.4 所示。

表 4.4　外卖服务质量指标选取和设计

序号	指标	出处
E1	外卖网站/App 能够实现精准定位	服务蓝图
E2	外卖网站/App 设计美观、新颖，有吸引力	服务蓝图
E3	外卖网站/App 可以根据顾客的喜好推荐合适的餐厅	[18]/服务蓝图
E4	外卖网站/App 可以提供客观的餐厅口碑评价	[20][18]/LDA
E5	外卖网站/App 可提供清晰、详细的餐厅信息（如餐厅简介、合理的运营时间）	[2]
E6	外卖网站/App 可提供清晰、详细的菜品信息	[2]
E7	外卖网站/App 提供的餐厅信息以及菜品信息真实准确	[8]
E8	外卖网站/App 上订餐步骤简单，易于操作	[8]
E9	外卖网站/App 可以快速处理订单	[2]

续表

序号	指标	出处
E10	外卖网站/App 能够提供适当的优惠，支付费用合理（如菜品价格、配送费）	[19]/LDA/服务蓝图
E11	外卖网站/App 可以提供个性化的设置和服务（如备注、定制菜品）	[2][8]/LDA
E12	外卖网站/App 支持多种支付方式	服务蓝图
E13	外卖网站/App 有完美的安全系统，可以有效保护顾客隐私	[2][8]
E14	外卖网站/App 能够实时反馈外卖订单信息（如物流信息）	服务蓝图
E15	外卖网站/App 可提供餐厅的有效的沟通方式（如线上客服、线下电话号码）	[17] LDA
E16	外卖网站/App 以及餐厅工作人员对待我的问题认真、耐心	[2]
E17	外卖网站/App 能够迅速处理修改/取消订单的需求（一个小时内）	[18]
E18	外卖网站/App 支持交易完成后的顾客评价	服务蓝图/LDA
E19	递送人员电话通知取餐的时间合理（正负误差 5 分钟）	[18][19]
E20	递送人员能够准时准确把外卖送达（在平台给出预估送达时间之内）	[2] LDA
E21	递送人员着装干净整洁、形象良好	[2]
E22	配送设施干净卫生（如配送车辆、保温设备）	[2][17]/LDA
E23	递送人员对我善良礼貌，我在与递送人员沟通时感到舒适和安心	[2]/LDA
E24	递送人员能够保证餐品未受到损坏或倾洒	[19]/LDA
E25	外卖餐厅能在账单中详细记录消费记录，准确结账	[8]
E26	外卖餐厅可提供安全健康、优质的食品包装盒和餐具	[2]/LDA
E27	外卖餐厅的菜品质量让我放心（如口味适宜、分量充足、安全卫生、制作精美）	[8]/LDA
E28	我收到的食物与外卖网站/App 的描述一致	[8]
E29	外卖餐厅可提供可靠的售后保证（如退货、重做）	[19]/服务蓝图

这里"服务蓝图"代表该指标来自服务蓝图分析，LDA 代表该指标来自 LDA 或其他大数据技术分析，中括号里的数据代表该指标来自的参考文献编号。

第五章 服务认证评价指标的设计

第一节 服务认证评价指标选取和设计体系

网络化、信息化、大数据条件下服务认证评价指标的选取和设计无论从技术、方法,还是从体系构成,都突出了新技术、新环境下的特色。包括网络化、信息化等技术在内的新技术,对于服务质量及服务认证评价指标的选取和设计影响巨大;顾客感知及顾客行为的大数据的获取,对于服务质量及服务认证评价指标的选取、设计,以及测量评价都起到了数据支撑的作用。

网络化、信息化、大数据条件下服务认证评价指标体系由资源、过程、结果3个方面构成,如表5.1所示。

表5.1 网络化、信息化、大数据条件下服务认证评价指标体系

一级指标	二级指标	三级指标
资源 (服务支撑层面)	人	岗位设计
		人员匹配
		人员素质
		岗位分析
	机	装备
		设备
		检测设备
	料	供应商选择
		库存管理
		质量检测与保障
	法	操作规程
		标准制定
	环	硬件环境
		软件环境

续表

一级指标	二级指标	三级指标
过程 （服务传递层面）	按照服务蓝图梳理环节 （主要通用）	服务环节1
		服务环节2
		……
		授权管理
		监督管理
		……
		反馈
		追溯
		补救
结果 （服务感知层面）	功能性	某项服务所发挥的效能和作用
	经济性	顾客为了得到不同的服务所需费用的合理程度
	安全性	服务设施的可靠性和维护保养
		安全和保密措施的完善
		商品和环境的清洁卫生
		防火和防盗措施的健全
		……
	时间性	及时
		准时
		省时
	舒适性	服务设施的完备和适用、方便和舒服
		环境的整洁、美观和有秩序
		……
	文明性	物质文明
		精神文明
		政治文明
		社会文明
		生态文明
服务特色	特殊性	

（一）资源——服务支撑层

由人、机、料、法、环5要素构成。人的要素包括岗位设计、人员匹配、人员素质、岗位分析等；机的要素包括装备、设备、检测设备等；料的要素包括供应商选择、库存管理、质量检测与保障等；法的要素包括操作规程、标准制定等；环的要素包括硬件环境、软件环境。

（二）过程——服务传递层

通过构建服务蓝图，在时间维、空间维二维矩阵中把握决策点、等待点、体验点、失败点等关键时刻。特别关注在顾客与服务提供者互动环节的关键时刻。

（三）结果——顾客感知层

由功能性、经济性、安全性、时间性、舒适性、文明性6个方面组成。功能性包括某项服务所发挥的效能和作用等；经济性包括顾客为了得到不同的服务所需费用的合理程度等；安全性包括服务设施的可靠性和维护保养、安全和保密措施的完善、商品和环境的清洁卫生、防火和防盗措施的健全等；时间性包括准时性、及时性、省时性；舒适性包括服务设施的完备和适用、方便和舒服以及环境的整洁、美观和有秩序等；文明性包括物质、精神、社会、政治、生态文明等。

另外，服务特色方面的指标以企业自我声明而定。

第二节 指标的计算方法

根据包括资源、过程、结果三部分的服务质量评价指标体系，设计服务质量计算函数。

$$Q = \beta_1^T g_1(X) + \beta_2^T g_2(Y) + \beta_3^T g_3(Z)$$

Q 表示服务质量；
X 表示资源；
Y 表示过程；
Z 表示结果。

其中 $g_1(X)$，$g_2(Y)$，$g_3(Z)$ 分别表示对资源变量 X、过程变量 Y 和结果变量 Z 进行降维。β_1，β_2，β_3 表示降维后各个指标的权重向量。$g_1(X)$，$g_2(Y)$，$g_3(Z)$ 需要考虑如何选择合适的降维方法。β_1，β_2，β_3 则是未知参数，是求解的目标。

第三节 指标的赋权方法

利用 LDA 主题建模方法和文本情感分析方法（基于主题的文本情感分析技术）对服务质量评价指标体系赋予权重。

首先，通过 LDA 主题建模方法挖掘网络上顾客评论所蕴含的主题，构建服务质量评价指标层次模型。

然后，根据聚类方法将类似的主题进行聚类分析。

再者，根据主题特征和情感信息分析顾客对这些主题的偏好，构建"主题 k_n—情感词 w_n—情感词词频 p_n"的向量空间。例如，（服务态度，棒，0.70），（食物味道，还可以，0.49）等。

最后，构建权重赋予模型。

$$P_{Q_{xy}} = f(q_1, q_2, q_3)$$

$P_{Q_{xy}}$ 为指标体系中某一层次的某一个指标，x 的取值范围为 1~一级指标维度数；y 的取值范围为 0~每个一级指标的相应二级指标维度数，y 为 0 时为纯一级指标体系的权重赋予。函数 f 中：

q_1 为指标的序关系系数，即将一级指标按重要性程度排序，系数越高，表示相对越重要。

q_2 为指标之间的相关性系数,确定一个指标对另一个指标的影响系数。

q_3 为情感分析系数。q_3 可由下述公式得出:

$$q_3 = x_1 \cdot x_2 \cdot x_3$$

x_1 为与语句类别相关的系数,可按照一定的映射关系进行选择,值越大,说明基于文档的情感表现程度越高,如:

类别	值
陈述	0.1
疑问	0.2
祈使	0.3
感叹	0.4
⋮	⋮

x_2 为情感程度相关的系数,同样可按一定的映射关系进行选择,值越大,说明基于主题的情感表现程度越高,如:

程度	值
很好	5
好	4
一般	3
不好	2
差劲	1

x_3 为根据 LDA 和情感分析提取出的情感词的词频。

第六章 传统技术与大数据技术的融合

第一节 指标的选取

传统选取技术与大数据选取技术在调研对象、调研形式、调研内容等方面存在着很大的差别,如表 6.1 所示。网络化、信息化、大数据条件下,传统选取技术与大数据选取技术在调研对象、调研形式、调研内容等方面应根据实际情况融合创新。

表 6.1 传统选取技术与大数据指标选取技术比较

技术名称	定性/定量	调研对象（组织、管理者、服务人员等）	调研形式	调研内容（资源、过程、结果）
德尔菲法	定性	专家	匿名函询	资源
访谈法	定性	受访群众	访谈	资源
服务蓝图法	定性	活动	实地观察	过程
关键事件技术（CIT）	定性	活动	观察、收集	结果
价值曲线评价法	定性	顾客、员工、管理人员	问卷	过程
客户旅程地图法	定性	顾客	问卷、访谈	过程
实地观察法	定性	关注的社会现象	实地观察	资源
影子顾客调查法	定性	服务行业	实地观察	资源
粗糙集评估法	定量	顾客、企业	数据分析	资源、结果
灰色关联分析	定量	顾客、企业	数据分析	资源、结果
结构方程模型	定量	顾客、企业	数据分析	过程
Kano 二维测量方法	定量	顾客、企业	数据分析	过程
马田系统分析法	定量	活动、企业	数据分析	过程、结果
模糊综合评价法	定量	顾客	问卷	结果
熵权法	定量	顾客	问卷	结果
TOPSIS 法	定量	企业	数据分析	过程、结果
系统动力学方法	定量	顾客、企业	数据分析	资源、过程、结果
大数据选取技术	定量	顾客、企业	数据分析	资源、结果

第二节　指标的设计

传统指标设计技术与大数据技术在主/客观、样本规模、适用性、局限性等方面存在着很大的差别，如表 6.2 所示。网络化、信息化、大数据条件下，传统指标设计技术与大数据技术在主/客观、样本规模、适用性、局限性等方面应根据实际情况融合创新。

表 6.2　传统选取技术与大数据指标设计技术比较

技术名称	主/客观	样本规模	适用性	局限性
德尔菲法	主观	小	初级指标选取	要求高、程序复杂、时间长
访谈法	主观	小	初级指标选取	初级数据获取
服务蓝图法	主观	小	初级指标选取	技术性强、程序复杂、时间长
关键事件技术（CIT）	客观	小	初级指标选取	技术性强、程序复杂
价值曲线评价法	主观	大	初级指标选取	创新性、技术性要求高
客户旅程地图法	主观	小	初级指标选取	程序复杂、时间长
实地观察法	主观	小	初级指标选取	费用高、程序复杂、时间长
影子顾客调查法	主观	小	指标选取和测评	费用高、程序复杂
粗糙集评估法	客观	中	指标选取和测评	技术要求高
灰色关联分析	客观	小	指标选取和测评	技术要求高
结构方程模型	客观	中	初级指标选取	技术要求高
Kano 二维测量方法	客观	中	指标选取和测评	技术要求高
马田系统分析法	客观	中	指标选取和测评	技术要求高
模糊综合评价法	客观	中	指标选取和测评	计算技术要求高
熵权法	客观	中	指标权重设计	计算技术要求高
TOPSIS 法	客观	中	指标权重设计	计算技术要求高
系统动力学方法	客观	大	指标选取和测评	程序复杂、技术性要求高
大数据选取技术	客观	大	初级指标选取、指标权重设置、指标测评	计算机以及信息技术要求高

第三节　多元指标权重确定方法

多元指标权重确定方法是指在网络化、信息化、大数据条件下，把传统技术与大数据技术在指标权重设计、计算等方面的融合创新，即把传统的重点访谈、实地观察、问卷调查、服务蓝图，以及其他全过程服务质量评价/跟随状态的方法，与 LDA 主题分析等注重服务完成后时效的大数据的服务质量评价/节点状态的方法融合创新的方法。

（一）访谈法

访谈法，如德尔菲法，可以根据专家打分计算权重。

（二）问卷调查方法

参考已有文献，对问卷调查结果做 SPSS 和结构方程分析，其中得到的路径值和特征值作为权重。

（三）服务蓝图法

首先构建服务蓝图，并寻找关键时刻点，然后运用专家打分的方法计算权重。

（四）文献调研法

根据文献量或者贡献量、文献影响因子等计算并确定权重。

（五）LDA 主题分析方法

运用 LDA 主题分析方法确定权重可由分析得到的词频和主题频率综合计算得出。

（六）企业自评的重要性矩阵

企业给上述方法得到的数据的重要性进行评价，即当服务提供方更看重某渠道得到的服务质量评价数据，则在矩阵中就设置更高的系数。

（七）指标选取、权重确定

行代表指标项数，列代表该项指标在各个渠道下得到的权重（数值范围为 0~1），以下分析以服务蓝图、LDA 主题分析、文献调研三个渠道的情况为例（如果有更多的数据获取途径，也可以添加维度）。

$$(a)\begin{bmatrix} 1 & 0.2 & 0 \\ 1 & 0 & 0.2 \\ 0.8 & 0.6 & 0.2 \\ 0 & 0.8 & 0.2 \\ 0.8 & 0 & 0.6 \\ 0 & 0.8 & 0.7 \\ \vdots & \vdots & \vdots \\ 0.7 & 0 & 0.9 \\ 0.5 & 0.6 & 0.2 \end{bmatrix} (b) \begin{bmatrix} \lambda_1 \\ \lambda_2 \\ \lambda_3 \end{bmatrix}$$

其中，a 为来自各个渠道的权重数值；b 为企业自评。

服务质量指标权重计算公式：

$$\begin{bmatrix} 1 & 0 & 0 \\ 1 & 0 & 0 \\ 1 & 0 & 0.2 \\ 0 & 0.8 & 0.4 \\ 0 & 0 & 0.2 \\ 0 & 0 & 0.2 \\ \vdots & \vdots & \vdots \\ 0 & 0 & 0.2 \\ 0 & 0.6 & 0.2 \end{bmatrix} \times \begin{bmatrix} \lambda_1 \\ \lambda_2 \\ \lambda_3 \end{bmatrix} \times \begin{bmatrix} e_1 \\ e_2 \\ e_3 \\ e_4 \\ e_5 \\ e_6 \\ \vdots \\ e_{n-1} \\ e_n \end{bmatrix} = \mu_1 e_1 + \mu_2 e_2 + \mu_3 e_3 + \mu_4 e_4 + \mu_5 e_5 + \mu_6 e_6 + \cdots + \mu_n e_n$$

其中：μ_1、μ_2、μ_3、$\cdots$、μ_n 为最后计算的各个指标项的权重。

第七章 服务能力评价及管理指标体系

第一节 人

质量管理，以人为本。只有不断提高人的质量，才能不断提高活动或过程质量、产品质量、组织质量、体系质量及其组合的实体质量。这就是人本原理。

只有素质良好、专业技能过硬的员工去服务顾客，操作机器设备，按合理的比例对原材料进行配置，按规定的程序去生产，并在生产过程中减少对环境的影响，公司才能良性地发展。"人"的要素主要涉及岗位设计和人员分配两个方面。

一、岗位设计

服务企业在进行岗位设计时要遵循的三个原则：专业分工原则、协调高度最小原则和不相容职务分离原则。

（1）专业分工原则。

也就是要求企业将工作内容细分，将岗位设置成为组织中工作内容自成体系、职责独立的最小业务单元。

（2）协调调度最小原则。

当企业发展较快，岗位工作量及职责具有较大的不确定性时，企业应该进行工作关系分析，为一人多岗做准备，一人可兼任工作内容具有相关性的岗位。而当企业处在工作量不饱满的情况下，应该进行工作定量分析，对职能细分或流程被分割的岗位予以合并，使所有工作尽可能集中，并降低人工成本。

（3）不相容职务分离原则。

这就要求企业在岗位间进行明确的职责权限划分，确保不相容岗位相互分离、制约和监督。

二、人员匹配

人员匹配，就是根据员工的能力和岗位工作要求，把合适的员工安排到合适的岗位，实现人得其事，岗得其人，人尽其才，才尽其用，效率优化。人员匹配是基于员工素质和岗位工作的差异性，就是说，人的素质是不一样的，人与人之间在能力上是有很大差别的，同一岗位工作，由不同的员工来做其业绩差距往往很大。另外，不同岗位其工作内容和工作要求也是不同的。

企业进行人员匹配时可以：
（1）以员工为标准进行配置。
按员工岗位测试的每项得分，选择最高分任用，缺点是可能同时多人在该岗位上得分较高，结果仅择一人，另外忽略性格等因素，可能使优秀人才被拒门外。
（2）以岗位为标准进行配置。
从岗位需求出发，为每个岗位选择最合适的人。此方法组织效率高，但只有在岗位空缺的前提下才可行。
（3）以双向选择为标准进行配置。
就是在岗位和应聘者之间进行必要的调整，以满足各个岗位人员配置的要求。此方法综合平衡了岗位和员工两个方面的因素，现实可行，能从总体上满足岗位人员配置的要求，效率高。但对岗位而言，可能出现得分最高的员工不能被安排在本岗位上；对员工而言，可能出现不能被安排到其得分最高的岗位上的情况。

企业进行人员匹配时应该：
（1）深入考察员工，发现其可用之处，采取公开招聘，双向选择，竞争上岗以及科学的测试考察等多种方法来发现人才。
（2）科学配置，合理使用，按能位对应原理和霍兰德职业匹配理论，充分考虑人的能力性格等差异对职业的影响，提高工作效率。
（3）取长补短，互补增值，人各有长短，要扬长避短，形成整体优势，实现组织目标。
（4）动态变化，适时调整，及时了解人与岗位的适应度，并做相应调整，使人适其位，位得其人。
（5）弹性冗余，劳逸适度，工作任务达到满负荷的同时要关注员工的生理和心理需求，以保持旺盛的精力，劳动时间和工作任务要适度，充分考虑工种、行业、环境、气候等因素。

三、服务组织各级人员及其应具备的素质

1. 领导层
①最主要的是长远的发展眼光，能正确制定发展的战略方针（敏锐的市场洞察能力和判断能力）。
②具备领导能力（带领团队向着一个共同的任务目标不断努力以至达到这个目标的过程）。
③沟通能力，从善如流（与下属的交流）。
④决策能力。

2. 中间管理层
①最主要的是领导能力和沟通能力。处于中间阶层，上下沟通协调。
②还应具备一定的专业技术能力，能很好地指导工作。
③执行能力。很好地传达最高领导层的战略方针，并能够组织人员、设备、物料运用一定的方法进行生产。
④组织能力。

3. 基层管理层

①最主要的是专业技术能力要强,能带领员工进行实际操作。

②沟通能力。很好地深入员工中去,了解员工的工作、生活、心理,及时帮助员工解决一些问题,并能向上级汇报。

4. 员工

①要有团队意识。

②实际操作能力要强。

③了解与工作相关的基本知识。

总的说来,组织全员要有团队意识、质量意识、学习意识,把顾客满意摆在工作的首位。

服务组织需要做到:

(1) 内挖潜力。

充分利用自有培训模式,开展各类员工继续再教育和职业培训,最大限度地促进员工整体素质的提高。

(2) 及时输血。

面向社会广纳贤良,重点引进该服务行业的专业人才,满足组织快速发展对人才的需要。

(3) 内强素质。

严格质量控制,加强对一线服务部门的教育和管理,修订和完善各项工作制度,规范服务用语、操作流程及服务标准,使员工在制度上有章可循,行为上有据可依,使所有员工系统了解掌握服务质量知识。因为一旦形成时时讲质量、人人抓质量、处处保质量的良好氛围,服务水平便会有很大提高。

四、服务组织需要进行岗位分析

1. 工作是什么

①工作内容、任务职责。

②岗位名称、级别。

③岗位需要的工作条件与其他岗位的关系。

④岗位在企业组织结构的位置。

2. 谁适合这个工作

①学历和专业要求。

②基本能力。

③年龄和性别。

④ 必须接受的培训和培训时间。

3. 谁最适合这个工作

①怎样的经历可以优先。

②哪些专业可以优先。

③怎样的资格(如某些职称、证书等)可以优先。

目的:为了做到人岗匹配,发挥每个人的长处。

4. 人员培训

新员工上岗培训的目的：

①使新员工熟悉工作场所，了解企业的规章制度和晋升加薪的标准，清楚企业的组织结构和发展目标，以利于新员工适应新的环境。

②使新员工明确工作职责，适应新的职业及作业程序。

③促使新员工转变角色。

5. 绩效评估

绩效评估也称业绩或业绩评价等，是指对评估者完成岗位（或某项）工作结果进行考核与评价。

目的：绩效评估被用来作为有关员工工作条件，包括晋升、解雇和薪酬决策等的基础；可以改善员工的绩效，加强工作技能，指导员工努力工作。

6. 薪酬与激励

薪酬与激励对人员影响是很大的，对留住人才、挖掘人才起到很大的作用。首先，薪酬最主要的是做到一个公平性（内部公平、外部公平）。其次，还要考虑激励性、竞争性、司法性、经济性。激励的种类很多，要依职位、人员的不同设有不同的激励方法。

第二节 机

机指的是生产中所使用的设备、工具等辅助生产用具，是影响产品质量的 5 个主要因素之一。生产中，设备是否正常运作、工具的好坏都会影响生产进度和产品质量。当一个企业在发展的时候，企业的软实力在提升，公司的硬实力也在更新。因为好的设备能提高生产效率，提高产品质量。比如说车间的普通车床升级为智能数控车床后，经过数控车床加工后，不仅产品的质量得到很大提高，而且大大提升了生产效率，削减了人力成本。

一、装备

装备是指在机器、仪器和设备中为了完成某项任务执行独立功用而必须配置的实物形态或非实物形态的物品，包括硬、软件。可分为户外装备、环保装备、冶金装备、单兵装备、数字化装备、实验室装备、城市公共装备和游戏装备。

对于装备的服务能力评价及管理指标如下：应保存对检测和/或校准具有重要影响的每一装备的记录。该记录至少应包括：

（1）设备及其软件的识别。

（2）制造商名称、型式标识、系列号或其他唯一性标识。

（3）对设备是否符合规范的核查。

（4）当前的位置（如果适用）。

（5）制造商的说明书（如果有），或指明其地点。

（6）所有校准报告和证书的日期、结果及复印件，设备调整、验收准则和下次校准的预定日期。

（7）设备维护计划，以及已进行的维护（适当时）。

（8）设备的任何损坏、故障、改装或修理。

二、设备

设备通常指可供人们在生产中长期使用,并在反复使用中基本保持原有实物形态和功能的生产资料和物质资料的总称。设备分为需要安装与不需要安装的设备及定型设备和非标准设备。

对于设备的服务能力评价及管理指标如下:

(1)设备应由经过授权的人员操作。设备使用和维护的最新版说明书(包括设备制造商提供的有关手册)应便于合适的公司内部有关人员取用。

(2)设备应由经过授权的人员操作。设备使用和维护的最新版说明书(包括设备制造商提供的有关手册)应便于合适的公司内部有关人员取用。

(3)曾经过载或处置不当、给出可疑结果,或已显示出缺陷、超出规定限度的设备,均应停止使用。这些设备应予隔离以防误用,或加贴标签、标记以清晰表明该设备已停用,直至修复并通过校准或检测表明能正常工作为止。公司应核查这些缺陷或偏离规定极限对先前的检测和/或校准的影响,并执行"不符合工作控制"程序。

(4)设备在使用前应进行核查和/或校准,以证实其能够满足公司的规范要求和相应的标准规范。

(5)处于公司控制下的需校准的所有设备,只要可行,应使用标签、编码或其他标识表明其校准状态,包括上次校准的日期、再校准或失效日期。

(6)无论什么原因,若设备脱离了公司的直接控制,公司应确保该设备返回后,在使用前对其功能和校准状态进行核查并能显示满意结果。

(7)当需要利用期间核查以保持设备校准状态的可信度时,应按照规定的程序进行。

三、检测设备

检测设备包括以下几个方面:

(1)公司应配备正确进行检测和/或校准(包括抽样、产品制备、数据处理与分析)所要求的所有检测设施。

(2)用于检测、校准和抽样的设备及其软件应达到要求的准确度,并符合检测和/或校准相应的规范要求。对结果有重要影响的仪器的关键量或值,应制订校准计划。

(3)用于检测和校准并对结果有影响的每一设备及其软件,如可能,均应加唯一性标识。

(4)检测和校准设备包括硬件和软件应得到保护,以避免发生致使检测和/或校准结果失效的调整。

(5)当校准产生了一组修正因子时,公司应有程序确保其所有备份(例如计算机软件中的备份)得到正确更新。

第三节　料

一、供应商选择

企业应有选择和购买对其服务质量有影响的服务和供应品的政策和程序。

企业应对服务和供应品的供应商进行评价，并保存这些评价的记录或批准的供应商名单。

二、库存管理

企业应在生产和服务提供期间对供应品进行必要的防护，以确保符合要求。

企业应有程序来安全处置、运输、存储和使用供应品，以防止污染或损坏。

三、质量检测与保障

企业应确保所购买的服务和供应品只有在经检查或以其他方式验证了符合有关标准规范或要求之后才投入使用，所使用的服务和供应品应符合规定的要求。应保存所采取的符合检查活动的记录。

影响企业输出质量的物品的采购文件，应包含描述所购服务和供应品的资料。这些采购文件在发出之前，其技术内容应经过审查和批准。

第四节　法

一、操作规程

（1）在保护客户信息的前提下，公司应首先明确客户的服务需求。

（2）公司应向客户征求反馈，无论是正面的还是负面的。应使用和分析这些意见，以改进、更新并得到更好的服务体系。

注：反馈的类型可以包括客户满意度调查、客户意见咨询等。

（3）公司应有政策、程序、能力处理来自客户对所接受服务或其他方面的投诉。应保存所有投诉记录以及公司针对投诉所展开的讨论和纠正措施的记录。

（4）公司应有政策和程序，在发现员工中出现不符合服务标准的服务行为时，以相应的措施对此服务行为做出反应。该政策和程序应确保：

①对不符合服务标准的服务行为进行评价。

②规定对不符合服务标准的服务行为采取的措施。

③即时做出修正。

注：不符合服务标准的服务行为可能发生在为客户服务、客户投诉等环节。

（5）公司应通过对客户反馈的分析、修正服务行为以及对服务标准体系的持续改进，以提高服务标准的有效性。

二、标准制定

（1）公司应尽可能满足客户的合理需求。
（2）公司应使用适合的方法和程序对服务行为和服务水平进行审核。
（3）公司应将建立适用于现阶段的服务标准，并将其制度、政策和程序等传达至公司各阶层员工，保证其理解、获取和执行。服务标准应至少包含下列内容：
①公司应有对良好职业行为和为客户提供周到、细致的服务的承诺。
②要求所有服务过程的相关人员熟悉文件，并能够在服务过程中执行服务标准。
③与服务能力有关的服务体系的目的。
④公司对执行此标准和持续改进服务体系有效性的承诺。
（4）公司应提供实施服务标准体系以及持续性改进其有效性承诺的证据。
（5）公司应将满足客户服务需求的重要性传达到每个服务参与者。
（6）当服务标准体系变更时，公司应确保服务标准的完整性。

三、制度机制

①公司应根据预定的日程表和程序，定期对其员工的服务能力进行内部审核，以确保可以为客户提供优质的服务。审核计划应涉及服务过程中的全部环节。
②当审核中发现问题，影响了个人服务行为甚至整体服务水平时，公司应及时采取纠正措施。如果调查发现该问题已对客户的服务体验造成影响，应对客户做出补偿。
③审核过程中发现的问题及因此采取的措施，应予以记录。
④跟踪审核活动，并验证和记录纠正措施的实施情况和有效性。
⑤公司应根据预定的日程表和程序，定期对公司的服务体系进行评审，以确保其持续适用和有效，并进行必要的变更或改进。评审应考虑到：服务体系的适用性、近期内部审核的结果、纠正措施的实施情况和有效性以及客户的反馈、投诉、改进建议等因素。

第五节　环

硬件环境产生推动力，软件环境提升竞争力。

一、硬件环境

工作场所环境：各种产品、原材料的摆放，工具、设备的布置和个人5S。
1S——整理（SEIRI）：将工作场所的任何物品区分为必要的和不必要的，必要的留下，不必要的清除掉。
2S——整顿（SEITON）：把留下的依照规定的合理位置放置，并明确标示。

3S——清扫（SEIOS）：将工作场所清扫干净。
4S——清洁（SEIKETSU）：维持上述成果。
5S——素养（SHITSUKE）：按规定行事，养成良好的工作习惯。

二、软件环境

所谓软件环境是指除了硬件环境以外的所有对人类的经济活动产生影响、对项目的经营效果产生影响的一切因素，是区域经济发展所需要的一系列制度、体制和人文环境之和，具有较强的精神性。一般认为，软件环境包括政策环境、政务环境、市场环境、人才环境、法制环境、社会环境等方面。按照马斯洛的"需求层次理论"，经济发展的不同阶段，所需求的环境也不一样。随着产业结构的升级，以现代服务业为主体的经济体对软件环境的整体优化需求也将越来越高。

软件环境是指由传播活动所需要的那些非物质条件、无形条件之和构筑而成的环境。企业员工的素质、企业的制度、企业的社会影响力、企业的文化等方面对企业服务能力的管理都有隐形作用。服务组织除了硬件的装修设施以外，还需要靠服务这个软件才能打动客人，硬件是有标准的，容易达到的；而软件是需要靠人的，是人就会有情绪，管理难度肯定要大于硬件，比如培训、实际操作，但是软件环境的投入成本是很低的，所以注重服务环境是理所当然的。

（1）企业的文化：注重公司企业文化的推行。

一个国家，有着其他国家没有的国粹；一个民族，具备其他民族所不同的民族精神；就是个人，也有其与众不同的精神支柱！如此，国家才能繁荣昌盛，民族才能长久不衰，个人才能坚韧不拔。作为一个企业，其精神支柱、灵魂就是企业文化。纵观世界五百强企业，无不非常重视和积极推行公司的企业文化。要想做好生产车间管理，作为一名优秀的生产车间管理者，首要工作就是积极推行公司的企业文化，用企业文化来熏陶员工、激励员工。通过推行企业文化，让员工了解公司的发展史，增强其对公司的信任度，使其热爱公司；通过推行企业文化，让员工清楚公司的目标、愿景、发展趋势，提高员工对公司的信心，从而坚定他们对公司的忠诚度，甘于奉献；通过推行企业文化，让员工了解公司的各项制度，使其清晰个人的发展目标，树立竞争意识，从而推动公司的生产发展。要善于利用各种时机、各种场合，积极推行企业文化，使企业文化无处不在、无孔不入。

（2）企业的制度：制定和实施合理的管理制度。

"没有规矩。不成方圆"。任何一个集体，失去了纪律的约束，势必如一盘散沙，毫无战斗力可言。作为一名优秀的生产车间管理者，不仅要熟悉和推行公司已有的管理制度，更要逐步建立完善车间的管理制度体系，制定出员工的行为规范，起草文件注重可操作性，尽量使每一项行动都有明确的规定；并根据使用反馈情况及时更新，变无规定可依为有规定可依，从各个方面规范员工的行为；并通过日常的检查督促，逐步培养员工良好的工作习惯，鼓励员工自觉按规程去做，固化良好行为，改正错误行为，为车间管理的正规化打下坚实的基础。

第八章 服务过程评价及管理指标体系

第一节 设计

一、整体服务设计

顾客感知的服务质量不仅与服务结果有关，而且与服务过程有关。要提高顾客感知的整体服务质量，服务性企业管理人员必须做好服务体系设计工作，确定本企业应该为顾客提供哪些服务，以及本企业应该如何提供这些服务。

一般来说，企业在进行服务体系设计时，应首先确定本企业的服务概念、服务性企业的产品和服务的整体组合。整体服务设计包括基本服务设计、配套服务设计、辅助服务设计。

（1）基本服务

基本服务是服务性企业为顾客提供的基础性服务，例如，旅馆的基本服务是住宿服务，民航公司的基本服务是客运服务。

（2）配套服务

配套服务，是指服务性企业除基本服务外，为顾客提供的一些额外服务，但却必不可少。

（3）辅助服务

辅助服务的作用是提高基本组合的消费价值，使本企业的服务与竞争对手的服务区别开来，提高本企业的竞争力。例如，旅馆的餐饮服务和民航公司的客舱服务都是辅助服务，还有旅馆客房内的洗发剂和擦鞋纸都是辅助产品。有时候，配套服务和辅助服务之间的界限并不明显。例如，长途航班的机内饮食服务是配套服务，而短程航班的机内饮食服务却是辅助服务。

企业管理人员需要在服务的实践经验中，不断归纳总结，适当区分自己所提供的服务中哪些是配套服务，哪些是辅助服务。因为服务性企业必须提供配套服务，否则，顾客就无法消费基本服务；而没有辅助服务，顾客仍然可以消费基本服务，但基本组合对顾客的吸引力会减弱，竞争力会降低。管理人员必须通过市场调研，深入了解顾客的需要，才能确定适合于本企业的服务概念。精心设计的配套服务和辅助服务都能将本企业的基本组合与竞争对手的基本组合区别开来，增强本企业的竞争实力。

对经常在企业消费的客户而言，他们对企业的基本服务和配套服务十分熟悉，这些很难再创造顾客超预期的体验，因此就需要提出专门的订制服务作为辅助服务，不断创造个性化的超预期体验。

在高端市场中，企业主动提供辅助服务，并将其融入基本服务的过程中去，就极大地提高了顾客感知服务质量。

二、内部沟通设计

管理人员应当通过内部沟通的设计,使全体员工了解本企业产品和服务整体组合的特点,并使全体员工充分了解外部顾客的真正需求及需求的变化,更好地激励员工为顾客提供优质服务。

服务组织内部定期沟通应该是各层次管理者的一个特色。建立一个适当的信息系统,是沟通和服务作业的基本工具。

(一) 企业文化

1. 让企业文化生根发芽

广义的企业文化,是指企业在其生存和发展过程中所创造的具有该企业特色的精神财富和物质财富的总和,包括物质、行为、制度、精神四个层面。狭义的企业文化,是指企业的员工共同创造并享用的价值观、信念、思想意识、做事的方式和准则。

概括起来,文化源于行为,行为导致习惯,习惯久了就是文化。企业文化的核心——价值观。

(1) 导向功能。

企业文化是旗帜,是方向盘,它引导员工思想,对企业内部所有员工具有强烈的感召力,从而使员工始终不渝地为了实现企业的目标而共同努力。

(2) 规范(约束)功能。

企业文化虽然是无形的,但作为内在的心理力量,它对员工行为具有规范和约束作用。在一种特定的文化氛围中,大家都知道应该做什么不应该做什么,就会比较自觉地服从企业确定的价值观念和行为准则。这种服从,就是自我规范和自我约束。因此,企业文化对员工具有自我调适、自我管理的作用。

(3) 凝聚功能。

企业文化通过种种微妙的方式来沟通人们的思想和情感交流,使员工在统一的思想指导下,产生对企业战略目标、准则、观念的认同感和作为其中一员的使命感。同时,在企业文化氛围的作用下,使每个员工通过自身的感受,产生对本职工作的自豪感和对企业的归属感。它可以潜意识地对企业产生一种强烈的向心力,把员工的思想和行为与企业整体联系起来。

(4) 融合功能。

在良好的企业文化氛围中,通过耳濡目染、潜移默化,员工接受了企业群体共同的理想和价值观之后,思想、性格、情趣、思维方式等也产生相似和相容性,从而将"个体"融入群体之中,达到和谐统一,形成一加一大于二的群体力量。

(5) 激励功能。

企业通过文化建设,将企业愿景、经营目标大张旗鼓地进行宣传,使全体员工看到自己从事的事业的社会意义和光明前途,就能够启发、诱导、刺激、发挥员工潜在的热情、才干和智慧,调动其积极性和创造性,自觉在岗位上建功立业。所以,企业文化具有加压和激活的作用,是企业活力的源泉。

(6) 辐射功能。

良好的企业文化有利于传播企业理念,树立企业的良好形象,对社会舆论产生积极影响。

2. 让文化落地

在文化认同、领悟、渗透、行动、结果的过程中，渗透是重要的一环。正所谓"如汝欲学诗，功夫在诗外"，渗透好企业文化，其效果是润物细无声的。

（二）沟通渠道

传统的内部交流形式包括简报、交流会、文件等。还有小组活动，诸如质量改进讨论会，能有效地增进人员之间的沟通，并能提供一个支持员工参与并合作解决问题的机会。

（三）团队建设

把员工当家人，是给顾客提供优质服务的前提。但问题是，如果员工内部之间的关系理不顺，那么用亲情文化塑造的优质服务可能会难以持久。比如，服务员要给客人赠送一碗雪梨汤，但厨师长不配合，怎么办？

服务人员是距离顾客最近的信息入口，参考北京宴的模式，可以用一个倒金字塔的团队模式作为亲情文化的机制保障。

这个倒金字塔模式是上道工序不对下道工序说不，二线部门不对一线部门说不，上级不对员工提出的困难说不，下级不对上级的命令说不，被检查者不对检查者提出的问题说不，全员不对客人说不。服务理念是顾客的需求永远放在第一位，因此，在服务上谁越靠近顾客，谁的指挥权就越大（如图8.1所示）。采用倒金字塔沟通模式的公司在时间、成本和效率上都有很大的优势（如表8.1所示）。

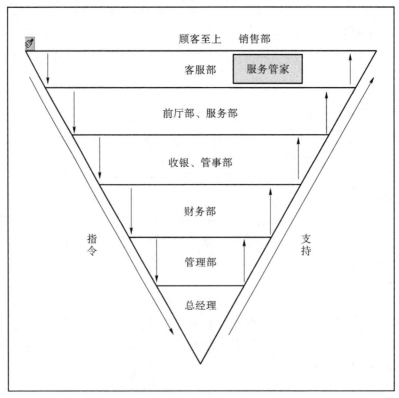

图8.1 倒金字塔模式示意图

表 8.1　倒金字塔沟通模式与普通结构沟通模式对比

	时间	成本	效率
普通结构沟通模式	多	冗余	高
倒金字塔沟通模式	少	节俭	低

倒金字塔模式的具体方法包括"公平、公开、公正"的激励制度体系、全方位评估考核机制、事后奖励、现场奖励、捐款复活制度的惩罚机制以及一个公平、清晰能让员工看到希望的晋升机制，还有包含总经理信箱，每月一次合理化建议的收集和上报，听取员工的合理化建议，并拿出切实可行的解决方案的无障碍沟通机制。

为配合倒金字塔模式发挥最大作用，打造科学与艺术相结合的管理模式，需要现代化办公体系予以支持，包括客户预定系统等，引进办公自动化系统（Office Automation，OA）。新型办公方式可以将现代化办公和计算机技术结合起来，实现数字化办公，可以优化现有的管理组织机构和顾客服务流程，调整管理机制，在提高效率的基础上，增加服务型企业的协同办公能力，强化决策的一致性，提高决策效能。

三、外部沟通设计

外部沟通体系设计包括企业形象、市场沟通、业界沟通、顾客沟通和名人效应五个组成部分。

（一）企业形象：社会责任与新闻媒体

企业的宗旨应该是为顾客创造享受，为员工创造前途，为企业创造效益，为社会创造价值。通过报纸、电视等权威媒体，宣扬企业的社会责任，树立良好的社会公众形象。借由社会责任和新闻媒体，可以树立良好的企业形象，为社会、业界、顾客所接受。

良好的企业形象可以提高顾客感知的服务质量，不利的企业形象会降低顾客感知的服务质量，企业形象的设立可以通过广告、品牌、图徽、象征物、口碑等可视的、有形的或者可信的方式传达到顾客，达到有效沟通。

企业也应该注重企业社会责任的公共关系。利用从社会群体中获得的利益回馈给整个社会。企业可以通过助力公益教学、捐助慈善款、援助灾区人民等措施，探索人才孵化新模式，开拓市场布局，真心回报社会和履行社会公益的责任和使命。

（二）市场沟通：面向所有消费者，重在口碑营销

除了传统的企业形象树立和广告宣传，任何可以与消费者发生信息交流的途径都属于市场沟通的范畴。

宣传媒体的发展经由纸媒、网媒、移动互联、自媒体再到直播网红兴起几个过程。品牌部将工作分为自媒体和外部媒体两部分来开展工作。其中自媒体的微信公众号具有快速反应和关注度提升效果明显的特点。

在现代营销中的事件沟通、网络传播、口碑传播等也在品牌部的工作中得以充分体现。企业可以开发自己的门户网站和 App 客户端，为消费者提供介绍、展示、预订、商城等功能。同时，企业可以积极联络其他自媒体平台，提高市场沟通影响力。

在市场沟通活动中，巧妙地使用各种有形展示，可增强企业优质服务的市场形象。要改

变服务企业的市场形象,更需要提供各种有形展示,使消费者相信本企业的各种变化。

除此外,企业的常用的市场沟通方式还有很多种,主要可以分为五种方式,即广告、公共关系、销售推广、个人推销和直销。它们可以分成人员销售和非人员销售两大类,其中广告、公共关系和销售推广属于非人员销售,个人推销和直销属于人员销售。这五种方式各有特点,既可以单独使用,也可以组合在一起使用,以求达到更好的效果。同时使用其中若干方式时,我们常把这些方式有主有次地结合起来的方法称为市场沟通组合策略。在同一行业中,不同企业常使用不同的市场沟通组合策略。有的企业主要采取个人推销,有的企业则主要依靠广告。实际运作中,各企业均需不断地改进市场沟通组合策略,以便找到一种既经济又有效的方法。

(三) 业界沟通:知己知彼,促进发展

组织间的学习是组织学习非常重要的学习层次。业界的沟通对于学习竞争对手、与同行同业者交流,都是组织学习的重要方式。生态学中有一个公式:$L \geq C$,瑞万斯(Revans,1980)指出,一个有机体要想生存下来,其学习(L)的速度必须等于或大于其环境变化(C)的速度。企业作为一个系统,其面临的环境日新月异,各国企业面临的问题日益趋同,因此进行业界间的交流学习将对企业的发展有着特殊意义。拿北京宴为例,研修班和"中国服务学习联盟"是一种文化上松散的兼并,共同进退的平台,放眼合并供应链,利用规模经济和网络效应,帮助北京宴成为中国服务业的领军赢家。

(四) 顾客沟通:定向顾客的沟通

与顾客之间的沟通质量设计使用的工具包括"爱达"公式和沟通七巧板。

1. "爱达"公式——信息开发模型的设计

研究人员也开发了许多顾客响应模型,最常见的是营销漏斗模型即 AIDA 模型,如图 8.2 所示。AIDA 模式也称"爱达"公式,是国际推销专家海英兹·姆·戈得曼(Heinz M Goldman)总结的推销模式——顾客是沿着注意(Awareness)、兴趣(Interest)、期望(Desire)和行动(Action)四个阶段移动的。信息开发的目的是通过沟通发现顾客所处的阶段并采取相应的措施。

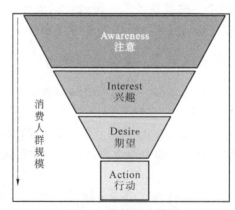

图 8.2 营销漏斗模型

漏斗形状的图形意在表明,在 AIDA 漏斗模型中,消费人群规模会越来越少,要想增加顾客数量，第一步引起顾客注意十分关键，否则会因为无法吸引顾客转移到自己的服务上，使漏斗上层就会成为整个流程的瓶颈，影响后续所有服务环节。

2. 沟通七巧板——选择合适的沟通拼图

沟通方式有许多，如广告、互动调查、神秘惊喜、重点顾客群交流及顾客建议小组等，服务企业必须确定合适的沟通工具，并加以适当地组合，包括不同时间、不同场合以及面向不同顾客群体的组合，提高沟通质量。

（1）客服电话。

在使用客服电话沟通时，应尽量规范电话接听用语，提高酒店形象，向顾客提供规范化、亲情化的服务。客服电话线路包括外线电话（预订台、前台）和内线电话。

（2）新媒体社交。

微信是近三年来迅速发展的即时通信工具，也逐渐取代了短信甚至电话在沟通时的地位。秉承着与顾客交朋友的理念，在确认业务关系后的第一时间建立微信联系，通过朋友圈、微信问候等与顾客保持持续联系。

（3）现场表达。

现场表达指利用话术提升员工的表达能力。在为客户服务的各个流程中，有优秀的模板作为范例，帮助员工准确、合理、充分地表述场景下应表达的内容。

（4）众包平台。

众包平台是《连线杂志》2006年发明的一个专业术语，并在近年来越来越热门，用来描述一种新的商业模式，即企业利用互联网来将工作分配出去、发现创意或解决技术问题。当众包模式开启了一个微观参与的时代，大众智慧日益凸显出商业价值。当互联网可通过云端计算实现端到端的连接方式而搭建了大众参与的创新平台，实现了协同自组织的新型网络工作环境，互联网已不仅仅是机器数码联网而是人类大脑的联网；网络也已不仅仅是信息技术的承载者而且是知识社会智力成果交易、传播扩散、开发并共享的领域，开放的在线环境为实现对于个人潜能和个体价值的普遍再挖掘提供了平台。

（五）名人效应

常规新闻媒体受管制，传播速度和范围都十分有限。名人效应的影响力比新闻媒体可能更大。通过品牌创立人独具人格魅力的形象代言，给目标受众以鲜明的品牌个性和信心；或者通过影视明星、社会名人极具亲和力的形象代言，令品牌产品迅速对目标消费群的购买施加影响；或者通过虚构人物演绎品牌叙事，传达品牌理念与价值取向，赢得目标受众的认同；或者通过漫画式卡通动物的形象代言，塑造活泼可爱、耳目一新的品牌形象，让人在相视一笑中对品牌产生美好的联想和印象。他的形象代言并不完全等于企业的形象，但却可产生极大的促进作用。

第二节 生产

一、服务蓝图与服务交互过程

分析服务流程，构建服务流程图，即服务蓝图（如图8.3所示）。服务蓝图包括顾客行

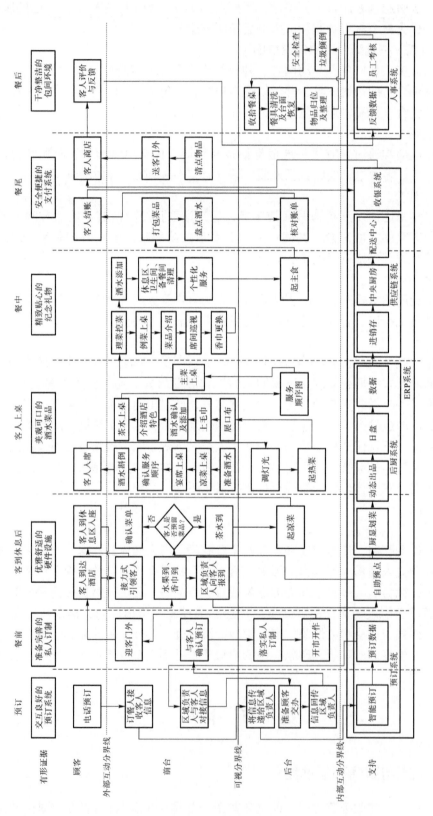

图 8.3 餐饮服务蓝图

为、前台员工行为、后台员工行为和支持行为四个主要的行为部分，该四个部分由三条分界线分开。第一条是互动分界线，表示顾客与组织间直接的互动。一旦有一条垂直线穿过互动分界线，即表明顾客与组织间直接发生接触或一个服务接触产生。第二条分界线是非常关键的可视分界线，这条分界线把顾客能看到的服务行为与看不到的服务行为分开。查看蓝图时，从分析有多少服务行为在可视线以上发生、有多少服务行为在可视线以下发生入手，可以很轻松地得出组织是否为顾客提供了很多可视服务。这条分界线还把服务人员在前台与后台所做的工作分开。比如，在医疗诊断时，医生既进行诊断和回答病人问题的可视或前台工作，也进行事先阅读病历、事后记录病情的不可视或后台工作。第三条线是内部互动分界线，用以区分服务人员的工作和其他支持服务的工作及工作人员。垂直线穿过内部互动分界线代表发生了内部服务接触。

二、顾客参与

诺曼（Normann，1984）曾把顾客同企业进行服务接触的过程形象地比喻为"真诚的瞬间"或称"关键时刻"（Moments of Truth，MOT）。"关键时刻"就是顾客与服务提供者进行接触时，对服务质量留下印象的任何一个瞬间。它意味着在这个特定的时间和地点，企业才真正有机会向顾客展示自己的产品和服务的质量。这是一个绝妙的机会，一旦时机过去，顾客也就离开了，企业很难再用其他办法改变顾客对产品和服务质量的感知；而如果在这一时刻内，产品和服务质量出现了问题，企业想要补救也来不及。如果真的要补救，也只能等下一个"关键时刻"了。"真诚的瞬间"或"关键时刻"影响着顾客感知的服务质量。许多优秀的公司都对服务关键时刻给予高度的重视，如北欧航空公司的总裁认为"每天都有五万个关键时刻"，惠普公司的"100个关键时刻"，可见关键时刻的重要性。当顾客接受服务提供者的服务时，将经历一系列的服务关键时刻，每一个关键时刻都可能形成对服务质量的印象，每一个关键时刻都决定着能否赢得顾客的认同。良好的服务管理意味着必须做到恰到好处，让顾客在所有关键时刻都感觉良好。为此，服务提供者必须发掘与顾客接触的关键时刻，从顾客的角度看待这些关键时刻，对服务做出详细的计划并认真实施，以管理顾客在所有关键时刻的服务体验。

服务组织抓住关键时刻需要：

（1）营造服务接触点，创造更多的"关键时刻"。

服务组织不仅要重视本行业众所周知的关键点，更要重新对整个服务流程进行全面分析，找出其中所有可能出现的"关键时刻"，鼓励员工利用这些关键点，有意识地引导顾客，对其进行贴心服务，为客人创造良好的服务体验，使其有物超所值的感觉。

（2）态度与效率并重，创造优秀的"关键时刻"。

例如，餐饮行业服务过程中，顾客对效率的要求是很高的，但态度决定一切，在服务行业中更是如此，端正积极的态度才能让顾客感觉到被尊重，良好的态度会让顾客心情舒畅，甚至会降低对效率的要求。态度中最重要的是"关心"，在对客服务的接触过程中，应时刻注意顾客的需求与不便，并及时予以帮助。设想如果顾客在酒店里问路，服务员不仅指明方向，而且还亲自陪同到达，这样的服务接触必然会令客人满意。

（3）提供个性化服务，创造超值的"关键时刻"。

即使未来科技再发达，服务行业也无法完全被机器生产所替代。相反，顾客越来越要求提供体贴入微、富有人情味的个性化服务。为顾客提供超值的个性化服务，也许仅仅就是一点体贴，就会为服务行业培养一批忠诚顾客。

(4) 实行走动管理，监控处理失控的"关键时刻"。

组织提供服务的同时，整个服务过程将会呈现在顾客面前，在服务接触过程中，可能会由于种种原因导致关键时刻失控，引起顾客对服务的不满甚至投诉。目前我国服务行业普遍对员工"授权"不够，员工在遇到顾客对服务不满及投诉时，往往第一反应就是汇报上级，但这中间就会出现一个时间差，顾客在心情不愉快的情况下，再经过时间差可能会对服务组织产生更大不满。如果实行走动管理，每个部门经理或主管经常出现在服务第一现场，那处理顾客投诉或安抚顾客就会变得及时很多。

除此之外，服务组织管理者还需要管理好"内部关键时刻"。"内部关键时刻"是指一些特定的事件、情景或相互交流，在这些时刻组织雇佣的任何员工与组织的某一方面进行接触，这一方面对这些人工作生活的质量产生影响。管理者要在组织内部培养一种组织文化，鼓励员工为其他员工提供最佳服务。每位经理、每个主管和每个员工都能认识到他们在重要的内部关键时刻对本部门、本门店，甚至对组织品牌的质量所起到的作用。

其实，许许多多因素都会对员工工作生活质量产生影响。试想一下，当员工到达门店时，看到的是一个灯光昏暗、地面坑坑洼洼并堆满垃圾的停车场与一个精心维护、灯光明亮的停车场时，有什么样的不同感受？当员工走进更衣室，看到的是一个使人感到宾至如归的环境与一个临时储物间里面乱七八糟地堆满了被人遗忘的杂物，有什么样的感受？所有这些都可以被视作内部关键时刻。另外，与顾客的大多数关键时刻都涉及与员工的接触一样，员工的大多数内部关键时刻也都涉及与其他员工的接触，尤其是那些员工为了完成自己的工作需要另一个员工帮助的时刻，而且这种内部关键时刻产生于每天的实际工作中。比如，餐厅服务员与厨师讨论顾客点的一份特殊菜，客房员工通知前台服务员客人正在等候的房间的房态，工程维修人员要进房维修设备需要与客房服务员沟通，等等。

三、员工是第一生产力

企业之间的竞争归根到底是人的竞争。如何有效地激发员工的积极性，使员工更加忠诚于企业，尽心尽力地完成工作，是每一个企业领导者希望解决而又经常不得要领的一个问题。

(一) 员工管理

服务组织管理层和员工之间是一个"倒金字塔"的组织关系，管理者在整个支架的最基层，员工是中间的基石，顾客永远被放在第一位。管理者的工作就是指导、支持、关心和服务于员工。

1. 设立高目标

不断提高要求，为他们提供新的成功机会是留住人才的关键。管理者要认识到在员工成长时，他们需要更多地运用自己的头脑来帮助企业并被认可的机会。所以管理者必须创造并设计一些挑战机会以刺激员工去追求更高的业绩。只有当员工感到自己在工作中能够得到不断的支持，能够不断地学到新的东西，他们才会留下来并对企业更加忠诚。

2. 加强沟通、关爱员工

企业管理者应将真心、真情、爱心注入沟通，与员工间进行心连心的互通与交流，从而使管理者与员工之间，可以由偏见到理解，由疏远到亲密，由格格不入到相濡以沫，由反目到宽容。通过沟通，能够在组织内部形成强大的凝聚力，从而实现服务组织目标，达到天时、地利、人和的管理境界。作为服务企业的管理者要关心员工，处处想着员工，经常深入到员工中去，倾听员工的心声、了解员工的各种需要、体察员工的喜怒哀乐、关心员工的冷热痛痒、想员工之所想、急员工之所急，为员工排忧解难，把温暖送到员工的心坎上。这种关心不仅仅体现在物质层面，还应注重在精神层面，如关心员工思想上的提高、政治上的进步、工作上的适应以及今后自身的发展方向等。

3. 有效激励

首先要鼓励员工参与企业的管理。员工对组织的参与越深就越能体现员工在组织中的存在，也就越能认同组织理念和文化，从而达到个人目标服从组织目标的要求。鼓励不能只停留在口号上，还应采取有效的激励措施。管理者根据行为科学的激励理论，针对下属的需要，采用外部诱因进行刺激，并使之内化为按照管理要求的自觉行动的过程。需要是员工产生积极行为与进行有效激励的动力源，所以激励先要从了解员工的需要入手。在服务组织内部，不同的员工及其群体，由于其从事的岗位、知识的构成、兴趣与爱好、年龄与性别、性格与气质、自身的素质等各不相同，往往需求也不相同，管理者应根据其不同特点采取不同的激励措施，有的放矢地激励职工的积极性。在激励中可采用各种方式，如理想激励、目标激励、榜样激励、荣誉激励、竞争激励、情感激励、物质激励、参与激励等。通过对员工的激励，鼓舞其热情、持久其干劲、引导其行为、挖掘其潜力，从而极大地提高服务业员工的整体素质，增强服务行业的竞争力与抵御风险的能力。

4. 允许失败

组织要对员工有益的尝试予以信任和支持，他们能够帮助企业有所创新。不要因为员工失败就处罚他们，失败的员工已经感到非常难过了，企业应该更多地强调积极的方面，鼓励他们继续努力。同时，帮助他们学会在失败中进行学习，和他们一起寻找失败的原因，探讨解决问题的办法。批评或惩罚有益的尝试，便是扼杀创新，结果是员工不愿再做新的尝试。

5. 建立规范

企业应该订立严格的管理制度来规范员工的行为，对各个岗位做详细的岗位职责描述，使每个员工都清楚自己应该干什么，向谁汇报，有什么权利，承担什么责任。建立合理的规范，员工就会在其规定的范围内行事。当超越规定范围时，应要求员工在继续进行之前得到管理层的许可。

（二）员工授权

传统组织是强调管理控制，每个人都被当作大机器的小小螺丝钉，要拥有权力，就要在官僚组织中循序晋升。为了防止权力被滥用，金字塔组织又要设一些职位来监督或分散权力，结果造成组织内层层关卡，条条块块，组织效率在人性本恶的猜疑、不信任中被破坏殆尽。而在质量文化中，我们倡导"活性化"，又称"授权激励"。活性化就是建立内部顾客满意的观念和制度，让每个人都能以创新、负责、愿意冒险、为他人着想的精神工作，这样才能充分发挥企业为顾客服务的功能。即只有授权给员工服务顾客，世界上最好的服务方案与最具创造性的想法才能带来超越顾客需要的服务，为了达到这种质量文化氛围，管理人员需要经过以下三个步骤授权给员工。

第一步，雇佣适合工作的人。所雇佣的人除了需要拥有良好的工作技能外，还需要怀有强烈的工作责任心。招聘在一线服务的员工时，还要尽量去考察和分析应聘的人是否具有良好的交际能力，因为这是了解顾客的关键。管理人员可以在招聘过程之中就开始涉及公司的质量观念，必须绝对确认雇佣是乐于并且善于服务别人的人。

第二步，训练员工想顾客之所想。不要认为员工已经了解了什么是好的顾客服务技能，这是不够的。要向每一名员工解释公司的质量观念，确保使每一个人都了解他个人对顾客服务的好坏与企业兴衰成败有密切的关系。让员工参与制定顾客服务方案，收集他们关于使顾客满意的想法，让每个人都尽力去满足顾客的需求。管理人员要教会员工如何为客户解决问题，如何提问，如何有效地倾听，如何进行清楚的交流和沟通，以及如何使每个顾客感到受尊重。当然，管理人员也要身体力行，树立超越顾客需要服务的样板。

第三步，授权员工去做任何对于满足顾客来讲是必要的事。让员工自己解决他们在与顾客接触过程中发生的每个问题，而不要去干扰或者批评他们。因为，如果管理人员已经教给他们的员工服务质量的观念和好的解决问题的办法，就应当肯定员工具有提供超越顾客需要的服务能力，应该放手让他们自己去做。

赋予一线服务人员更多的权利，使企业得到超常规的发展。员工授权的原则为：哪个环节最贴近顾客，哪个环节的权利最大。用更为简洁的话来讲，就是让听得见炮火的人去指挥战斗；我的地盘我做主，让听得见炮声的人去指挥战斗；谁越靠近顾客，谁的指挥权就越大。授权并不意味着放任自流，放弃对员工的约束。授权的目的是使员工真正致力于满足顾客的需要。授权不仅仅意味着权利的重新分配。授权员工按自己认为好的方式从事日常工作和处理意外事件的自由是不够的。成功的授权需要提供给员工必要的信息，使员工具备更好地为顾客服务的知识和能力，同时，建立有效的奖酬机制，将员工的工作业绩与奖酬紧密联系起来。

四、构建卓越交互质量

基于扩展的服务交互模型图（如图 8.4 所示），是改善各个交互质量的途径。

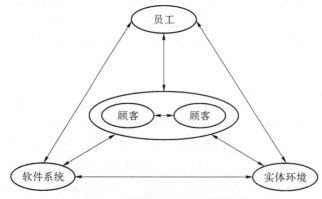

图 8.4　扩展的服务交互模型图

其中，软件系统代表企业软性支持，如规章制度、ERP办公系统等；实体环境是指各类硬件环境支持的表现形式，如对讲机、包间布置等；而顾客与顾客间的交互，则可能表现为口碑、企业对于高端顾客群的定位水准等。

事实上，从顾客感知的角度看，直接影响顾客感知的服务质量的因素有两个方面。一是服务的产出；二是服务过程中直接与顾客交互的部分，服务过程中有些环节是顾客不能直接感知到的，如与前台服务同时进行的后台服务。

因此，我们可以把顾客感知服务质量分为两大要素，一是产出质量（我们假设产出100%作为基准），二是交互质量（只能感受到部分，例如70%），而后者在广义上是指图8.4中所包含的各种形式的交互，狭义上是指服务过程中的人际交互。

交互质量是顾客感知服务质量的关键要素。由于服务消费是过程消费，消费者不仅关心产出质量，而且也十分关心交互质量。由于缺乏足够的知识和经验（例如医疗服务和专业维修服务），顾客对服务的产出质量很难进行客观准确的评价；而且，各企业间在产出质量方面可能相差无几。在这些情况下，交互质量往往成为顾客评价感知的整体质量的唯一重要因素。

要想提高服务交互质量需要的不仅仅是微笑和热情。对于狭义的人际交互质量的改进而言，除了前文所提到的员工管理外，企业还需要做好以下几方面工作：

（一）快速提供顾客的需求

良好的服务质量首先需要有一个良好的服务环境。与实体产品相比，服务供求矛盾更为尖锐。由于服务不能储存，服务企业难以采用库存产品的方法调节供求关系。而许多服务的需求表现出明显的周期性、季节性。在服务需求高峰期间，顾客蜂拥而至，服务人员应接不暇，超出服务供应的正常水平。此时，大大增加了服务人员的劳动负荷和压力，使他们容易在心理上产生厌烦情绪；同时，顾客也对恶劣的服务环境产生不满，焦躁不安，表现出不好的行为，导致交互质量低下。

面对此压力，服务组织的基本保障是要分工明确，更好地设计服务和提供服务。同时，还采取其他具有特色的方法来缓解高峰压力。

①优化员工工作时间和工作范畴，抓住关键地点、关键时刻、关键人物、关键事件。

②确定重要工作点。

以餐饮行业为例，最忙的是客人上桌后的15分钟，工作量集中点，后面会循序渐进。优化工作量的办法——群狼战术，借助对讲机，由助理调度其他尚未到客房间的服务人员，分散工作量。这种快速调动和部署服务员的内部交互，可以很好地解决服务时间冲突矛盾的问题。

③帮工。二线为一线服务，全员为顾客服务，管理部、保障中心、人事部、厨师、保洁人员。

（二）提高服务人员的人际技能

服务提供者，特别是那些与顾客直接交往的员工，应具备沟通方面的适当知识和必要技能，他们应有形成一个自然的工作小组的能力，能与外部组织和代表适当的协作，以提供及时的、运转流畅的、满意的服务，要求员工大胆、得体地交流和展示。

中国传统文化历来以含蓄为基调,但是在与顾客沟通的过程中,含蓄、内敛会造成信息沟通不畅。因此,应当在企业文化和员工培训中,着重提升员工的沟通素养,既能大方得体,又不有所冒犯,传达企业形象中的核心优势,并收回顾客期望等具有价值的信息。

在服务过程中,服务人员要与为数众多的顾客直接接触,服务人员的行为成为顾客感知服务质量的重要部分。服务人员不仅要有强烈的服务意识,而且要有出色的服务技能,特别是人际接触技能和控制局面的能力。在需要等待的服务过程中,要善于利用等待心理学,调节顾客的情绪,使得等待不是遥远无期和不可忍受的。对于那些蛮横无理的顾客,则要巧妙应付。妥善处理与顾客的关系,对有特殊要求和脾气不好的顾客保持良好的态度和耐心,一一满足顾客的需求,将顾客的不满视为可以提升的建议。

(三) 现代经营管理系统的支持

在服务性企业里,现代科技成果的作用越来越明显。采用新技术、新设备,可极大地提高服务质量、服务工作效率和企业的获利能力。即使是常见的技术和设备,也有助于提高服务质量。使用电子计算机、现代通信设备等高科技成果,还可改善员工的工作条件,调动员工提供优质服务的积极性。再有,服务性企业的经营管理制度必须服务导向,管理人员应尽可能删除不必要的规章制度和操作程序,将服务工作决策权转移到前台服务第一线,授予员工必要的服务工作决策权,以便员工创造性地、主动地、灵活地为顾客提供优质服务。

传统的服务方法要求买卖双方直接接触。但是现在,为了提高服务工作效率,方便顾客,已经有许多企业不再要求顾客到现场接受服务。另外,接受非人工服务的顾客发现他们与服务性企业的直接接触正在减少。换句话说,服务体系中顾客可见部分正在缩小。对顾客来说,这种情况既有利,也有弊。用现代化设备服务取代人工服务,可保证服务质量一致,方便顾客消费。在家里观看电视节目、收听电视播放的音乐,比去电影院、音乐厅方便得多。银行安装自动柜员机,储户就可以随时存款、取款。

但是与人工服务相比较,顾客自我服务也有明显的缺点。第一,人工服务刚改为现代化设备服务时,顾客往往会觉得很不方便。这就要求服务性企业做好宣传介绍工作,消除顾客的疑虑,并为最初消费者提供一些物质刺激,激励顾客为自己服务。第二,虽然不少服务可使用现代化设备,但许多顾客仍然希望能得到人工服务。服务人员应有判断力,能根据顾客的要求,为顾客提供灵活、及时、亲切、热情的服务。因此,服务性企业管理人员在设计服务体系时,应谨慎地确定机械化、自动化程度和人工服务水平。

一般的现代化系统都是由技术企业开发直接销售使用,而服务组织从自己设计的流程和模式出发,将经过实践检验和证明的方法移交技术实现,做专门的定向开发。这种系统兼容性好,融合度高,为服务组织的订制服务提供了有利的技术保障;此外,它既能减少工作量,也能减少工作的出错率、提高服务可靠性。

第三节 控制

一、标准化与定制化

随着全球服务业的快速发展,国际标准化组织认为,服务业的标准化将成为未来服务业发展的一个重要趋势。虽然世界各国的服务经济发展水平和阶段不同，但是服务产品本身的基本特征是完全一致的。服务业各行业在特定发展阶段的特征也具有显著的相似性。同时，服务业各行业在不同发展阶段和经济环境中都面临着不同的行业标准化和客户订制化的发展趋势。中国服务业从20世纪80年代以来取得了较快的发展，研究服务创新对于促进中国服务业快速发展，进而满足经济发展、社会进步和市场需求结构转变的需要具有积极意义。

目前国际上主要存在两种并行的标准化形式，包括ISO 9000系列国际标准的质量管理和ISO 14000族国际标准的环境管理，其中ISO 9000标准以顾客需求为导向。国际标准化组织针对服务业产品和体系市场标准要求，制定了医疗、零售、金融、保健和一般服务业专门的标准或规范，将ISO 9000所代表的全面质量管理体系扩展到服务行业，以期满足服务业标准化发展趋势的需求。服务标准化是通过对服务标准的制定和实施，以及对标准化原则和方法的运用，以达到服务质量目标化、服务方法规范化、服务过程程序化，从而获得优质服务的过程。服务的标准化并不是简单地追求"统一"和一致性，而是结合了顾客期望、企业服务能力以及一定的定量和定性调查因素。广义的标准化具有抽象性、技术性、经济性、连续性、约束性和政策性等基本特性。

与标准化服务不同，标准化服务是指由产品的提供者根据自身的市场定位向消费者提供的那些类型、性质、流程、话术等均经统一规范后的服务，而订制化服务则是在标准化服务的基础上，应消费者的一些特殊要求而量身订制的符合消费者个别需求的服务。

许多服务型企业的管理人员都在试图采用工业企业的生产管理模式来控制服务质量，例如采用美国的著名质量管理专家戴明博士在工业时代提出的PDCA环（戴明环）。不可否认，服务型企业可以借鉴工业企业的生产管理模式，做好服务设施管理和产品成分质量管理。然而，盲目照搬工业企业的生产管理措施，对于服务型企业来说，并不能同时提高服务质量和生产效率。

在实际应用中，需根据顾客需求权衡两者之间的关系，而不是盲目采用某一种措施。以中国餐饮服务为例，如图8.5所示，纵轴表示传统的工业企业生产过程类别，横轴表示服务工作特点。管理人员应认真调查、研究目标细分市场的需要和愿望，确定本企业应提供什么样的服务，才能更好地控制顾客感知的服务质量，而不应该盲目采用标准化或订制化服务措施。一般说来，提高日常性服务工作质量的关键是向顾客提供他们预期的服务。对于顾客投入程度较低的服务，即顾客购买风险小、价格比较低廉、顾客与服务人员相互交往较少、对顾客自我形象影响不大的服务，标准化服务比较有效；而顾客投入程度较高的服务，即顾客购买风险大、价格比较昂贵、顾客与服务人员相互交往程度高、对顾客自我形象影响大的服务，采用订制化服务措施，往往更有效。自然，还有一部分服务性企业提供的服务，应介于高度标准化与高度订制化这两个极端之间。

根据服务工作特点，确定服务生产和质量控制类别。

企业管理人员应尽可能将标准化服务和订制化服务结合起来。在不少服务性企业里，有些服务工作应以标准化为主，另一些服务工作却应以订制化为主。例如，酒店服务人员可为客人提供比较标准化的菜品和流程服务，以及比较订制化的附加服务——亲情化服务、个性化服务和补救性服务。

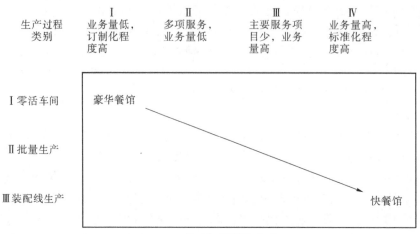

图 8.5　中国餐饮服务分类

在标准化服务为主的服务型企业里，管理人员应分析本企业应采用哪些服务措施，提高顾客感觉中的订制化程度，实现对顾客感知服务质量的控制。例如，许多旅馆为常客提供一系列特殊服务。常客可按原先预定的客房房价付费，住较高档的客房，可收到宾馆总经理的欢迎邮件，可接受某些免费服务。这些特殊服务实际上是标准化服务，但常客却觉得旅馆为他们提供了高度个性化服务。

二、匹配需求与供给

改善和调节供求关系可以从供给和需求量方面做起。在服务供应方面，企业应该深入了解市场需求，把握需求变化规律，合理配置生产能力，特别是人员。如通过采用临时工的办法弥补高峰期间的人手不足。从需求方面，企业可以通过价格变动和其他促销手段来调整需求，也可以利用预约方式储备需求。例如，公共交通的供求矛盾十分尖锐，上下班高峰期需求远远超过供应能力，而上午10点至下午3点乘客很少，常常出现空载现象。为此，西方国家的一些交通公司，实行差别票价，退休的老年人避开高峰期乘车给予票价优惠。1998年开始，京津两地间的铁路客车也实行的差别票价。在2000年的春节过后，与往年不同的是，到三亚观光的游客依然络绎不绝。这是因为，在春节期间，三亚市的各大酒店和旅馆都实行差别票价，比平时价格涨了四分之一，使往年的春节期间游客蜂拥进三亚的现象得到了很好的控制，使得那些有钱但没有时间的人在春节期间能够玩得尽兴，使得有时间的还不富裕的人也可以在节后享受到实惠满意的服务。由此控制的需求，使得需求波动不是很大，从而提高了所有游客的感知服务质量。

以餐饮业为例，随着社会的发展，其核心竞争要素在发生着变迁，随之反映最突出的就是市场需求正在发生着变迁。到现在为止，餐饮发展共有三个阶段，经历了过去的两个阶段后，它正从第二个阶段向第三个阶段演变。

第一个阶段：过去在特定经济时期，由于商品缺乏，国家实行粮票制度，人们凭粮票有计划地购买物资，节俭、克制。那个时候，人们的需求是"吃饱"。

第二个阶段：改革开放以后，很多人先富起来了，他们被称为"土豪"，而这部分"土豪"中的一部分人喜欢炫耀、猎奇的消费，他们往往在宴请生意伙伴时点最贵的菜、最稀有的菜，这是为了满足虚荣心而进行的消费。

第三个阶段：随着中央提倡的正确的消费观念和普遍提高的人民文化素养，大家正在追求着吃好、吃体验的消费，这种体验不仅是硬件上和菜品口味上的，而且还是软件服务上的。

在市场大形势变迁的过程中，必然有成功或是失败的企业。但我们不要在意成功或者失败，而是要面对市场需求，积极调整自身，在找准规律的基础上对未来做出规划。

三、现场督导与控制

现场督导与控制主要包括顾客参与服务过程、员工授权、做好预测和预案、及时发现问题并改正、反馈与跟踪等内容。

由于顾客直接参与服务生产过程，现场督导与控制显得十分重要。任何没有监督的管理，都是属于失败的管理。要保证服务人员能够很好地遵守服务规范，经营管理者一定要加强服务现场的监督和管理，以确保顾客体验到优质服务，并控制不可预料的事情的发生。

首先，与生产活动不同，服务过程暴露在顾客面前成为顾客感知的一部分，服务生产过程中的任何疏漏都可能给顾客留下不好的印象。其次，顾客作为服务的合作生产者，他们的投入对服务的顺利进行至关重要。对于某些比较复杂的服务或者新的服务项目，顾客对他们承担的角色和所需要的投入常常缺乏了解，因此，现场的帮助和引导是必要的。第三，服务质量是一种过程质量，服务过程中人际交互所导致的服务质量的不稳定性，可以通过适度的员工授权来解决。适度的员工授权，一是可以提高员工的满意度；二是能够提高员工处理应急事情的能力，为顾客提供个性化的服务；三是可以发挥员工的积极性和主动性，充分利用蕴涵在员工中的资源和智慧。然而，当顾客遇到的问题超出一线员工的职权范围时，更高层次的管理人员在现场的出现有利于问题得到及时解决。

问题管理的上策是把问题消灭在萌芽之前，这就要求员工：提前布置、提前调度、提前准备、提前演练、提前检查、提前到位。

问题管理的中策是把问题消灭在发生之中，此时需要：现场指挥、现场督导、控制关键、发现问题、及时纠偏（补位）、弥补完善。

问题管理的下策是把问题解决在发生之后，此时应该要：主动反馈、积极平息顾客抱怨、针对问题找出原因、采取措施、迅速整改、建章立制、组织培训、跟踪整改。

四、技术创新

近年来，ERP 系统作为新技术的典型代表，它正日趋成熟，也正在逐渐被各大企业接受并引入自己的生产管理中。ERP 系统是企业资源计划（Enterprise Resource Planning）的简称，最初由美国 Gartner Group 公司于 1990 年提出。它是指建立在信息技术基础上，以系统化的管理思想，为企业决策层及员工提供决策运行手段的管理平台。ERP 系统集信息技术与先进管理思想于一身，成为现代企业的运行模式，反映时代对企业合理调配资源、最大化地创造社会财富的要求，成为企业在信息时代生存、发展的基石。它对于改善企业业务流程、提高企业核心竞争力具有显著作用。在我国，ERP 所代表的含义已经被扩大：用于企业的各类软件，已经统统被纳入 ERP 的范畴。它跳出了传统企业边界，从供应链范围去优化企业的资源,是基于网络经济时代的新一代信息系统,用于改善企业业务流程以提高企业核心竞争力。

现代企业需要把业务流、信息流、数据存储通过 ERP 系统连接、贯穿起来。以餐饮 ERP 系统为例,从预订管理——收银系统——后厨管理——供应链系统,用系统有机地整合在一起,把业务线中的结点融会贯通,把信息结点连接为一个整体。

随着科技的发展,将有望把人工智能应用于 ERP 领域,实现资源智能分配。Works Applications 的中国分公司上海万革始应用软件有限公司于 2016 年参加了 2016HRoot 中国人力资源服务展,在展会上发布了世界首款人工智能 ERP 系统 AI WORKS。一方面,用人工智能改变工作方式。以提高企业的投资回报率(ROI)作为核心理念,专注提高企业业务效率,把能够进行机器学习的人工智能功能搭载在了业务系统上,使系统宛如能干的秘书全面协助员工工作。因此,员工不需要浪费时间在繁杂的基础事务上,而是只需要把精力花在思考、创造、决策等工作上。另一方面,能够实现高层次的人才管理和教育。沉睡在企业中的庞大人才信息数据,在任何时候都可以简单地进行活用,提高公司经营层的判断速度。通过对日常业务的学习,人工智能系统可以进行相应知识积累,判断预测下一步的工作内容。即使是新员工也能够轻松学会业务的专业知识,快速实现企业员工培训。

第四节　反馈、追溯与补救

一、显性反馈

(一) 顾客投诉的原因

顾客是否投诉,会受以下几方面因素的影响。
(1) 不满程度。
顾客往往会原谅服务性企业的轻微差错而不采取任何行动。越是不满的顾客越可能采取比较激烈的行为。
(2) 产品和服务的重要性。
产品和服务越重要,不满的顾客越可能投诉。
(3) 预期的代价和收益。
顾客会分析自己面临的问题是否值得花费必要的时间和精力,向服务性企业投诉,要求服务性企业解决。
(4) 顾客的个人特点。
顾客的文化程度、个性特点、投诉时间等也会影响他们的决策。
(5) 顾客责怪的对象。
如果顾客认为自己也有错误,他们投诉的可能性就较小。如果顾客认为服务性企业应对自己面临的问题负责,他们就更可能投诉。
(6) 服务性企业的态度。
如果顾客认为投诉之后,服务性企业不会解决什么问题,他们就不大会向服务性企业投诉。

（二）顾客投诉的渠道

1. 线下反馈

线下反馈主要是顾客通过传统途径进行的反馈，比如遇到问题时的直接反馈与投诉，或在企业提供的意见簿或意见箱中留下反馈信息。服务型的企业通常会为顾客提供投诉电话，方便顾客监督服务质量。

2. 系统反馈

部分服务性企业有自己与顾客之间的交互系统，在其中添加"用户反馈"版块，系统会根据顾客反馈的问题类型，将反馈内容推送给相应的员工，例如将投诉、表扬、服务评价等反馈推送给管理人员，菜品质量问题推送给厨师长，还可以分门店汇集反馈信息。问题得到解决后再把处理结果推送给相应的用户，用户收到相应回复后，根据实际情况可以继续反馈或评价此次反馈服务。用户也可以选择使用在线反馈功能，能够实现与客服人员的直接在线对话，这样反馈更加直接、迅速。

3. 网络反馈

微博、微信等新兴社交工具的快速发展，信息传递的方式越发多样化，可以打破时间地域的限制，为顾客提供无障碍的反馈方法。企业可以通过官方微博、微信给顾客提供最新的服务信息，同时也可以提供用户反馈功能。对于微博来说，用户可以通过@企业微博或向其发私信来反馈信息；在微信上，可以让顾客扫二维码关注企业公众号或企业号，企业可以在公众号内设置的自动回复规则，或放上反馈链接；此外，在企业号中设专门的反馈版块也是十分便捷的。除此之外，例如北京宴还设有专门的顾客反馈意见群，实现对顾客反馈的开放。

（三）顾客投诉的解决

用户反馈的意愿度受多方面因素影响，其中，服务人员友好性对用户反馈意愿度影响最为明显。聪明的服务型企业会鼓励员工灵活地解决顾客面临的问题。管理人员应帮助全体员工掌握正确的投诉处理方法，使全体员工达成共识：在顾客犯错误之前，顾客总是正确的，教育员工不能为了赢得一次争论而失去一位顾客。不满的甚至是愤怒的顾客经常不讲道理，不愿接受合理的解决方法。要有效地处理顾客的投诉，服务人员必须首先平息顾客的怒火，应设身处地地为顾客着想，鼓励不满的顾客投诉，耐心听取他们的意见，真诚地承认服务工作中的差错，诚恳地表示歉意，最后取得他们的谅解。这就要求通过对服务人员的培训，使其掌握沟通方法，提高服务人员处理投诉的能力。

顾客在以"直接发表意见"的方式进行反馈时，是最期望得到服务人员的响应的，要迅速、及时、有效地解决服务工作中出现的问题，这就要求服务人员必须由较强的应变能力和丰富的服务知识和服务技能。在培训工作中，管理人员应鼓励服务人员创造性地为顾客解决各种服务质量问题。此外，管理人员应授予员工必要的权力，鼓励员工打破常规，主动、灵活地处理好顾客的投诉。

要想解决服务中出现的问题，就要明白顾客真正需要的是什么，要了解顾客抱怨的根本原因是什么，然后才能对症下药、及时补救。面对已经发生的问题，能够时刻照顾到顾客的情绪，从顾客的利益出发，这样的措施才会是与顾客心意相吻合的。

(1) 充分理解顾客的需求。

顾客提出的要求虽然超出服务范围，只要是正当的，我们就不能说顾客过分，而应看到服务还有不足之处。对此，必须作为特殊服务予以满足。确实难以满足的，应当向顾客表示歉意，取得顾客的谅解。

(2) 充分理解顾客的心态。

如果顾客带着某种情绪或因身体原因，在消费过程中出现过分的态度和要求，我们必须给予理解，以更优质的服务去打动顾客、感化顾客。

(3) 充分理解顾客的误会。

由于每个顾客的修养、气质、社会角色不同，有人对组织的规定、规则提出种种非议或拒绝合作，必须与顾客真诚地沟通，力求使顾客消除误会。

(4) 充分理解顾客的"过错"。

遇到某些顾客有意找事或蛮不讲理，不要去争是非曲直，必须秉承"顾客至上"的原则，给顾客以宽容和面子。

客人永远是对的，就是通过换位思考，站在顾客的角度，理解他们的需求，体会他们的感受，对顾客的要求、意见、抱怨和投诉永远不能说"不"。

（四）顾客投诉的改进措施

管理人员应根据顾客投诉和顾客意见调查中发现的问题，进行深入、系统的分析，找出根本原因，采取各种有效的措施，改进经营管理工作，防止今后出现类似的问题。全面提高产品和服务的质量，是服务性企业减少顾客投诉次数的关键性措施。

(1) 永远不对顾客说"不"，因为顾客满意是我们的服务宗旨。无论顾客的需求多么难办，首先要以办成的态度去努力。

(2) 在职权范围内能办的事情，立即向顾客承诺，并在顾客预期的时间内兑现；超出职权范围内的问题，按"119原则"火速逐级请示解决。

(3) 对顾客的需求必须给予答复。要清楚，逐级请示只是过程，为顾客解决需求和困难才是目的。在经过努力确实无法满足顾客的需求时，要给顾客一个让他感到我们已尽心尽力的答复。

(4) 要做好延伸服务。当顾客的需求超出服务能力或顾客有需要我们在基本服务场所以外地方的办理的事情，我们也应主动为顾客解决需求和困难，使顾客满意。

(5) 遇到"老、幼、病、残、孕"或其他需要紧急帮助的顾客，不必请示可全力投入援助，从第一个面对顾客的员工开始，"接力式"为顾客服务到底。

二、隐性反馈

（一）服务的三个境界

$$服务境界 = 顾客的实际感受 - 顾客的期望值$$

针对实际感受与期望的差值，服务有以下三个境界。

1. 让顾客满意

顾客认为必须做到的，我们按规范、规定、标准向顾客提供服务，通常就可以让顾客满意。

2. 让顾客惊喜

顾客认为可以不做，但我们做到了，了解并使用了客人的喜好、忌讳等信息，就可以给顾客以惊喜。需要强调的是，记住顾客忌讳，比记住顾客喜好更重要。

3. 让顾客感动

顾客想都没想，或认为服务组织不可能做的事情。特别是在顾客有困难需要帮助，同时认为这与服务组织毫无关系时，我们帮助了他，就创造了顾客感动，这是服务的最高境界。

（二）挖掘用户潜在需求

顾客需要得到物质上和心理上的舒适，与之相对应，顾客需求得到热情照顾和特殊要求的满足，"需要"代表着"一定、必须"，是服务的基础；而需求则意味着"应该、希望"，提供给顾客大大超出预期的服务机会就来了。让顾客完全得到他期望的服务后，再享受到超出他期望值的服务时，顾客才会感受到舒适。让顾客感到在与你有效地交流过程中，你始终关注他发出的信息，而且能够在感情上分享或分担顾客的喜悦和忧愁。

顾客的需求是一个随时移动的目标，他们今天对你的期望永远比昨天高，因为同类企业间的竞争为顾客提供了选择最好的机遇。当你达到了这个目标时，他们又有了新的变化。除非你不断求好，否则他们就会离你而去。

实现优质服务，要坚持"以顾客为导向"的核心文化理念不动摇。把家人和亲情的概念作为它的基本内涵，在服务中注入情感元素，集中体现"把客人当亲人，视客人为家人，客人永远是对的"经营理念。

三、上下级反馈

（一）反馈机制保障

用心做事的员工，能站在企业的角度提出了自己对服务流程的建议，彼此相互促进。在工作过程中，不是麻木的接受，而是主动体验。为员工创造无障碍沟通机制，员工可以畅所欲言，管理人员会多渠道听取员工意见和建议，并在例行会议上进行公开和回复，促进员工与最高管理层之间的无障碍沟通。

沟通是达成共识、消除误解的桥梁，也是了解员工困难和心声的最好途径。充分理解员工，让员工也能参与管理的调节和优化，培养员工的责任意识，让员工真正融入企业，为企业着想。企业管理机制的完善，实际最终的受益者也是员工，鼓励员工反馈，重视员工的反馈消息，一方面有利于企业的发展，另一方面可以造福员工。

可以沟通的方面包括：

（1）征求员工对班组、部门、机构的管理和机制方面的意见和建议。

（2）倾听员工在工作上、生活上存什么困难，需要上级帮助解决的事情。凡是属上级能保证解决的，必须向员工承诺时间；凡属上级无能力解决的，要积极向上级反馈，并跟催结果给员工以明确的回复。

(3) 要了解员工的思想动态和情绪，并有针对性地加以沟通协调，要尽力化解员工的不满情绪，做通员工的思想工作，统一认识达成一致。

(二) 反馈渠道畅通

在提供服务的过程中，保障信息渠道的通畅是十分重要的，正如我们在前两节提到的那样，对顾客投诉的反馈要迅速，这样才能平息顾客的怒火；抓住顾客隐性需求的时机要迅速，这样才能给顾客带来惊喜和感动。当一线员工遇到了自己职权范围之外的情况时又如何解决呢？这个时候就需要管理层的人员积极配合服务工作了，一线员工要在第一时间将顾客需求反映给上级，及时拿出解决措施。

对于企业中上下级的快速反馈，我们是这样定义的：员工遇到自己无权限或无能力解决的顾客需求、抱怨或工作困难时，在最短的时间内向上级逐级反馈直至总经理，最终解决问题的行为。它总共包含了以下几个方面的内容：

(1) 凡是顾客有开口需求（合法）或员工为顾客的事情向其他部门员工提出的要求，任何人不得说"不"；尽了最大努力确定不能给予满足的，必须立即向上级反馈，直至总经理。

(2) 凡是向顾客承诺没有兑现（包括没有按照组织的规定程序去做）的，必须立即向上级反馈，直至总经理。

(3) 凡是顾客有抱怨或投诉，任何人不得置之不理，必须立即向上级反馈，直至总经理。有关部门或领导必须在客人离开前给予满意的回复。

四、同级反馈

同级间的信息反馈与传递过程是一个事半功倍的过程，因为一个人发现了问题，提出了反馈，这是对整个团体的提升，是容易被大家所认可的，企业应该为各部门之间提供这样的交流平台。

(一) 非正式渠道

对于同级别的企业人员而言，彼此是最了解、最熟悉的，因为日常工作的内容相同，接触的人群一致，承担的责任也吻合，他们知道对方的需要，最能感同身受。

基于非正式渠道的沟通，就是生活上的相互帮助、相互鼓励，员工之间都彼此互称为"家人"，彼此关系紧密，充满关怀。试想，如果发现有员工发朋友圈说自己今天不舒服，其他人会主动送饭到宿舍，一碗热腾腾的炝锅面会让病人有多感动，这自然而然地就提高了员工对企业的归属感。

(二) 正式渠道

工作上，企业也需要为员工提供正式的交流沟通的机会。在交流中总结经验教训，表扬正面案例，为日后的工作提供参考，也督促计划的实施与完成，相互比较，共同提升，主要包括以下几个方面。

1. 每周班组企业文化学习

班组企业文化学习是对班组员工最好的文化意识教育和文化渗透的机会，各班组主力每周召开一次，召开前认真做好备课工作，主要学习内容包括文化理念、部门正反事例，上周本部门严重问题及总结。要求各部门、班组每周上报下周的企业文化学习计划至管理部门，且每次学习前通知管理部门现场监督。

2. 坚持召开案例分析会

部门总监、经理、助理在日常的检查工作中发现了问题，需要召集相关的管理人员、责任员工进行分析，从而达到教育下级、提高管理和服务标准的目的。这种质量问题分析会就是所谓的案例分析会。案例分析会针对问题主要有两大特点。一是普遍性，指在各部门、各管理人员或员工中普遍存在的问题，它的存在主要是由于标准低下产生的。二是严重性，指性质较严重、较典型的问题。由于是针对问题的现场分析，能够起到现场培训的作用且能使员工印象较深刻，这要求各部门经理、助理要灵活根据检查发现的问题召开现场会。

3. 管理人员经营分析会

管理人员每周都要召开经营分析会。首先，每个部门的汇报都要有数据的支持，因为数字反映的问题是最直观的，存在的优势和问题显而易见，便于查找自身的原因。然后，要说明本周的计划和重点工作，由于在会上做出的承诺会受到在场所有人员的监督，这有助于目标的完成。管理人员还需对部门的所有人员进行评分，总结评分在两级员工的评价理由，供员工自我反省和比较。除了对人员，还要对部门做得最好的工作和最差的工作进行点评，好的发扬出去，差的吸取教训。接着，各部门要汇总本周的顾客意见，将服务中遇到的问题在会上进行反馈，并展示反馈的进度，在提醒其他人不要出现类似问题的同时承担自己的责任。部门间也是有相互反馈的，要选出"配合最好的部门"和"需加把劲的部门"，督促各部门相互配合，完成好工作，把最好的一面展现给顾客。

五、追溯与补救

可靠性是顾客感知服务质量的核心属性，企业必须以100%的可靠性作为奋斗目标，不断地提高顾客感知的服务质量，尽力为顾客提供可靠的、无差错服务。然而，即使是最优秀的服务人员，在服务过程中也难免发生差错。这就要求服务性企业采取一系列补救措施，纠正差错，使不满的顾客转变为满意的顾客。因此，采取服务补救措施是控制顾客感知服务质量的重要组成部分。

（一）处理眼前差错

服务差错发生之后，顾客会更重视服务质量。根据社会心理学家的研究，在正常的服务过程中，顾客的经历完全符合他们的期望，顾客通常会处于无意识状态。服务差错使顾客从无意识状态中清醒过来，迫使顾客开始注意服务工作情况，仔细观察服务性企业如何纠正差错。

及时采取补救性服务措施，可向顾客表明企业高度重视服务质量和顾客的满意程度，有效地控制顾客对服务信息的看法和感知服务质量。当发生服务失败时，企业越快做出反应，服务补救的效果可能会越好。阿尔布里奇和詹姆克（Albrecht and Zemke，1985）的研究表明，如果顾客抱怨能够得到及时处理，企业可以留住95%的不满的顾客。相反，如果企业拖拖拉拉，虽然问题最终解决，但只能留住64%的不满的顾客。由此可见，速度和时间是个关键因素，服务企业对顾客做出快速响应，显示了企业真正关心顾客利益，为顾客着想，急顾客所急。

国内外大量调研的结果表明：优质补救性服务可极大地提高顾客感知的整体服务质量，提高顾客的满意程度，促使顾客对本企业做有利的口头宣传，增强本企业优质服务的市场形象。因此，要想从整体上控制顾客感知的服务质量，增强竞争实力，服务性行业不仅应为顾客提供可靠的服务，而且应当在服务差错发生之后，及时地为顾客提供优质的补救服务。

针对已发生问题的服务补救，可以参考北京宴提出的"四不放过"原则：问题没有得到整改不放过；查不出问题发生的原因不放过；拿不出解决问题的措施不放过；责任人没有得到奖惩不放过。

发生问题，如果想要把投诉真正解决，就要做到两点：要针对问题的本身进行解决，满足顾客的需求；要做额外的补偿，让顾客得到他期望值以外的服务，这样顾客才能惊喜、感动，才能成为我们的回头客。

（二）避免下次出错

如果管理人员尽可能遇见服务工作中可能会出现的问题，采取必要的预防性措施，减少服务差错，提前做好补救性服务准备工作，那么就可以及时、有效地解决服务工作中出现的各种问题。

要预见服务质量问题，以更好地控制服务质量，管理人员必须做好服务过程内部检查工作。通过绘制服务流程图或服务体系设计图，来明确顾客、服务第一线员工和后台辅助人员之间的关系，显示服务过程中各项服务工作的顺序，表明各个班组、各个部门之间服务工作的交接点，这样可以有效地帮助管理人员发现服务体系中最容易发生差错的环节。

建立好服务流程图或服务体系设计图之后，如何顺畅地进行内部沟通是做好内部检查的关键。倒金字塔型沟通结构——优质服务的六"不"文化有助于内部的沟通管理。

（1）上道工序不对下道工序说"不"。

要求做到无论是部门内部还是跨部门的工序协作，无论是否存在隶属和直接指挥关系，上道工序都要设法满足下道工序的需求，特别是直接反映顾客需求的需求。

（2）二线部门不对一线部门说"不"。

一线部门就是二线部门的顾客，凡是一线为了满足顾客需求对二线提出的协作和支持要求，二线必须全力去做，解决不了的问题要迅速逐级反馈，请求上级支援。

（3）上级不对下级（同事）提出的困难说"不"。

这强调的是上级对下级的服务精神，上级心中要装着下级，关心下级的工作困难和生活困难，积极给予解决和帮助，简单说"不"，是漠不关心的表现。

（4）下级不对上级的命令说"不"。

既然知道不得不执行，还不如用积极的心态去执行。把你认为上级合理的要求当成是锻炼，把你认为上级不合理的要求当成是磨炼。

（5）被检查者不对检查者查出的问题说"不"。

强调被检查者必须正确对待检查者及其查出的问题，立即整改，而不是拒绝批评，否定自己的问题。即使你认为检查者处事不公，也要先服从，而后再通过正当的渠道反映解决。

（6）全员不对客人说"不"。

强调对客人提出的需求或困难，人人有责任帮助解决。无论客人问到谁、找到谁，要实行首问负责制，跟踪办理结果，达成顾客满意。

系统地分析服务工作中出现过的各种差错，是与服务流程图或服务体系设计图一起使用的一种内部检查方法。发现服务过程中的薄弱环节之后，管理人员应加强这些服务环节的质量管理工作，并制订应急计划，以便有效地解决服务工作中出现的问题。

制定服务差错记录制度，可以有效地帮助管理人员系统地分析服务工作中出现的各种差错。服务性企业应采用高新科技成果，使用电子计算机直接建立信息体系，记录各种服务质量问题。服务人员可直接检索有关信息，管理人员则可以根据服务质量问题的类别和频率，研究具体的改进措施，提高服务的可靠性，有效地控制顾客感知的服务质量。

由此我们可以看出，服务性企业的内部检查工作可以形成一个控制顾客感知服务质量的良性循环，如图8.6所示。

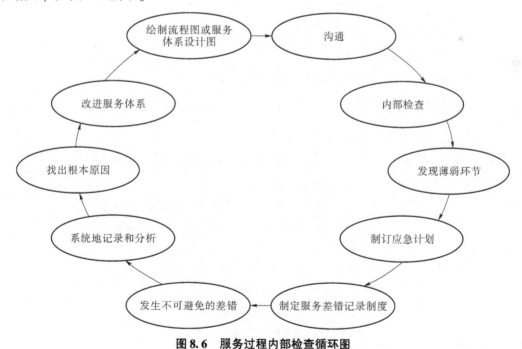

图8.6　服务过程内部检查循环图

服务质量的好坏最终取决于顾客的评价。听取顾客的意见，有助于企业识别服务工作存在的问题，采取有的放矢的改进措施。随着社会经济的发展，消费者的心态也在不断地发生变化，企业应该不断积极主动地搜集顾客的意见，以适应整个需求市场的变化。

第九章 服务结果评价及管理指标体系

郎志正（1987）基于服务特性、服务质量特性，以及全面质量管理等理论的研究，提出了"6性"模型，从功能性、经济性、安全性、时间性、舒适性、文明性六个方面进行服务结果评价。具体内容如表 9.1 所示。

表 9.1 郎志正"6 性"模型

功能性		企业提供的服务能够发挥效能和作用
经济性		顾客为了得到不同的服务所需支付的费用合理
安全性		企业的服务设施安全可靠，按时维护保养
		企业的安全和保密措施完善
		企业的商品和环境清洁卫生
		企业的防火和防盗措施健全
时间性		当顾客需要某种服务时，企业能够及时地提供服务（及时）
		企业提供的服务在时间上是准确的（准时）
		顾客为了得到所需的服务所耗费的时间能够缩短（省时）
舒适性		企业的服务设施完备、适用、方便和舒服
		企业的环境整洁、美观和有秩序
		企业工作人员的服装和外表干净、整洁
文明性	物质文明	企业的设备、产品、环境等人性化考虑，符合人类工效学要求
	生态文明	企业提供的服务绿色环保
	政治文明	企业鼓励员工尽可能地为顾客提供更好的服务（为他人服务）
		企业在做出决策时会优先考虑顾客的利益（百姓利益）
	社会文明	企业工作人员对顾客很有礼貌（礼貌待人）
		企业工作人员主动了解顾客的需求（帮助他人）
	精神文明	企业为不同类型的顾客提供针对性强的服务
		企业工作人员会给予顾客个别的关怀
		企业工作人员对顾客很尊重

一、功能性

功能性是指某项服务所发挥的效能和作用，能否使被服务者得到这些功能是对服务的最基本要求。企业服务结果评价中功能性的指标为企业提供的服务能够发挥效能和作用。

二、经济性

经济性是指顾客为了得到不同的服务所需费用的合理程度。企业服务结果评价中经济性的指标即顾客为了得到不同的服务所需支付的费用合理。

三、安全性

安全性是指保证服务过程中顾客的生命不受到危害，身体和精神不受到伤害，以及财产不受到损失的能力。安全性的指标包括企业的服务设施可靠，按时维护保养；企业的安全和保密措施完善；企业的商品和环境清洁卫生；企业的防火和防盗措施健全等。

四、时间性

时间性是指服务在时间上能够满足顾客需要的能力，它包括了及时、准时和省时三个方面。时间性的指标包括当顾客需要某种服务时，企业能够及时地提供服务；企业提供的服务在时间上是准确的；顾客为了得到所需的服务所耗费的时间能够缩短。

五、舒适性

舒适性是指在满足了功能性、安全性和时间性等方面特性的情况下，服务过程的舒适程度。舒适性的指标包括企业的服务设施完备、适用、方便和舒服；企业的环境整洁、美观和有秩序；企业工作人员的服装和外表干净、整洁。

六、文明性

文明性是指顾客在接受服务过程中满足精神需要的程度，它包括物质文明、政治文明、社会文明、精神文明和生态文明五个方面。物质文明指企业的设备、产品、环境等人性化考虑，符合人类工效学要求；政治文明包括企业鼓励员工尽可能地为顾客提供更好的服务（为他人服务），企业在做出决策时会优先考虑顾客的利益（百姓利益）；社会文明包括企业工作人员对顾客很有礼貌（礼貌待人），企业工作人员主动了解顾客的需求（帮助他人）；精神文明包括企业为不同类型的顾客提供针对性强的服务，企业工作人员会给予顾客个别的关怀，企业工作人员对顾客很尊重；生态文明包括企业提供的服务绿色环保。

第十章 案例

案例一 移动支付服务质量测评验证

一、绪论

近几年,第三方移动支付的服务提供者、使用者和平台交易规模都呈现急剧的增长态势。借鉴 PayPal 的成功经验,各商家纷纷涉足第三方支付平台的服务领域,如淘宝网、eBay、慧聪网都分别推出了各自基于第三方的支付工具支付宝、安付通、买卖通。同时,专门经营第三方支付平台的公司也纷纷出现,如网银在线、Yee Pay、支付@网、快钱网、西部支付等。

在价格趋于透明的现代,如何提供优质的、差异化的服务对公司来说变得越来越重要。与此同时,与传统渠道相比,网络渠道在服务过程中具有不可接触等特性。这一方面会造成网络渠道服务难度加大,服务失败的概率增加;另一方面导致网络渠道服务的内容、服务的方式、服务质量的关键要素都发生了改变。用户通过第三方支付平台获得支付服务和体验的同时,网上支付的安全和信用等问题成为我国电子商务发展的热点。

因此,科学的建立移动支付服务质量评价模型对于引导商家提高服务质量、创新服务模式具有决定性的作用。本文以目前用户和商家规模最大的支付宝为研究对象,通过构建服务蓝图对支付宝的服务过程进行了深度的分析,从而归纳总结出与服务质量六性相关的要素,编制了相关问卷;对服务过程中存在的不足进行了心理学方面的剖析;最后将基于服务蓝图和问卷、访谈得到的第一手数据对第三方支付平台的服务满意度及其影响因素进行系统深入的研究,并对不同的群体提出针对性的对策与建议;对于提高第三方移动支付平台的支付服务质量,加快行业的多元化、国际化进程是非常有意义的。

二、文献综述

通过对文献的大量阅读和分析发现,中国知网上关于第三方支付平台——支付宝相关的文献近年来稳定在 4 000 篇左右,而在 2013 年以前,这个数字不到如今的一半。其中,2012 年支付宝相关文献 1 425 篇,2013 年则增至 3 427 篇,同比增长 140.49%。可见支付宝不仅在人们的生活中刮起了一阵关于支付方式的改革之风,同时也在学术界刮起了一阵研究之风。另外,通过和移动支付的相关文献数量做对比我们发现,在 2012 年及以前,移动支付方面的研究整体上多于仅支付宝方面的研究；在2012年之后，支付宝的研究热度则超过了移动支付，成为移动支付中的主流。综上，电子商务的迅速发展使得广大人民群众的网络消费与日俱增，同时随着无现金出行方式的兴起，第三方支付得到了充分的发展空间，其中的支付宝更是借着中国最大的电商平台淘宝以顽强之势占据了中国第三方支付的半壁江山。

在电子支付的分支第三方支付领域中，钱凯凯、姜秀认为："随着电子商务迅速发展，电子商务追求的时效性、快速性引发了电子支付领域的巨大变革，以支付宝、微信支付为代表的第三方支付迅速壮大"。第三方支付企业大量出现，填补了我国电子支付基础设施建设应用层的空白，更好地适应经济发展的需求。同时，支付宝，微信等第三方机构在客户提现时增加了收取手续费这一模式，客户为了节省提现手续费而将原本的资金留存在微信账户中用于微信支付使用。这一做法也将导致微信沉淀资金的增加。第三方支付企业对这些巨额的沉淀资金加以投资利用，将带给企业巨大的收益。

在电子支付的发展前景方面，刘罡、杨坚争认为："随着我国电子商务的发展，电子支付以其低成本、使用便捷的特点被越来越多的用户所选择。"同时，他们介绍了我国电子支付领域主流的三种支付手段：银联支付、第三方支付、NFC手机支付，并从支付成本、支付便捷性、支付安全性三个方面比较了三种支付方式的优缺点。通过比较分析对我国电子支付发展的趋势进行了预测，认为第三方支付无法脱离银联系统独立存在。从本质上来说，第三方支付平台是在客户和银行之间对资金进行管理的平台，最终资金的结算还是要通过银联系统。未来电子支付最可能的发展趋势是这三种支付形式相互融合，取长补短。在可以预见的未来，这三种支付方式的合作必然更加频繁，为广大用户营造一个更加安全、便捷、经济的支付环境。

在第三方支付用户的支付意愿的影响因素方面，李子卓认为："其中移动支付安全因素通过作用于使用态度从而直接产生影响；便捷因素则通过支付快捷与移动端便利性优势两方面对支付意愿产生积极作用；此外，场景构建丰富度及优惠方式通过改善移动支付应用与用户生活习惯的兼容性而显著增强用户的满意度，激发其消费意愿。"

但是在这些文献中，却极少有关于服务质量方面的研究。随着服务业的全面快速发展，如今人们越来越重视服务业的服务质量管理。按照国际质量认证组织的ISO 8402－1994的定义，服务质量是指服务满足规定或潜在需要的特征和特性的总和，也是指服务工作能够满足被服务者需求的程度。

相比有形产品的质量评价，服务质量的评价显得更加困难，并且不再局限于传统服务业。支付宝的服务质量评价就是将其延伸到了网络领域，这是十分必要的。根据顾客的精神需求和物质需求，评价服务质量时可根据以下"6性"。

（1）功能性。功能性是企业提供的服务所具备的作用和效能的特性，是服务质量特性中最基本的一个。

（2）经济性。经济性是指被服务者为得到一定的服务所需要的费用是否合理。这里所说的费用是指在接受服务的全过程中所需的费用，即服务周期费用。经济性是相对于所得到的服务质量而言的，即经济性是与功能性、安全性、及时性、舒适性等密切相关的。

（3）安全性。安全性是指企业保证服务过程中顾客、用户的生命不受危害，健康和精神不受到伤害，货物不受到损失。安全性也包括物质和精神两方面，改善安全性重点在于物质方面。

（4）时间性。时间性是为了说明服务工作在时间上能否满足被服务者的需求，时间性包含了及时、准时和省时三个方面。

（5）舒适性。在满足了功能性、经济性、安全性和时间性等方面的需求的情况下，被服务者期望服务过程舒适。

（6）文明性。文明性属于服务过程中为满足精神需求的质量特性。被服务者期望得到一个自由、亲切、受尊重、友好、自然和谅解的气氛，有一个和谐的人际关系。在这样的条件下来满足被服务者的物质需求，这就是文明性。下文将根据以上所说的"6性"对支付宝的服务质量进行综合评定。

三、网上第三方支付服务质量及其应用研究的理论探讨

近年来，服务业的服务质量管理引起了国际学术界和企业界的关注，成为国际质量管理和管理学术研究的热点问题。服务质量已成为服务性企业竞争的核心要素。鉴于服务营销质量管理的研究动力最早主要来自人们对银行和医疗服务业关注的事实，服务质量在银行业中的应用和研究对于服务业质量管理研究领域的发展至关重要，国外学者也因此而进行过大量的研究。随着信息技术飞速发展和电子商务的普及化，基于信息技术背景下的银行服务对传统的银行服务质量研究提出了新的挑战，从而也提出了将服务质量在网上银行、电子商务领域进行应用与研究的新要求。

本文将首先回顾传统服务行业的服务质量研究的相关文献、成果，总结国内外学者目前对于服务质量尤其是银行服务质量的研究成果，而后在分析网上第三方支付服务特征的情况下，尝试归纳出测评第三方支付服务质量的关键因素和指标，为问卷调研提供素材。

（一）传统服务业服务质量研究

1. 服务的定义、特性

（1）服务的定义。

许多学者曾专门从经济学角度对服务的概念进行过界定。

第一个阐述服务业特殊性质的重要经济学家无疑是亚当·斯密（Adam Smith）。而要了解亚当·斯密的"服务观"，首先又必须了解他对"非生产型劳动"的定义。按照马克思的观点，斯密有两个关于生产性与非生产性劳动的定义，这两个定义都出自同一段话："有一种劳动，加在物上，能增加物的价值；另一种劳动，却不能够。前者因可生产价值，可称为生产性劳动，后者可称为非生产性劳动。"但需要注意的是，斯密并没有直接说明生产服务的劳动为非生产性劳动，而只是列举了一些产业（相当于现在归类为社会或社区服务的服务业以及政府服务业），如个人服务（家仆）、律师、医生、演艺人员等。但值得注意的是，斯密自始至终都将商业划入生产性劳动之列。所以斯密的非生产性劳动是在一个非常狭窄的

范围上使用的。斯密关于服务劳动是非生产性劳动的观点所引起的争论延续了一二百年，至今这种争论仍在继续。

另一方面，许多学者已经注意到经济学意义上的服务与管理学意义上的服务并不相同，并开始寻找服务管理和营销学科自身的服务概念，主要观点列举如下。

美国市场营销学会定义（1960）：服务是伴随着货物销售一并提供给顾客的利益、满足及其他活动。

里根的定义（Regan，1963）：服务是顾客购买产品或服务时所得到的一种无形的满意结果或者有形与无形满意结果相结合的活动。

裘德定义（Judd，1964）：服务是一种市场交易活动，这种活动的最大特点是不牵涉所有权的变更。

白瑟姆定义（Bessom，1973）：对于消费者而言，服务是能够向他们提供任何利益或满足的活动。这些活动，他们个人没有能力自我提供或者不愿意提供。

布洛斯定义（Blois，1974）：服务就是一种用于销售的活动，这种活动可以为顾客带来利益或满足，但它不会引起"商品"的物质形态的变化。

斯坦顿定义（Stanton，1974）：服务是能够给消费者或者工业用户带来满足的一些可感知但无形的活动。

从上面的定义我们可以看出，我们对服务概念的界定，除了强调服务的本质属性外，还将服务的概念延伸到另外一个层次，即将其视为一种竞争的手段，一种获得竞争优势的工具，这对于解决第三方支付服务在市场竞争中遇到的诸多问题是有直接理论指导作用的。

（2）服务的特性。

早在30多年前，约翰逊（E. M. Johnson，1999）就呼吁人们应当注意服务与商品的区别，但是，一直到今天，学者们在对服务特性相关的许多问题上都还存在着分歧。许多服务学者早期的研究都力图通过对服务四个特性的阐述来达到将其与商品区别开来的目的。尽管一直到今天，这四个特性——服务的无形性、差异性、无法储存性（易逝性）和生产与消费的同时性，仍然被学者普遍地加以引用，但这种简单的概括无疑已经不能再适应今天的新服务不断涌现的新形势。概括国内外学者的研究成果，服务的特性主要包括如下方面。

①服务的无形性。白瑞（Berry，1980）归纳：商品是"一种物品、一种器械、一样东西"，而服务则是"一种活动，一次表演，一项努力"，这是对服务与商品之间的差异最简洁而有效的概括。

②生产与消费的同时性。根据服务类型的不同，顾客参与生产的程度和方式可能会有所差别，但这种特性依然存在。比如自动取款机提供服务（生产）与顾客取款（消费）之间的关系。

③人作为产品的一部分。在一些高度接触的服务行业，顾客不但要同服务人员产生接触，还可能与其他顾客发生联系，没有顾客的亲自参与，服务过程是无法进行的。

④质量控制困难。服务的生产和消费是同时进行的，服务生产出来的同时就被消费掉

了，这是一种时事生产，对于许多服务结果，人们是无法纠正的，这就使得服务企业很难控制质量和提供质量始终如一的产品。

⑤顾客评价困难。服务具有经验性品质（Experience Quality）特征，只能在购买后或消费过程中识别其质量，如舒适程度、安静等。

⑥服务无法储存。服务是一种活动或过程，而不是顾客可以保有的一种有形物品，所以它是易逝和不能被储存的。

⑦时间因素的重要性。许多服务是实时传递的，顾客必须在现场接受来自企业的服务。时间是顾客宝贵的资源，顾客在计算总的让渡价值时会将时间全部列入精神成本。

⑧分销渠道与实体产品不同。在服务业中是不存在中间商的，服务企业要么通过电子渠道传播服务，要么将服务的生产、销售和消费等整合到一起。

⑨服务的不可分和不可加性。

当然随着科学技术和生产力的快速发展，服务的形式也越来越多，其特性肯定会随着时间的推移而发生变化，任何对于服务特性的界定都只能在一定时期内具有科学性。

2. 服务质量定义及其内容

关于服务质量的定义，刘易斯和鲍姆斯（Lewis and Booms）（1983）把"服务质量"定义为一种衡量企业服务水平能够满足顾客期望程度的工具。

格罗鲁斯（Gronroos）1983认为可感知的服务质量包含两个部分：技术质量和职能质量。技术质量是指服务过程的产出，即顾客从服务过程中所得到的东西。对于这一方面的服务质量，顾客容易感知，也便于评价。不过，技术质量并不能概括服务质量的全部。既然服务是无形的，而且服务推广的过程也就是顾客同服务人员打交道的过程，服务人员的行为、态度、穿着等将直接影响到顾客对服务质量的感知。所以，顾客对服务质量的感知不仅包括他们在服务过程中得到的东西，而且还要考虑他们是如何得到这些东西的，这就是服务质量的职能方面，即职能质量。显然，职能质量难以被顾客进行客观的评价，它更多地取决于顾客的主观感受。

Lehtinen（1982）在研究中将服务质量确认为三个方面。第一个是有形质量，这与服务的有形方面相关，如提供服务的设备；第二个是企业质量（Corporate Quality），与公司的形象有关；最后是互动过程中的质量，主要产生于服务提供者与接受者之间的互动关系，相似于Gronroos提出的职能质量。

Rust和Oliver C（1994）也为分析服务质量提出了见解。他们认为服务质量包括三个要素和一个核心。它们是服务产品、服务环境、服务传递和有形产品（可能并不存在）。

由此看出，虽然对服务质量的组成有不同的观点，但是对服务质量的理解最为流行的观点是包含技术质量和职能质量两个方面，技术质量的存在依赖于行业的特性。

服务质量的概念是逐步发展和完善起来的，尽管学者们对服务质量还有不同的看法，但归纳起来可以得出以下几点基本特征。

①服务质量是一种主观质量。不同的顾客可能对同一服务质量产生不同的感知，即使是同一客户，在不同的时段，可能对质量的要求也会产生变化，这是在研究服务质量问题时必须注意到的一个问题。

②服务质量是一种互动质量。如果没有消费者的紧密配合、响应，或者是顾客无法清晰地表达服务要求，那么服务过程就将失败，服务质量将是低下的。有些学者将服务营销称为互动营销。

③过程质量在服务质量构成中占据极其重要的地位。服务过程在服务质量形成过程中起着异常重要的作用，过程质量是服务质量构成极其重要的组成部分。

④对服务质量的度量，无法采用制造业中采用的方法。在服务业中，要衡量服务质量的外部效率，即对客户关系质量的影响。也就是说，这种服务质量对服务提供者与顾客建立持久的关系具有什么样的影响作用。明确这一点，对于提高服务质量管理水平，具有非常重要的意义。

3. 服务质量测量的决定因素

长期以来，服务质量的测定一直作为一个难题困扰着理论研究者和企业市场营销人员。由于服务产品具有无形性和差异性等特点，顾客的满意度受到各种无形因素的制约，企业市场营销人员将难以把握顾客对服务产品质量的感知。所以，服务产品的质量不像有形产品的质量那样容易测定，很难用固定的标准来衡量服务质量的高低。

诺曼 C（Normann）（1984）曾把顾客同企业进行服务接触的过程形象地比喻为"真实瞬间"。它意味着在这个特定的时间和地点，企业才真正有机会向顾客展示自己产品的质量。"真实瞬间"影响着服务质量。在这一瞬间内，大部分或者全部的技术质量都已经为顾客所接受，而如果企业在真实瞬间出现问题，将直接影响到职能质量，从而破坏顾客对服务质量的感知。但是"真实瞬间"概念之抽象使服务质量的测评不能得到有效实施。

1985 年，美国学者西斯姆（Zeithaml）、巴拉苏罗门（Parasuraman）和白瑞（Berry）等人研究提出了著名的 GAP 模型（Gap Analysis Model，差距分析模型），该模型专门用来分析服务质量问题的根源。在研究报告中，巴拉苏罗门等人（1985）通过对信用卡、零售银行、证券经纪和产品维修与保护四个服务行业的考察和比较研究，以及通过与服务提供者及客户的小组深入访谈研究，认为顾客在评价服务质量时主要从下述十个标准进行考虑，它们分别是：可靠性、响应性、能力、可访问性、礼貌、交流、可信度、安全性、对顾客的理解或认知和有形性。

随后，巴拉苏罗门等人在 1985 年曾经指出，虽然随着服务行业性质的不同这些因素的相对重要性会发生变化，但是多数服务业的服务质量的测量维度应该包括在十个因素之中。在同一年，白瑞等人又发现交流、能力、礼貌、可信度、安全性之间以及可访问性、对顾客的理解两因素之间存在高度的相关性，于是将十个因素归纳为五个因素，分别为：可靠性、响应性、安全性、移情性和有形性。这个五个标准的具体含义如下：

①可靠性：按照承诺行事，在 5 个服务质量维度中，可靠性被美国消费者一致认为是服务质量感知最重要的决定因素。

②响应性：主动帮助顾客。响应性是帮助顾客及提供便捷服务的自发性。该维度强调在处理顾客要求、询问、投诉、问题时的专注和快捷。响应性表现于顾客在获得帮助、询问的答案及对问题的注意前等待时间上。响应性也包括为顾客提供其所需要服务的柔性和能力的

含义。

③安全性：激发信任感。安全性被定义为雇员的知识和谦恭态度，及其能使顾客信任的能力。在顾客感知的服务包含高风险或其不能确定自己有能力评价服务的产出时，比如银行、保险、证券交易、医疗和法律服务，该维度可能特别重要。

④移情性：将顾客作为个体对待。移情性是企业给予顾客的关心和个性化的服务，移情性的本质是通过个性化的或者顾客化的服务使每个用户感到自己是唯一和特殊的。

⑤有形性：以有形物来代表服务。有形性被定义为有形的工具、设备、人员和书面材料的外表。

虽然，以上五个标准的提出弥补了以前学术界对服务质量决定因素研究的盲点，已经成为众多研究的基础并多次被应用于服务管理的实践之中。但是这些影响因素的提出同样也成了学术界批评的对象。主要表现在：

1990年Carman认为，SERVQUAL不可能成为适用于任何服务性行业的普遍性度量指标，它需要为特别服务做调整。Babakus和Boner也坚持服务质量指标可能依赖于被研究的公司类型。

1991年Finn和Lamb在一项零售服务的研究中指出他们的研究结果并不能支持白瑞等人所认为的这些指标可用于多数服务行业，并发现五个因素不足以涵盖零售服务业的情况，他们对五个因素的通用性发生质疑，指出需要进一步深入研究。

Cronin和Taylor（1992）在他们对银行、疫病控制、干洗行业、快餐行业的服务质量研究中也发现了其结果并不能支持白瑞等人的结论，五个因素的有效性没有被任何一个行业所确认。

此外，对白瑞等人提出的五个决定因素的进一步争论，还表现在白瑞等人的研究只侧重于营销组合中的"产品"这一因素，而未更多地将其他营销组合考虑进去，如价格。

鉴于以上不难看出，首先，GAP模型中的5个因素、22个指标并不足以测量服务质量。因此，为了弥补这些研究的不足，本论文研究将采用GAP模型的十个原始维度；其次，为了避免GAP模型指标对于网上第三方支付这一特殊服务项目失去典型性，我们将结合其他学者的研究成果适当加入其他的指标维度；最后，本研究还将营销组合中的价格因素融入指标中。

4. 服务质量的测量方法

1985年，美国学者巴拉苏罗门（Parasuraman）、西斯姆（Zeithaml）和白瑞（Berry）建立起一种新型的服务质量测评量表——SERVQUAL，并在格罗鲁斯（Gronroos）研究的基础上构建出服务质量的5点差距理论。

差距1：管理者服务质量感知差距。由于管理者的服务质量感知不同于顾客的服务质量感知，因此认为管理者有必要比较两者的差距，从中发现问题。

差距2：服务质量规则标准差距。此项差距是指管理者所认为的基于顾客需求的服务质量是否能够正确地反映到服务质量的规则标准中。

差距3：服务过程差距。实际的服务过程的表现是否与所制定的服务规则标准存在差距。

差距 4：市场沟通差距。管理者向市场宣传承诺的服务质量与实际服务过程表现是否存在差距。

差距 5：顾客服务质量感知差距。顾客服务质量的期望值是否与服务质量的实际感受值存在差距。这是服务质量测评、推进服务质量改善的重要环节。

SERVQUAL 差距理论中前 4 点差距要求服务企业在服务质量测评中需考虑到管理者扮演质量控制与改进角色的重要作用并且意识到管理者对服务质量、服务过程表现和服务标准的理解直接影响到企业的服务质量的高低。因而首先要求从管理者的角度测评服务质量，并且对比顾客的服务质量实际感受值，以便找出差距和发现问题。

第五点差距——顾客服务质量感知差距是建立在顾客感知决定服务质量理论基础之上的，也是服务质量测评体系中最为重要的测评指标之一。服务质量是通过顾客比较其对服务提供者所提供的服务质量的期望值（Expectation）及其实际服务质量的感受值（Perception）之间的差距而产生的。如果顾客的实际服务感受值等于或超过期望值，顾客就认为是比较满意的高质量的服务；如果顾客的实际服务感受值低于期望值，顾客就认为是不满意的低质量的服务。

SERVQUAL 量表是基于差距理论中第五点差距——顾客服务质量感知差距构建的，最初是从 10 个基本维度（Dimension）上综合测评服务质量，其中包括：可靠性（Reliability）、响应性（Responsiveness）、胜任性（Competence）、可进入性（Access）、礼貌性（Courtesy）、交流性（Communication）、可信性（Credibility）、安全性（Security）、理解性（Understanding the customer）、有形性（Tangibility）。1988 年巴拉苏罗门（Parasuraman）等学者重新构建了该测评体系，将 10 个测评维度集中缩小到 5 个维度，即可靠性（Reliability）、保证性（Assurance）、有形性（Tangibility）、移情性（Empathy）和响应性（Responsiveness）。为了有效地对 5 个维度进行评估，他们于 1988 年设计出一个包括 22 项问题的问卷调查表，后称之为 SERVQUAL 量表。问卷调查表包括两部分内容：顾客对服务质量的期望值和顾客对服务质量实际感受值的评价。涵盖 5 个维度的 22 个问题中每个维度包含了 4 个到 5 个问题，每一个问题的答案都采用 7 点李克特数值法表示：1 表示非常不同意，7 表示非常同意。

问卷调查表需对同一受访者进行两次调查，要求回答问卷两个部分的问题，以便分别测评顾客服务质量的期望值（E）和实际感受值（P），通过对比两次测评的结果来了解服务质量是否存在差距。问卷分析方面可以使用对单项问题期望值与实际感受值比较的方法，也可采用分维度比较期望值与实际感受值的方法，同时还可以综合以上两种方法获得服务质量的总体质量测评结果。

四、我国网上第三方支付服务质量指标体系研究

本节主要在上一节理论探讨的基础上，尝试归纳测评网上第三方支付服务质量的关键因素和指标，并进行问卷设计。

对于网上第三方支付服务质量的维度拟定，本论文以 Minjoonlun 和 Shaohan Cai 两位学

者在 2001 年的文章《浅谈影响网上银行服务质量的关键因素》（The key determinants of Internet banking service quality：a content analisys）中提出的网上金融服务质量测评体系作为蓝本，结合了 SERVQUAL 模型的 10 个原始维度进行调整，并综合了大量国内外学者对于银行、信息技术产业、电子服务业中关于服务质量测评的研究成果。

  Minjoonlun 和 Shaohan Cai 两位学者在 2001 年提出了网上金融服务质量评价的关键因素，即把网上金融服务质量的主要维度分为三类，分别为：客户服务质量、在线系统质量和网上金融产品质量。同时他们还指出，每一个主要维度下面还分有次维度，如"客户服务质量"主维度下包含了 10 个次维度，分别是可靠性、响应性、能力、礼貌、可信性、可访问性、交流性、对客户的理解、与技术供应商的合作、持续完善性；"在线系统质量"主维度下包含了 6 个次维度，分别是内容、精确性、易用性、及时性、美观性和安全性；"网上银行服务产品质量"主维度则主要指网上银行产品多样性和多样化。在两位学者的研究中，只涉及了对这些主次维度的定性研究，并没有实施量化的分析，本论文将对这些影响网上第三方支付服务质量的主次维度进行量化分析。

  维度调整的主要依据包括以下几点：

  （1）SERVQUAL 的 10 个原始维度，分别为：可靠性、响应性、能力、可访问性、礼貌、交流、可信度、安全性、对顾客的理解或认知和有形性。

  （2）LiaPatricio，Rayond P Fisk 在《提高银行服务产品满意度：测量每个交付渠道的贡献》（Improving satisfaction with bank service offerings：measuring the contribution of each delivery channel）一文中提出的测量方法。

  （3）我国上海学者袁嘉颖应用 SERVQUAL 服务模型对网上金融服务做出的调查。

  （4）鲁斯特（Rust）在 1999 年针对电子服务（E-Service）提出的服务质量测评维度。鲁斯特的贡献在于他对服务质量与服务效益关系"e 服务"方面的开拓型探讨。在他出版的新著《服务质量收益》（Quality on Return）一书中明确提出：第一，质量是一种投资；第二，这种投资必须符合经济法则；第三，有可能会出现质量投资过度的行为；第四，并不是所有的质量投资都是"物有所值"的。这些观点对于校正服务管理中盲目追求服务质量、忽视服务质量与成本关系的现象有着重要的意义。

  经调整，本论文把网上第三方支付服务质量的主要维度分为 6 大类：①功能性；②经济性；③安全性；④时间性；⑤舒适性；⑥文明性。每一个主要维度还分有次级维度，如主维度"功能性"下面包括了 3 个次维度，分别为：①功能充足够用；②支付多样化；③系统可靠性。调整结果如表 10.1 所示。

表 10.1 网上第三方支付服务质量测评维度表

一级指标	二级指标
功能性	功能充足够用
	支付多样化
	系统可靠性
经济性	业务收费低廉
	特殊优惠力度

续表

一级指标	二级指标
安全性	泄露账号密码
	信息被不法使用
	黑客截取信息
	防差错机制
	资金风险
	法律地位缺乏
时间性	操作烦琐
	网络浪费时间
	提现到账时间
舒适性	客服服务质量
	界面使用方便
	支付平台便捷
	提现便捷
文明性	处理危机能力差
	为社会提供方便
	减少货币进而环保

五、调研数据的统计分析与量表的信度效度分析

本节对回收的数据进行了统计分析，得出了最终的网上第三方支付服务质量评测表，以及其他相关结论。在本节的研究中，对初始数据进行了筛选的转换，在数据录入时设置字段有效性检验，保证了数据的质量和可用性。本章所用工具为SPSS20.0，分析方法包括描述性分析、相关性分析，并对问卷进行了信度分析和结构效度分析。

（一）总体情况

本调查从2017年9月开始，至2017年2月下旬结束，历时5个半月。共228份问卷，问卷填写完整，填写时间较为合理，在数据分析层面均认定为有效问卷。

全部228人均使用过支付宝软件进行电子支付，219人更倾向于移动支付（如支付宝、微信等）、3人倾向于银行卡刷卡支付，6人倾向于现金支付。

其中，更倾向于银行卡刷卡支付的人，平均一天使用支付宝进行电子支付的次数为4次，职业为学生，学历本科，主要生活地区为一线城市，还使用过银联和微信进行电子支付；更倾向于现金支付的人，平均一天使用支付宝进行电子支付的次数为3次和1次，职业为学生，学历本科，主要生活地区为部分省份的省会城市或计划单列市（陕、蜀、滇、黔、桂、甘、青、宁、藏、新、蒙）和部分省份的地级市（陕、蜀、滇、黔、桂、甘、青、宁、藏、新、蒙），前者还使用过银联和微信进行电子支付，后者还是用过微信进行电子支付。

对于支付宝支付的整体满意度如图10.1和表10.2所示。

表10.2 支付宝软件的整体满意度分布表

		频率	百分比/%	有效百分比/%	累积百分比/%
有效	比较不满意	3	1.3	1.3	1.3
	比较满意	60	26.3	26.3	27.6
	满意	81	35.6	35.6	63.2
	非常满意	84	36.8	36.8	100.0
	合计	228	100.0	100.0	—

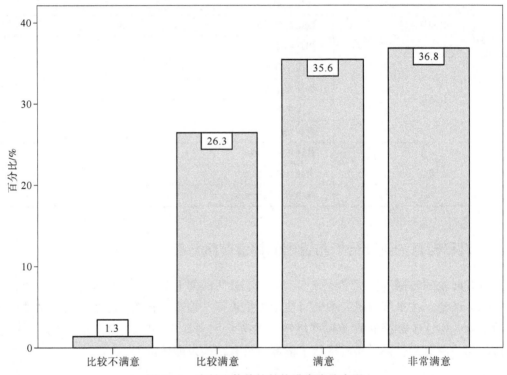

图10.1 支付宝软件的整体满意度分布图

(二) 样本结构分析

在样本结构的分析中,本论文主要从被调查者的职业、行业、性别、年龄、教育经历、最常使用的网上第三方支付产品以及接受第三方支付平台的服务次数,这七个方面来进行。从此结构的分析中可以看出我国网上第三方支付平台大致的客户构成。

1. 职业

样本职业分布表如表10.3所示。从表10.3可以看出,网上第三方支付的客户主要集中在"企业人士"和"学生"中,这也与深度访谈中的调查相符合。当然也不能排除问卷发放中的实际情况:第一,笔者接触的第三方支付平台的客户以学生为主;第二,"企业人士"的概念本身的范围就大于"公务人员"和"教育科研人员"。但是从总体结构来看,问卷还是很好地覆盖了不同职业类型的用户。

表 10.3　样本职业分布表

		频率	百分比	有效百分比	累积百分比
有效	公务人员	18	7.9	7.9	7.9
	企业人士	30	13.2	13.2	21.1
	教育科研人员	6	2.6	2.6	23.7
	学生	165	72.4	72.4	96.1
	其他	9	3.9	3.9	100.0
	合计	228	100.0	100.0	—

2. 性别

样本性别分布表如表 10.4 所示。从表 10.4 中可以看出男女比例基本相当，保证了数据来源的随机性。但对于具体男、女用户对于第三方支付平台的质量感知和服务满意度是否存在差异或相关性，会在后续的章节中通过其他数据详细分析。

表 10.4　样本性别分布表

		频率	百分比/%	有效百分比/%	累积百分比/%
有效	男	114	50.0	50.0	50.0
	女	114	50.0	50.0	100.0
	合计	228	100.0	100.0	—

3. 年龄

样本年龄分布如表 10.5 所示。从表 10.5 年龄的结构分析中可以看出，网上第三方支付平台的主要使用者是 19~26 岁的用户，其中以 19~22 岁的用户居多，此结果与深度访谈的结果相符合。和 16~26 岁的用户相比，用户大部分是学生群体，或者刚步入社会进行工作的群体，他们对于第三方支付的接受相对较普遍。鉴于笔者所接触的人群大部分是学生，相对集中于 19~26 岁，因而 27 岁以上的用户的统计量相对较少。但也不能否认数据的有效性，也能说明第三方支付，如支付宝支付对于年轻群体来说是比较容易接受的。

表 10.5　样本年龄分布表

		频率	百分比/%	有效百分比/%	累积百分比/%
有效	19~22 岁	123	54	54	53.9
	23~26 岁	90	39.5	39.5	93.4
	27~30 岁	9	3.9	3.9	97.3
	31~35 岁	3	1.3	1.3	98.6
	41~50 岁	3	1.3	1.3	100
	合计	228	100.0	100.0	—

4. 教育经历

从用户的接收教育程度可以看出，网上第三方支付平台的用户以本科生和硕士研究生为主，占到总体有效样本的96.1%。这群用户拥有较高的学历背景，对于互联网拥有相对多的使用经验，是使用第三方支付工具的主要人群。与深度访谈中略有差异的是，硕士研究生的百分比要比预想得大一些，主要原因是在问卷发放中，笔者的同学填写了小部分问卷，对抽样的随机性有些影响。但是总体来说，没有影响样本的组成结构，各个教育背景用户的整体排序还是与深度访谈中的结构比较吻合。样本教育经历分布如表10.6所示。

表10.6 样本教育经历分布表

		频率	百分比/%	有效百分比/%	累积百分比/%
有效	初中及以下	3	1.3	1.3	1.3
	本科	147	64.5	64.5	65.8
	硕士	72	31.6	31.6	97.4
	博士及以上	6	2.6	2.6	100.0
	合计	228	100.0	100.0	—

5. 现阶段主要生活的地区

样本主要生活的地区如表10.7所示。从现阶段主要生活的地区分布表10.6可以看出，从一线城市到西部乡镇，支付宝支付所占频率依次降低。由此可以知道，相对来说，发达的地区对于第三方支付的接受和使用程度明显高于相对贫穷的地区。因而，对于今后第三方支付的发展过程中，可以考虑将相对贫穷的地区纳入考量的范围，扩大第三方支付在这些地区的使用。

表10.7 样本主要生活的地区

		频率	百分比/%	有效百分比/%	累积百分比/%
有效	一线城市	90	39.5	39.5	39.5
	东部省会、计划单列市	54	23.7	23.7	63.2
	西部省会、计划单列市	42	18.4	18.4	81.6
	东部地级市	27	11.9	11.9	93.4
	西部地级市	9	3.9	3.9	97.3
	西部乡、镇、村	6	2.6	2.6	100.0
	合计	228	100.0	100.0	—

6. 不同支付平台的使用情况（多选）

从表10.8中可以看出，网上用户使用最多的是支付宝和微信支付，占到总样本数的100%。支付宝由于阿里巴巴和淘宝网的支持，拥有大量的客户资源。微信支付在微信的App的普遍应用的状况下，对于大部分群体来说，微信转账和微信红包都极具方便性，具有很大的优势。其他第三方支付平台在用户资源上目前还无法与此二者相比。其次就是银联支付。银联电子支付服务公司是中国银联绝对控股的专业化服务公司，拥有面向全国的统一支付网关，专业从事以互联网等新兴渠道为基础的电子支付、跨行转账业务以及相应增值服务，是中国银联旗下的网络方面军，由于其权威性和安全性，同样拥有众多的客户资源。因而第三方支付的主体为支付宝支付、微信支付、银联支付。样本使用不同支付平台情况分布如表 10.8 所示。

表 10.8　样本使用不同支付平台情况分布表

		频率	百分比/%	有效百分比/%	累积百分比/%
有效	银联	111	48.7	48.7	48.7
	微信支付	228	100.0	100.0	100.0
	京东闪付	54	23.7	23.7	23.7
	百度钱包	36	15.8	15.8	15.8
	其他	6	2.6	2.6	2.6
	合计	228	100.0	100.0	—

7. 平均一天使用支付宝进行电子支付的次数

从使用次数分布表 10.9 中可以看到，使用 2~3 次的用户最多，向两边依次呈现递减。具体到使用次数对于用户满意度的影响将在下面几节加以研究。

表 10.9　样本平均一天使用支付宝进行电子支付的次数分布表

		频率	百分比/%	有效百分比/%	累积百分比/%
有效	0~1 次	24	10.5	10.5	10.5
	1 次	36	15.8	15.8	26.3
	2~3 次	123	53.9	53.9	80.3
	4~7 次	27	11.8	11.8	92.1
	8~10 次	3	1.3	1.3	93.4
	10 次以上	15	6.7	6.7	100.0
	合计	228	100.0	100.0	—

（三）数据分析

根据整个问卷的体系结构，本节分三部分分别对网上第三方支付客户服务质量、网上第三方支付系统质量以及网上第三方支付产品质量进行信度分析和指标筛选，并对整体维度和指标进行可靠性分析。

1. 问卷说明

问卷中的满意度（第一部分）共分为 7 个维度：功能性（3，4，5，6）、经济性（7，8，9，10）、安全性（11，12，13，14，15）、时间性（16，17，18，19）、舒适性（20，21，22，23）、文明性（24，25，26）、自我实现性（27，28）。

2. 信度分析

逐一对其进行 Cronbach's Alpha 信度分析，得到如表 10.10 所示的数据。

表 10.10 信度分析表

	Cronbach's Alpha	标准化后的 α	项数
功能性	0.837	0.869	4
经济性	0.706	0.726	4
安全性	0.908	0.911	5
时间性	0.792	0.806	4
舒适性	0.864	0.871	4
文明性	0.768	0.766	3
自我实现性	0.820	0.821	2
整体	0.950	0.953	26

可以看到对于"功能性""经济性""安全性""时间性""舒适性""文明性"和"自我实现性"，这些维度的 Cronbach's Alpha 系数均达到了要求，并且在整体信度分析中可以看到，剔除任何一个指标都将导致整个维度的信度下降、可靠性降低。

3. 探索性因子分析

探索性因子分析，是因素分析的一种，与"验证性因素分析"相对。这种分析从一组变量中抽取公共因素时，没有或不用先前的经验，有多少个公共因素影响观测变量，公共因素之间、特殊因素之间的关系等，都需要通过对观测数据的分析来探知。这种因素分析假定：各观测变量均直接受全部公共因素影响；各观测变量都只受一个特殊因素影响；特殊因素之间互不相关；所有公共因素与所有特殊因素都不相关；所有的公共因素之间均不相关或均相关。

在这些条件下，已有多种方法可求出初始因素负荷矩阵；再通过正交旋转或斜交旋转，得到旋转因素负荷矩阵，并对公共因素的意义做出解释。它为简化数据、找出基本规律提供了有用信息，也为进一步研究提供了方向。

因子分析的注意事项：

①依赖原始变量，只反映原始变量，选择变量慎重，不能夹杂不相关变量。

②如果变量间相互独立，降维可能失败。因为很难用少数综合变量来表示不相关的原始变量。对综合变量可以起相应的名字，但不一定能很好描述。

③不一定所有的因子都很好解释，与选取的变量的数据整理质量有关。

在用因子得分进行排序时，要小心。因为原始变量不同，选取的因子不同，排序的结果也可能不同，尤其对于敏感问题的排名。

(1) 分析 1。

由因子分析的结果可知，只有前 5 个因子的特征值大于 1，且累积占 71.016%。因此提取前五个因子为主因子，进行后续的统计分析，如表 10.11 所示。

表 10.11 分析 1 的旋转成分矩阵[a]

	成分				
	1	2	3	4	5
1. 支付宝为我提供了除现金、银行卡之外新的支付方式	.066	.210	.807	.123	-.075
2. 支付宝提供了不同的支付功能（如收钱、付钱等）	.084	.256	.824	.065	.011
3. 支付宝提供了不同的支付形式（如好友转账、扫二维码等）	.018	.288	.782	.299	-.001
4. 支付宝提供了资金在银行间转账这种新的形式（通过支付宝实现银行间转账）	.199	.144	.497	.515	-.283
5. 各项业务收费低廉（如提现手续费等）	.442	.130	.295	.146	-.497
6. 当账户有余额时支付宝（余额宝）会给予我一定的利息	.377	.155	.669	-.018	.045
7. 使用支付宝支付会给予我一定的物质奖励（如鼓励金等）	.401	-.119	.531	.414	-.012
8. 通过支付宝缴纳水电费节省了我前往营业网点的费用	.221	.231	.213	.832	.080
9. 支付宝不会对外泄露我的账户和密码	.882	.169	.086	.073	-.050
10. 我填写的信息不会被非法出售或使用	.849	.197	.082	.177	-.045
11. 支付宝提供了可靠的防火墙，不会被黑客攻击	.768	.367	.108	.144	-.044
12. 当我操作出现错误时，支付宝阻止我的误操作（如转账错误可追回）	.653	.243	.106	.187	-.207
13. 支付宝能够在确保资金安全的情况下合理使用我暂存在其中的资金	.564	.446	.249	.152	-.089
14. 提现时到账速度快	.270	.477	.303	.372	-.086
15. 支付时不会出现网络卡顿的情况，从而节省时间	.563	.460	.228	.159	-.152
16. 收款时到账速度快	.315	.742	.263	-.010	-.172
17. 通过支付宝缴纳水电费节省了我前往营业网点的时间	.233	.297	.125	.806	.073
18. 客服人员会耐心解答我的问题或接受我的投诉	.336	.601	.084	.406	-.146
19. 操作简便易学	.227	.722	.320	.264	.252
20. 注册方便	.287	.778	.130	.176	.044
21. 当我忘记密码时可以方便地找回密码	.560	.491	.270	.090	.180
22. 支付宝的存在提高了社会运行的效率	.169	.636	.495	.267	.161
23. 支付宝减少了现金的使用从而降低社会的犯罪率	.754	.168	.058	.320	.320
24. 支付宝减少了货币的发行量从而更加环保	.562	.191	.127	.223	.626
25. 参与蚂蚁森林等公益活动使我有实现自身价值的感受	.767	.163	.220	.147	.143
26. 较高的芝麻信用值带给我的额外收益使我有自我满足感（如免押金使用共享单车）	.571	.462	.165	.159	.180

提取方法：主成分。
旋转法：具有 Kaiser 标准化的正交旋转法。
a. 旋转在 9 次迭代后收敛。

因子分析、做旋转目的是使各个变量的相关性最大限度地在 0～1 分化。公因子中数值越是接近于 1 的几个变量、这几个变量可以解释这个公因子。

主因子 1 与 "9. 支付宝不会对外泄露我的账户和密码" "10. 我填写的信息不会被非法

出售或使用"这两个因子最相关,均在 0.8 相关度以上。

主因子 2 与"19. 操作简便易学""20. 注册方便"这两个因子最相关,均在 0.7 相关度以上,接近 0.8。

主因子 3 与"1. 支付宝为我提供了除现金、银行卡之外新的支付方式""2. 支付宝提供了不同的支付功能(如收钱、付钱等)"这两个因子最相关,均在 0.8 相关度以上。

主因子 4 与"8. 通过支付宝缴纳水电费节省了我前往营业网点的费用""17. 通过支付宝缴纳水电费节省了我前往营业网点的时间"这两个因子最相关,均在 0.8 相关度以上。

主因子 5 与所有其他因子的相关度都较低。

(2)分析 2。

由因子分析的结果可知,只有前 4 个因子的特征值大于 1,且累积占 67.931%。因此提取前 4 个因子为主因子,进行后续的统计分析,如表 10.12 所示。

表 10.12 分析 2 的旋转成分矩阵[a]

	成分			
	1	2	3	4
1. 支付宝为我提供了除现金、银行卡之外新的支付方式	.065	.226	.807	.088
2. 支付宝提供了不同的支付功能(如收钱、付钱等)	.079	.264	.799	.075
3. 支付宝提供了不同的支付形式(如好友转账、扫二维码等)	.009	.319	.773	.265
5. 各项业务收费低廉(如提现手续费等)	.469	.156	.377	-.078
6. 当账户有余额时支付宝(余额宝)会给予我一定的利息	.369	.129	.661	.055
7. 使用支付宝支付会给予我一定的物质奖励(如鼓励金等)	.373	-.135	.584	.436
8. 通过支付宝缴纳水电费节省了我前往营业网点的费用	.190	.257	.262	.801
9. 支付宝不会对外泄露我的账户和密码	.883	.157	.091	.084
10. 我填写的信息不会被非法出售或使用	.851	.201	.085	.167
11. 支付宝提供了可靠的防火墙,不会被黑客攻击	.768	.343	.136	.156
12. 当我操作出现错误时,支付宝阻止我的误操作(如转账错误可追回)	.663	.244	.163	.107
13. 支付宝能够在确保资金安全的情况下合理使用我暂存在其中的资金	.574	.447	.271	.117
14. 提现时到账速度快	.280	.506	.332	.291
15. 支付时不会出现网络卡顿的情况,从而节省时间	.573	.449	.267	.104
16. 收款时到账速度快	.341	.720	.309	-.067
17. 通过支付宝缴纳水电费节省了我前往营业网点的时间	.208	.329	.168	.763
18. 客服人员会耐心解答我的问题或接受我的投诉	.346	.628	.114	.284
19. 操作简便易学	.215	.721	.275	.346
20. 注册方便	.292	.782	.108	.160

续表

	成分			
	1	2	3	4
22. 支付宝的存在提高了社会运行的效率	.160	.644	.462	.308
23. 支付宝减少了现金的使用从而降低社会的犯罪率	.728	.173	.000	.453
24. 支付宝减少了货币的发行量从而更加环保	.524	.189	.009	.497
25. 参与蚂蚁森林等公益活动使我有实现自身价值的感受	.756	.155	.183	.231
26. 较高的芝麻信用值带给我的额外收益使我有自我满足感（如免押金使用共享单车）	.563	.440	.150	.257

提取方法：主成分。
旋转法：具有 Kaiser 标准化的正交旋转法。
a. 旋转在 6 次迭代后收敛。

主因子 1 与"9. 支付宝不会对外泄露我的账户和密码""10. 我填写的信息不会被非法出售或使用""11. 支付宝提供了可靠的防火墙，不会被黑客攻击"这三个因子相关度较高，因而主因子 1 可以作为安全性。

主因子 2 与"14. 提现时到账速度快""16. 收款时到账速度快""19. 操作简便易学""20. 注册方便"这 4 个因子的相关性较高，因而主因子 2 可以作为舒适性。

主因子 3 与"1. 支付宝为我提供了除现金、银行卡之外新的支付方式""2. 支付宝提供了不同的支付功能（如收钱、付钱等）"这 2 个因子的相关性较高，因而主因子 3 可以作为功能性。

主因子 4 与"8. 通过支付宝缴纳水电费节省了我前往营业网点的费用"相关性较高。

（3）分析 3。

表 10.13 分析 3 的旋转成分矩阵[a]

	成分			
	1	2	3	4
1. 支付宝为我提供了除现金、银行卡之外新的支付方式	.098	.140	.842	.135
2. 支付宝提供了不同的支付功能（如收钱、付钱等）	.102	.191	.849	.094
3. 支付宝提供了不同的支付形式（如好友转账、扫二维码等）	.076	.201	.835	.309
6. 当账户有余额时支付宝（余额宝）会给予我一定的利息	.329	.300	.597	-.083
8. 通过支付宝缴纳水电费节省了我前往营业网点的费用	.207	.236	.211	.856
9. 支付宝不会对外泄露我的账户和密码	.886	.188	.073	.076
10. 我填写的信息不会被非法出售或使用	.883	.186	.092	.177
11. 支付宝提供了可靠的防火墙，不会被黑客攻击	.792	.329	.120	.187
12. 当我操作出现错误时，支付宝阻止我的误操作（如转账错误可追回）	.762	.139	.177	.202

续表

	成分			
	1	2	3	4
13. 支付宝能够在确保资金安全的情况下合理使用我暂存在其中的资金	.610	.462	.264	.115
14. 提现时到账速度快	.262	.514	.321	.306
16. 收款时到账速度快	.339	.695	.288	.016
17. 通过支付宝缴纳水电费节省了我前往营业网点的时间	.247	.268	.150	.841
18. 客服人员会耐心解答我的问题或接受我的投诉	.344	.607	.088	.366
19. 操作简便易学	.146	.794	.293	.269
20. 注册方便	.240	.842	.107	.146
22. 支付宝的存在提高了社会运行的效率	.156	.626	.506	.288

提取方法：主成分。
旋转法：具有 Kaiser 标准化的正交旋转法。
a. 旋转在 6 次迭代后收敛。

因子分析要求提取出的公因子有实际意义，但是大部分因子分析的结果中，各因子和原始变量之间的关系并不明显，为了使因子载荷矩阵中系数更加显著，可以对初始因子载荷矩阵进行旋转，使因子和原始变量间的关系进行重新分配，相关系数向 0～1 分化，如表 10.13 所示。

通过分析，主因子 1 为"安全性"因子，主因子 2 为"舒适性"因子，主因子 3 为"功能性"因子，主因子 4 为"经济性"因子。因而，分析结果表明安全性、舒适性、功能性、经济性作为支付宝支付的主成分因子，更加能代表支付宝支付过程中，用户的关注与需求。故在支付宝支付等第三方支付的改善过程中，应更加密切关注到用户的这些需求，这样才能占有更大的市场。

六、爬取数据分析

我们从 360 官方软件下载平台中的支付宝版面爬取了 2017 年 8 月 2 日至 2017 年 12 月 6 日期间用户关于支付宝使用情况的评论，共 8 123 条。经对数据的初步处理，即删除所有由于技术操作等外部原因导致的完全重复的评论，最终剩余 390 条有研究价值的评论。

在大数据时代，人们开始了解并意识到数据以及数据分析的潜在魅力和益处，数据建设逐渐成为信息化建设的核心，是数据分析和知识挖掘等决策支持的基础。大型企业采用大型数据库管理系统进行数据管理，采用专业的数据分析软件如 SPSS 和 SAS 等进行数据管理，从海量数据中提取有用的知识，为决策提供支持。对数据量不大的广大小型企业来说，可以利用 Excel 这一常用办公软件来进行数据管理和数据分析。Excel 相比其他数据处理和分析软件，具有操作简单、便捷的特点，同时也基本可以完成像 SAS 等专业统计软件所能完成的数据分析功能。

目前常见的用于数据分析的方法有：描述性统计、概率统计、概率分布、均值推断、线性回归、非线性回归、逻辑回归、多元回归、时间序列等。其中描述性统计方法和概率统计方法通常用于汇总数据，其与线性回归、非线性回归、逻辑回归、多元回归统称为传统的统计分析方法，时间序列分析则为相对非传统统计分析方法。Excel 具有绝大部分传统统计分析方法的功能。

在数据处理方法上，通常利用 Excel 中的"筛选""排序""自动填充"等功能以及"函数"功能处理数据，使数据达到可进行分析的标准。而数据分析方法，则通常利用 Excel 中数据透视表、数据透视图、各类图表（柱形图、条形图、折线图、饼图、散点图等）、描述性统计、概率统计和回归模型功能分析数据，通过分析数据进而探究各种活动规律和行为。

鉴于最终得到的数据数量为小样本，我们选用 Excel 作为数据分析软件，辅以词云，研究支付宝电子支付功能顾客感知服务质量。其中，"词云"就是对网络文本中出现频率较高的"关键词"予以视觉上的突出，形成"关键词云层"或"关键词渲染"，从而过滤掉大量的文本信息，使浏览网页者只要一眼扫过文本就可以领略文本的主旨。在所爬取的数据中，我们选择了时间、用户名、评价等级和评价内容这四个字段来分析。评价等级一共分为好评、中评和差评三等。对评价等级做数据透视分析和公式计算可得，好评一共 213 条，占总数 54.62%；中评一共 62 条，占总数 15.9%；差评一共 115 条，占总数 29.49%。总体来看，超过三分之一的用户对支付宝电子支付功能持不差的态度，说明支付宝基本得到了大众的认可。

对所有 390 条评论内容进行词频分析得到如图 10.2 所示的词性统计。

图 10.2　词性统计

把所有得到的词语生成词云，如图10.3所示。

图10.3　词云1

从图10.3可知，用户对于支付宝的使用反馈总体为"很好"，但是其他词语不太显著，因此仅选择名词生成词云得到图10.4。由图10.4，我们不仅可以知道用户对服务质量的感知情况，包括"很好""方便""挺好""垃圾"等，同时还能了解到用户关注的重点何在，如"信用""红包"等。

图10.4　词云2

在 Excel 中，采用筛选功能对数据进行关键字段统计分析，首先选取"方便"二字，共得到 33 条相关评论；"不错"，共得到 17 条相关评论；关于"好"，一共得到 130 条相关记录，去除其中语义相反的 11 条评论，一共得到 119 条；关于"好用"，一共得到 44 条相关评论，去除其中语义相反表示"不好用"的 2 条评论，共得到 42 条评论。关于"不好"，一共得到 9 条相关评论；关于"满意"，一共 5 条相关评论。关于"棒"，一共得到 8 条记录；关于"差"，一共"8"条相关结论；关于"可以"，一共 17 条相关结论；关于"一般"，一共 3 条结论。具体排列如表 10.14 所示，与词云相互印证。

表 10.14 关键字段统计数据

统计字段	频数
方便	33
不错	17
好	119
好用	42
不好	9
满意	5
棒	8
差	8
可以	17
一般	3

另外，我们构建的关键时刻如表 10.15 所示。关键时刻是指在这个特定的时间和地点，企业才真正有机会向顾客展示自己产品和服务的质量。一旦时机过去，顾客离开，企业很难再用其他办法改变顾客对产品和服务质量的感知。

表 10.15 关键时刻表

关键时刻	质量问题	改进建议
用户初感受	平台界面风格没有审美性，主次不分明，重点不突出	优化界面风格，突出支付功能的使用
	品牌/广告没有吸引力	扩大品牌影响力，引入流量
	功能太多/太少	适度设计功能，让每一项功能都可以轻松使用
支付失败	支付闪退	精简功能，少占用内存
	支付功能（转账）无法使用	升级技术
	支付方式（指纹支付）无法使用	升级技术
反馈	反馈无法得到及时有效的解决	重视与客户的交互过程

根据质量问题提取得到的相关字段如表 10.16 所示。可以知道，我们构建的关键时刻还不完整，用户关注度最高的是蚂蚁花呗和红包，也体现了新时代下人们重视消费水平的提升

和提高购买能力。其次,安全问题也是用户非常关注的。

表 10.16 根据质量问题提取的相关字段统计数据

质量问题	频数
花呗	18
红包	11
安全	9
安装	9
功能	8
闪退	4
转账	4
指纹	3
客服	2
广告	2
版面	2

七、对策建议

根据问卷调研得到的结果,并结合深度访谈,对改善目前我国网上第三方支付服务质量提出了如下对策。

(一) 重视个性化服务,进一步细分市场

从调研问卷的结果可以看出,用户在"功能性"维度上的平均感知较低。第三方支付可以根据自身的资源优势,深入挖掘客户需求,准确定位,形成有效的细分市场,避免蜂拥而上的同质化竞争。电子商务模式不同导致了多样的网上支付需求。如何在支付细分市场中准确定位是需要考虑的一个问题。电子支付可以区分为通用类支付、行业支付、定制化服务等不同类别,按照支付的载体还可以再细分银行卡支付、电子钱包等。

面对同业以及银行的强大竞争,第三方支付公司不应该再把目光局限在已有的领域,可以尝试把触角延伸到电子商务领域之外。如市政类项目里的固定电话费、暖气费、车船税等。由于市政项目缴费零散、繁杂,因此是很多银行懒于费心做的缝隙市场,这给第三方支付公司带来很多机会。另外,第三方支付公司还可以为企业用户推出高附加值的服务。比如把盈利点放在增值业务上,支付过程不收费,但是物流配送收费,甚至可以为商家的诚信做担保盈利。如一个企业或个体商家长期在一个支付平台上交易,信誉度高,支付公司便可以为他提供一个诚信的证明,只要这种诚信担保能够给商家带去更多的价值,他们必定会回报支付平台。

第三方网上支付平台应积极进行市场细分,找到"空白的市场",提供出与此匹配的产品和服务。市场的变化性和竞争的激烈性要求第三方支付企业继续进行有效市场细分,提供相应的产品和服务,才能在竞争中占有一席之地。

（二）制定价格策略，差别定价

用户在"经济型"维度上的平均感知也偏低，说明网上第三方支付服务的提供商在制定合理的价格策略以及与用户有效联系的方面还是需要努力的。一个共识是，单纯靠收取网关服务的交易费用无法保证长期的盈利状态，不能获得和保持竞争优势。网络经济中谁拥有的客户多，谁将在成本上具有优势，这种优势将对利润有着直接的影响，并转换为竞争优势。

为了获得这种优势，要求第三方网上支付平台集聚庞大的客户基础。所以初期的寻找或者争夺顾客便显得十分关键。在此，低价格是常用的手段之一。除此以外，价格歧视也被广泛应用。如根据交易额的不同规模确定相应的交易费的二级价格歧视，这将鼓励某些大的商家积极使用某个支付平台的服务。此外，国内的第三方网上支付平台价格策略方面的一些探索很值得借鉴，比如按照商城所具备的规模和所处的周期，提供不同的收费模式。

此外，平台也可以考虑从广告等方面获取盈利，从而减少个体用户的费用，同时可以联合商家适当推出优惠活动，增加客户数量和客户黏性。

（三）进行产品创新，提供增值服务

从调研问卷的结果可以看出，用户对于"舒适性"和"功能性"的感知也偏低，因此，我国第三方支付服务提供商应该大力开展产品创新，成为银行、银联在线支付的有效补充形式。国内银行因多种因素限制而创新缓慢，金融产品数量少。国际上的金融产品数量达近3 000种，而国内银行开发的金融产品只能占到全球金融产品的1/10左右。因此，在一些银行涉及不到的领域，第三方支付平台企业可以协助、甚至代替银行开发多种金融产品。第三方支付平台企业应进行"多业务、多银行、多渠道"的服务创新。在全国范围内和多家银行进行连接，开发、提供网上支付、电话支付、手机支付、短信支付、WAP支付和自助终端等多种支付方式。

第三方支付平台应关注自己的核心竞争力，在银行传统业务之外，依托自己强大的IT、财务、咨询等专业人员，为用户提供银行不愿提供的、提供不了的增值业务（财务报表、数据分析、管理咨询分析等），以增加自己的赢利途径，吸引更多的用户，为第三方支付平台企业的发展打下良好的基础。

在产品类似、模式单一、高度同质化的支付市场，"创新"无疑是企业核心竞争力所在。从目前来看，对于第三方支付企业，最大的创新是理顺上下游产业链的关系，避免恶性竞争。至少，在目前，急切地瓜分有限的市场份额显然不是明智的，规范市场运作，增强消费者对网上支付的信心，合力培育市场，共同把网上支付的"蛋糕"做大，才是当务之急。

（四）树立公信度，提高安全性

虽然从问卷来看，用户对于"安全性"的评价比较高，但是电子支付毕竟不同于传统支付，尤其对于第三方支付这样一种特殊的电子支付形式，其发展必须有良好的信用做保障。但是目前我国信用体制不健全，买卖双方相互信任度不高。因此第三方支付平台要抓住这个市场空白，做好信用中介。即不参与买卖双方的具体业务，树立自己的公信度，不触及客户商业信息，对商家和消费者提供双向财产保护，不仅保存交换支付信息，而且保留商户和消费者的有效交易电子证据，作为交易纠纷时的仲裁证据。

考虑到交易者选择网上支付平台时对于安全性的顾虑，一些网上支付服务提供商大胆地提出赔付承诺，如 eBay 易趣的卖家保障基金制度，支付宝的"你敢用，我敢赔"联盟，给使用者吃了定心丸，这无疑刺激了使用者的使用意愿。但是，此举要求必须具备良好的技术基础和雄厚的资金实力，有能力承担风险。

第三方支付和网上银行、网上银联的区别和差异是什么？只能是服务的差异化和为客户量身定做的方式。产品和服务质量是第三方网上支付平台在竞争中制胜的关键因素。所以，各网上支付平台必须进行研发投入以获得技术进步，减少和消除支付信息被窃取等关键问题，保证网上支付的安全性，增强客户的忠诚度。

（五）加强行业协作，体现规模经济效应

银行在早期的发展中已经树立值得信任的品牌，拥有完善的渠道，由此而得到大众的认可和商家的信任。在未来的成熟电子商务链条中，银行是在线支付产业链的基础角色，支付服务商是在线支付的中心角色。在线支付产业链中最具活力与市场潜力也当属支付服务商。它包括运营着支付网关的支付服务机构，以及提供替代性商业支付工具的 IT 背景的商业公司，它们依赖于银行或结算组织的基本金融业务资源，具有一定的方案集成能力，提供面向应用的增值服务。从金融产业的角度来说，这个领域也是新兴的 IT 技术公司向传统的金融产业挑战和入侵的前沿阵地。第三方支付公司的出路，就是要避开银行的优势项目。笔者认为，以后银行会更专注做企业账户资金管理。而支付业务这块会交给第三方公司来做。借鉴国外的成功经验，加强和银行的深度合作，与银行保持密切的合作关系，借助银行品牌和渠道一起推广创新的服务，从而提供本地化的支付平台正成为第三方支付走向坦途的不二法门。

此外，中国银行业全面放开后，各种国际信用卡将大量涌入国内流通。着眼于未来发展，各网上支付平台应结合自身的条件和实力，争取与国际发卡机构建立业务对接，支持国际信用卡支付方式，更广地扩大业务范围。再次，创新多元化支付模式也是值得推荐的策略之一。在提供网上支付服务的同时，提供电话支付、手机支付和虚拟支付等其他电子支付手段，形成立体化的支付体系。

案例二 众包服务质量测评验证

一、引言

（一）研究背景和意义

作为一种新的商业模式，众包（Crowdsourcing）平台是《连线》（Wired）杂志2006年发明的一个专业术语，用来描述企业利用互联网来将工作分配出去、发现创意或解决技术问题的领域行为。众包凭借社会大众的智慧和独特创造力吸引了国内外的广泛关注，并将对世界范围内的各项经济活动产生巨大影响。通过网络控制，这些组织可以利用志愿员工的创意和能力——这些志愿员工具备完成任务的技能，愿意利用业余时间工作，满足于对其服务收取小额报酬，或者满足于未来获得更多报酬的前景。由于众包平台将乐于提供创意的用户聚集在一起，形成一个连接紧密的社区，由用户贡献创意、自发向亲友传播，影响力随之向外辐射到一般大众。对于某些类型的行业而言，这提供了一种组织劳动力的全新方式。

而在这个云计算和移动互联网至上的时代，智能化产品已经在我们的生活中愈发普及。与此同时，基于移动互联网大趋势的"众包"经济悄然兴起，开始占领部分行业市场。随着目前外包市场的前景逐渐变得不容乐观，取而代之的是以随手赚为代表的"众包"模式，它的悄然兴起不断给各行业注入新的活力，让此种模式变得不容小觑。李克强总理也在之前的互联网大会上表示，只要"一机在手，人在线上"，就可以通过"创客""众筹""众包"等方式获取大量知识信息，引爆各行业经济。众包正是基于互联网技术的日益成熟和完善，让企业通过互联网将工作分包给网络大众，而网络大众则借助网络平台提供创意或解决方案并获取相应报酬。这一模式得以实施的关键就是网络平台的搭建和潜在参与者的网络连接。目前国外主要大型跨国公司都开始尝试众包模式，将研发或设计业务进行众包，并有不少成功案例，例如，星巴克通过众包网络平台，在14个月内收到了超过17 000条关于咖啡的提案，并成功对产品进行改良。此外，加入众包行列的大型公司还有宝洁、思科、戴尔、耐克和联想等，众包这一商业模式具有广阔的发展前景和巨大的发展潜力。在2012年Gartner公布的技术趋势曲线中，除了移动Web应用、大数据、数据库平台之外还包括众包，由此可以预见，众包将成为引领服务外包产业的发展趋势。

本文以其中的戴尔公司为研究对象，结合目前戴尔众包平台运营现状，通过抓取相关的网站数据进行问卷调查与数据分析，总结了戴尔众包平台的现状，提出提高自建平台的众包服务质量的建议。

（二）研究现状

随着网络化和信息化技术的普及和深入发展，顾客在服务创新中扮演着越来越重要的角色，其模式也在发生着变化。

2014年西安理工大学（和征、陈菊红、李小惠）在《顾客参与制造企业服务创新的激励博弈分析》中分析了顾客参与服务创新的动机，建立了顾客参与服务创新激励的演化博弈模型，并做均衡分析，给出了一些激励顾客参与服务创新的策略。研究表明，当制造企业激励顾客参与服务创新时，它们各自获得的收益增加值越大，投机收益值越小，各自所付出的成本越小，双方越趋向于制造企业采取激励策略、顾客采取参与策略的演化稳定策略。2014 年复旦大学管理学院（范秀成、王静）在《顾客参与服务创新的激励问题——理论、实践启示及案例分析》中指出，服务创新是促进经济发展与增强企业竞争力的驱动力，而顾客在服务创新过程中扮演着十分重要的角色，企业需要科学、合理地管理顾客参与，其中对顾客参与激励的管理问题尤为突出。借鉴机制设计理论思路，企业可设计相应的激励机制，使顾客群体，迸发出最大的积极性和创造力，进而在参与服务创新时积极主动地创造有价值、新颖的服务产品。

仲秋雁、王彦杰等在《众包社区用户持续参与行为实证研究》中将用户对众包社区的参与行为分为初始的采纳阶段与采纳后的持续参与阶段，并指出众包社区成功的关键在于用户的持续参与行为，即第二个阶段的行为。文章对用户第二个阶段的行为进行了实证研究，认为众包社区用户的持续参与意向主要受到用户满意度以及沉浸等因素的影响，而感知有用性对满意度有正向的影响，享受乐趣、虚拟社区感、自我肯定等因素会促使沉浸的形成，如图 10.5 和图 10.6 所示。

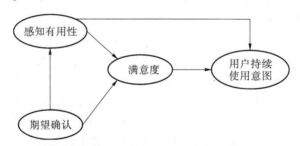

图 10.5　接受后的信息系统持续使用模型

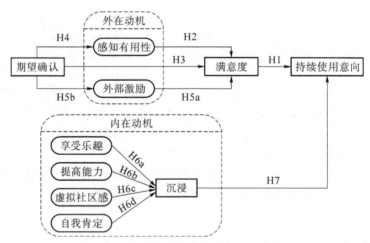

图 10.6　众包社区用户持续参与行为模型

这说明用户持续参与众包社区不仅仅是为了满足物质奖励等外部动机，还包括内部动机的实现。此外，研究表明，影响用户沉浸动机形成的因素主要是享受乐趣、自我肯定以及虚拟社区感等基本的内部动机。众包社区用户持续参与行为模型分析结果如图 10.7 所示。因此，企业要重视社区的建设和发展，引导用户沉浸动机的形成，因为众包企业的生存及长远发展依赖于社区的繁荣壮大和用户的持续参与。

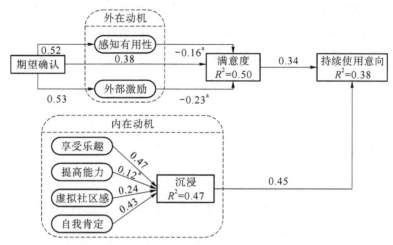

注：a表示不显著，其他路径系数显著性水平均小于0.05
图10.7　分析结果

2015年华南理工大学工商管理学院（简兆权、肖霄）《网络环境下的服务创新与价值共创：携程案例研究》采用个案研究方法分析了携程的商业模式；并结合服务创新与价值共创理论，解析了网络环境下服务创新与价值共创的机制及要素，剖析了携程成功的奥秘，并进一步为服务型企业构建高效的服务价值网络提供了系统的范式，为其树立供应链管理战略提供了理论支持和政策建议。西安工程大学管理学院（姜铸、李宁）在《服务创新、制造业服务化对企业绩效的影响》一文中以制造业服务化为中介变量，利用相关分析和回归分析方法，实证研究了制造企业服务创新对企业绩效的影响。结果显示：服务创新与制造企业服务化程度对企业绩效有显著的正向影响，服务创新对制造业服务化有显著的正向影响。北京工商大学（彭艳君、王刚、高梅）在《顾客参与零售企业服务创新研究》指出由于服务的特征，顾客参与越来越广泛地应用到服务创新过程中。本文在论述顾客参与零售企业服务创新的背景和作用的基础上，介绍了当前顾客参与零售企业服务创新的理论，并归纳出顾客参与零售企业服务创新的三种类型，最后提出了提高顾客参与零售企业服务创新的措施。

2016年北京理工大学管理与经济学院的夏恩君、赵轩雄在《众包系统中企业众包能力评价指标体系研究》中根据开放式创新和长尾理论，阐述众包系统的运作机理，提出了众包系统能力概念；构建了企业层面的众包能力评价指标体系，从企业搜索获取能力、吸收同化能力、商业化能力、研发投入能力、创新生产能力及创新管理能力6个方面进行了评价指标选取；分析了研究的不足，指出未来的发展方向。该文章从发包方、网络平台及社会大众3个方面构建了众包能力三螺旋模型，给出了测度众包系统能力的模糊积分评价方法与步骤。针对众包系统协同创新能力的测度与评价问题，提出了模糊积分评价法及其步骤，为客观评价众包系统能力，也为众包参与者提高自身创新能力提供了依据。

从以上研究中可以看出期望确认、满意度等因素仍然对众包社区用户的持续参与行为有着显著的影响，构建了众包服务顾客感知服务质量评价指标体系，但外部动机与满意度之间的关系却并不明确。因此，本文构建众包服务过程中的关键时刻，从6个维度制定服务指标，建立众包服务顾客感知服务质量评价指标体系，并从登录注册平台环节、形成创意环节、提交审核创意环节、确定创意环节、执行创意环节这些方面入手，分析问题，提出改进，分析其顾客感知服务质量在设计、生产、控制、反馈等方面的质量问题并提出质量改进建议。因此，以此来探索众包社区中影响用户满意度的因素将是下一步研究的重点。

总体来看，该课题的现有理论成果还都有一些不足之处，大都集中在某一方面上的研究，该领域还有待进一步研究。

二、研究理论基础

（一）相关概念界定

1. 众包

众包是指一个公司或机构把过去由员工执行的工作任务，以自由自愿的形式外包给非特定大众网络的做法。

2. 服务

服务是个人或社会组织为消费者直接或凭借某种工具、设备、设施和媒体等所做的工作或进行的一种有偿或无偿的经济活动，并能够使消费者从中受益，服务不以实物形式而以提供劳动的形式满足他人某种特殊需要。

3. 服务质量

服务质量（Service Quality）是指服务能够满足规定和潜在需求的特征和特性的总和，是指服务工作能够满足被服务者需求的程度，是企业为使目标顾客满意而提供的最低服务水平，也是企业保持这一预定服务水平的连贯性程度。

4. 顾客感知服务质量

顾客感知服务质量是顾客对服务企业提供的服务实际感知的水平。预期服务质量（即顾客对服务企业所提供服务预期的满意度）是影响顾客对整体服务质量的感知的重要前提。如果顾客对服务的感知水平符合或高于其预期水平，则顾客获得较高的满意度，从而认为企业具有较高的服务质量，反之，则会认为企业的服务质量较低。

（二）研究方法与过程

案例分析法是本文的主要研究方法。本文对典型事例进行剖析，研究过程，通过对戴尔众包平台的研究得出该平台相关结论。在对案例详细分析的基础上提出第三方众包平台相关策略，为第三方众包平台的发展提供一些更加合理有效的理论方案。

本文通过阅读大量关于众包服务顾客感知服务质量评价指标体系及测评技术的文献，了解一些众包服务顾客感知服务质量评价指标体系及测评技术的基本理论。在相关理论支撑下，阅读国内外相关典型事例，并选取了戴尔众包平台进行案例分析，进一步尝试着从案例中分析出第三方众包平台的决胜点。本文还分析总结了在之前研究过程中的收获及心得，为第三方众包平台的发展提供可行建议，进一步丰富现有相关理论成果。

此外，本文还运用了调查问卷的方法获取真实可靠的数据，为案例分析及进一步得出相关结论提供可靠的支撑。

（三）众包评价指标体系

本文通过大量文献阅读，梳理众包服务质量评价指标体系如表10.17所示。

表 10.17　众包服务质量评价指标体系

一级指标	二级指标
安全性	1. 网络安全性
	2. 用户个人隐私保护
	3. 用户竞争机制公平程度
	4. 用户知识产权的保障性
功能性	1. 众包平台的成熟度和质量
	2. 对创意资源的识别、整合、转化能力
	3. 创意的实现程度
舒适性	1. 众包平台网页美观度
	2. 操作流程的复杂程度
	3. 企业与用户的互动频率
和谐性	1. 众包任务的合规合法程度
	2. 网络平台环境积极性
时间性	1. 对顾客提交创意的响应程度
	2. 顾客投诉处理速度
	3. 对成果与创意的反馈程度
经济性	1. 成本控制
	2. 企业对创意的利用程度
	3. 顾客所获价值

三、众包服务顾客感知服务质量评价指标体系及测评技术研究案例分析——以戴尔众包平台为例

（一）戴尔众包平台运营现状

戴尔众包网站的网址为：http://www.ideastorm.com/，打开首页，首先看到的一句话是戴尔众包网站的创建宗旨：IdeaStorm can help take your idea and turn it into reality（创意风暴可以帮助您将创意变成现实）。戴尔众包网站的首页显示，自从网站创建以来，目前已经有 28 099 个创意被提交，总共获得了 747 928 个点赞，103 504 条评论，550＋的创意已经被实施。

戴尔众包网站整体界面非常的简洁，功能也非常的简单，让用户一眼就知道如何去操作，先登录账号，然后单击"submit your idea"，就可以提交自己的创意了。当用户提交的创意被管理员所审核或者进一步考虑实施创意时，该网站都会以邮件的方式来告知用户，这增加了用户与网站的互动性，可以增强用户的积极性。

通过浏览用户提交的创意时间，我们发现，目前该网站的活跃程度并不是太高，2017年每个月提交的创意也只有寥寥几条而已；而且该网站的整体界面设计以及功能设置自从2007年创办以来也从来没有过更新，说明戴尔公司目前对该网站的运营情况并不重视。

（二）网站数据抓取与数据分析

为了更进一步地考察戴尔众包网站的活跃情况以及创意实施情况，考察用户对该网站的

使用满意度,我们小组利用谷歌浏览器 chrome 的爬虫插件 WebScraper 抓取了戴尔众包网站上所有的提交的创意信息。虽然首页显示有 28 000 多条创意被提交,但是目前普通用户可以浏览到的创意仅有 687 条,我们将所有创意抓取了下来,抓取时间为 2017 年 12 月 1 日。抓取的内容包括用户 ID、提交时间、提交的创意标题、状态、支持数、评论数、创意分类、创意内容。

1. 创意实施情况统计

如图 10.8 所示,目前网站上所有可浏览的 687 条创意中,正在审核的有 35 条,已经实施的有 264 条,部分实施的有 187 条;也就是说被实施的创意一共有 451 条,若以 28 099 为基数,可以计算出创意的实施率为 1.6%;也就是说每一千条被提交的创意,就有 16 条创意被戴尔公司实施,我们小组认为创意的实施率还是比较高的。

status	numbers
Acknowledged	200
implement	264
new	1
Partially implemented	187
Under review	35

图 10.8 创意实施情况统计

通过进一步的观察发现,所有获得高赞同、高评论数的创意都被实施了,比如有这么一条高赞创意:" Preload Ubuntu on your 12.1 (XPS M1210) or 13.3 inch (XPS M1330) laptops. As it is now, there's only one choice for a laptop, and that choice is not a light laptop. The 12.1 inch and 13.3 inch laptops are much better to carry around than heavy 15 inch + + laptops."该创意的内容是要求戴尔公司在 12.1 英寸的型号为 xps m1210 的 PC 机或者 13.3 英寸的型号为 xps m1330 的 PC 机上预装 ubuntu 系统,这样会让用户方便很多。这条创意获得了 1 103 个赞同,80 条评论,被戴尔公司所实施。这说明了衡量一条创意是否应该得到实施,其他的用户的赞同和评论数量是一个很重要的因素,这也侧面地说明了戴尔公司重视用户体验,善于采纳用户的建议。

2. 创意提交年份统计

从图 10.9 可以看出,2007 年有 194 条创意得到了实施,2008 年有 144 条创意得到了实施,而近几年几乎没有创意被实施,这说明该网站的活跃度呈现逐渐降低的趋势,不仅是用户逐渐没有了参与感,网站管理方也渐渐停止了审核创意和创意转换。

year	total	acknowledge	Under review	implement
2017	99	99	0	0
2016	103	102	0	1
2013	1	0	0	1
2012	15	0	6	9
2011	50	0	9	41
2010	25	0	2	23
2009	39	0	1	38
2008	153	0	9	144
2007	201	0	7	194

图 10.9 创意提交年份统计

3. 支持度最高的十条创意

如图 10.10 所示为该网站创建以来所有众包用户提交的支持度最高的十条创意（由于图表限制，每条创意的具体内容没有展示），其中支持度最高的创意为"No Extra Software Option"，内容为"Would love the ability to have a clean Vista install. No AOL software, no earthlink software, no google software – just a clean, original OS. Status Update：It's been a little over a year since this idea was initially posted, so we wanted to update the community on Dell software options. Our overall software strategy is to continue offering more software choices (including no software) and to provide software we feel benefits our customers' experience with their systems."，该创意内容是要求戴尔公司的新电脑能够预装一个干净清洁的操作系统，不内置各种 AOL 或者 google 软件等。这条创意获得了 10 808 个赞同，创意实施状态为"部分实施"。这十条支持度最高的创意所关注的大多都是软件以及操作系统方面的创新和改进，其中有 7 条创意被部分采纳，2 条创意被完全采纳，有 1 条正在审核中。

Title	status	votes	categories
No Extra Software Option	Partially Implemented	10 808	Software,
Pre-Installed Linux | Ubuntu | Fedora | OpenSUSE | Multi-Boot	Partially Implemented	10 406	Desktops and Laptops, Linux, Sales Strategies
Provide Linux Drivers for all your Hardware	Partially Implemented	8 949	Linux
No OS Preloaded	Partially Implemented	8 107	Linux, Operating Systems, Sales Strategies
Sell Linux PCs Worldwide - not only the United States	Partially Implemented	5 713	Desktops and Laptops, Linux, Sales Strategies
Make the dell ubuntu models available through the main webpage	Under Review	3 905	Dell Web Site, Linux, Sales Strategies
Implemented: Ubuntu Dell is Le$$ Than Windows Dell	Implemented	3 603	Linux
There should be an option of having no trialware on all computers	Partially Implemented	3 543	Desktops and Laptops, Software
More RAM!	Partially Implemented	3 451	Desktops and Laptops
Backlit Keyboards	Implemented	3 227	Accessories (Keyboards, etc.), Desktops and Laptops, Sales Strategies

图 10.10　支持度最高的十条创意

4. 创意内容词频统计

图 10.11 展示了用户提交的所有创意内容中，剔除了提用词（介词、冠词或者使用极其普遍但是没有实际含义的词汇，比如"the""is""at""which""on"等）以后，出现的频率最高的 20 个单词。从图 10.11 可知，"Laptop"是出现频率最高的一个单词，"XPS"是戴尔公司推出的一个高端商务办公笔记本系列，"Alienware"系列是专为游戏爱好者设计的游戏本，配置高、价格贵，这说明戴尔公司的笔记本电脑是大部分众包用户最为关注的一个焦点。另外，linux、ubuntu 系统和显示屏、电池以及键盘等硬件配置也是众包用户较为关注的几个方面。

	word	freq		word	freq
1	laptop	267	11	linux	99
2	xps	211	12	system	98
3	idea	203	13	support	97
4	screen	148	14	products	93
5	laptops	143	15	power	91
6	option	128	16	offer	89
7	alienware	119	17	keyboard	89
8	computer	115	18	ubuntu	88
9	site	102	19	desktop	88
10	software	99	20	ideastorm	87

图 10.11　创意内容词频统计

5. 创意内容关键字提取

由于词频统计有一定的局限性，关于文本的关键字提取我们更常用 TF – IDF 算法，TF – IDF（Term Frequency – Inverse Document Frequency）是一种用于信息检索与数据挖掘的常用加权技术。TF 意思是词频（Term Frequency），IDF 意思是逆向文件频率（Inverse Document Frequency），TF – IDF 值即为 TF 与 IDF 相乘所得。简单来说，一个词在我们语料库中的 TF – IDF 值越高，则它的重要性也就越高，所以，排在前面的几个词就是我们所要提取的关键词。

从图 10.12 我们可以看出，利用 TF – IDF 算法提取的关键词与词频统计中频率最高的 20 个关键词大体一致，比如 laptop、screen、alienware、xps、ubuntu、software、keyboard、power、linux、desktop 等关键词都在上面出现过。这也说明了我们利用词频统计所提取的关键词结果有一定的稳健性。

	WORD	Tf-IDF		WORD	Tf-IDF
1	Dell	10 753	11	keyboard	1 103.5
2	Update	4 273.1	12	Linux	1 080.01
3	laptop	3 204.8	13	power	1 056.5
4	XPS	2 911.3	14	IdeaStorm	950.88
5	laptops	1 878.27	15	desktop	892.18
6	screen	1 725.7	16	PC	868.7
7	Alienware	1 597	17	battery	821.7
8	site	1 279.6	18	mouse	810
9	Ubuntu	1 162	19	systems	727.83
10	software	1 162.18	20	Studio	692.613

图 10.12　创意内容关键字提取

（三）问卷调查与数据分析

为了调查使用过戴尔众包网站的用户的实际体验情况与满意程度，我们小组设计了"戴尔众包网站服务质量调查问卷"。本次问卷发放均采用线上的方式，利用"问卷星"网站向使用过戴尔众包网站的用户发放问卷，一共收到了 81 位用户的问卷反馈，均为有效问卷，回收率为 100%。

1. 人口统计学信息

这 81 个用户中，绝大多数人为 20 岁到 30 岁之间（77 人）；绝大多数都是本科生或者研究生；月收入水平平均值在 2 000 元以下；56 人为男性，25 人为女性；从开始参与众包到现在平均有 2.3 年的时间；向戴尔众包网站平均提交的创意有 1.2 个；没有人提交的创意被实施。

2. 众包服务各维度的满意度统计

（1）在戴尔做众包任务可以扩大交际圈：48 人表示完全不同意（59%），24 人表示不同意（30%），6 人表示一般（7%），3 人表示同意（4%），没有人表示非常同意，如图 10.13 所示。

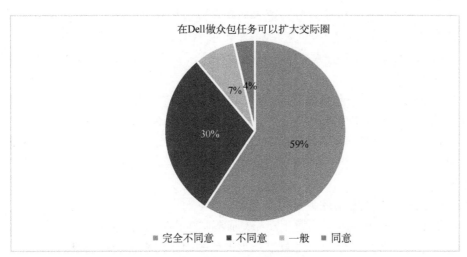

图 10.13　数据统计图 1

很少人认为这种众包行为可以扩大自己的社交圈，这说明了用户参与戴尔众包平台提交创意并不是为了社交的需要。

（2）我认为在戴尔众包平台完成任务很有成就感：5人表示完全不同意（6%），4人表示不同意（5%），41人表示一般（51%），19人表示同意（23%），12人表示非常同意（15%），如图 10.14 所示。

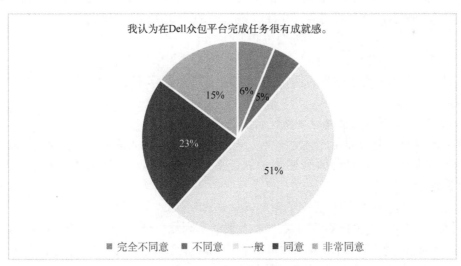

图 10.14　数据统计图 2

大部分表示一般，有38%人表示同意，这说明戴尔众包平台可以使得一部分用户获得成就感，满足他们一部分自我实现的需要。

（3）我认为通过提交创意可以使知识技能得到提高。

统计结果为47人表示非常不同意，26人表示不同意，7人表示一般，没有人表示同意，1人表示非常同意。该结果表明了众包活动并不能使用户提升知识技能，用户参与该众包平台的活动更多的是出于一种热情和好奇心，或者是出于对戴尔的品牌认同感。

(4) 我认为参与众包可以是我获得更多的职业发展机会。

统计结果为 41 人表示非常不同意，29 人表示不同意，10 人表示一般，没有人表示同意，1 人表示非常同意。大部分人表示不同意这种说法，表明了众包活动并不能使用户获得更多的职业发展机会。

(5) 我认为戴尔众包平台页面美观，操作简洁。

统计结果为 4 人表示非常不同意，5 人表示不同意，26 人表示一般，35 人表示同意，11 人表示非常同意。大部分人同意了这种说法，说明戴尔众包网站在美观程度以及操作的简便性方面还是做得尚可，但没有让大部分用户感到满意。大体符合"6 性"理论中的"舒适性"原则。

(6) 我可以轻松掌握整个任务的操作流程。

统计结果为 5 人表示非常不同意，7 人表示不同意，30 人表示一般，31 人表示同意，8 人表示非常同意。说明大部分用户对戴尔众包平台的操作流程感到较为满意。

(7) 戴尔众包平台有公平公正的评级制度。

统计结果为 12 人表示非常不同意，11 人表示不同意，26 人表示一般，23 人表示同意，9 人表示非常同意。说明大部分用户对戴尔众包平台的评级公正性感到一般，没有达到让大部分人满意的程度。勉强符合"6 性"理论中的"安全性"原则。

(8) 戴尔众包平台能有效地将优质创意进行识别、整合和转化。

统计结果为 20 人表示非常不同意，15 人表示不同意，21 人表示一般，10 人表示同意，15 人表示非常同意。统计结果表明仅有一部分人对戴尔公司的创意转换能力感到满意，大部分人并不感到满意。这勉强符合"6 性"理论中的"功能性"原则。

(9) 戴尔众包平台对创意的实施度很高。

统计结果为 30 人表示非常不同意，25 表示不同意，23 人表示一般，3 人表示同意，统计结果表明大部分用户对戴尔众包网站的创意转化率感觉不满意。这有悖于"6 性"理论中的"经济性"原则。

(10) 戴尔众包平台的整体运营状况合法合规。

统计结果为 1 人表示非常不同意，2 人表示不同意，10 人表示一般，43 人表示同意，25 人表示非常同意，该统计结果表明戴尔众包平台网站的运行合法合规，符合"6 性"理论中的"和谐性"原则。

(11) 戴尔众包平台对用户提交创意的响应速度很快。

统计结果为 28 人表示非常不同意，26 人表示不同意，15 人表示一般，10 人表示同意，2 人表示非常同意，该统计结果表明大部分用户对于戴尔众包平台的响应速度感到不满意，这有悖于"6 性"理论中的"时间性"原则。

（四）案例总结

若以"6 性"理论为评判标准，该众包平台网站的表现差强人意，很多方面都有非常大的改进空间，比如说对用户提交创意的反馈速度、优质创意的转换率、用户个人成就感的满足等方面。

1. 戴尔众包现状分析结论

从创意实施情况以及创意提交年份的统计数据可以发现，戴尔众包网站中，参与者贡献想法的数量随着时间的推移而下降。最初，参与者不仅高估了他们想法的潜力，而且低估了其实施的成本。由于他们往往会高估他们的想法将被实施的可能性，因此，他们最初发表了许多想法。但当个人了解公司的真实成本结构和他们自己想法的潜力时，边际观念贡献者的想法发布的期望效用就会降低，这些学习过程导致低潜力的想法贡献者停止发布想法。因此，这两个学习过程执行自我选择功能，导致过滤掉边缘观念贡献者，这就造成参与者贡献想法数量的不断下降。

观察支持度最高的十条创意、词频统计及关键字提取的情况，我们可以发现很多用户能够经过认真思考后，向戴尔的相关产品给出针对性的建议。虽然其中只有为数不多的几条得到了公司的采纳，但也较好地实现了众包平台创立的初衷。它的确帮助戴尔公司得到了一些高质量的创意，有利于提高公司的绩效。

2. 问卷结果分析结论

由于戴尔众包平台用户的数量并不多，而我们能够接触到的又更加有限，故我们问卷的发放量并不是很大，但由于我们发放问卷的对象较有针对性，都能够高质量地完成问卷，所以也能够较好地代表整个总体。

在此，我们以"6性"理论为评判标准。通过上文的调查结果，我们可以看到戴尔众包平台比较符合"舒适性"和"和谐性"，网站在美观程度以及操作的简便性方面还是做得尚可，平台运行也能够较好地遵循行业法律法规；平台的"安全性"和"功能性"比较一般，即仅有一部分人对其公正性和创意转换能力感到满意；平台的"经济性"和"时间性"整体较差，大部分人对其创意转化率和响应速度不满意。

总体来看，戴尔众包平台网站的表现可以说是差强人意，只是在一些很基本的方面做得相对不错，能够保证平台的正常运营；然而，平台并没有花费很多的精力去提升其服务质量，不仅难以吸引新的用户，甚至容易造成老用户的不断流失。这也就不难解释为什么平台的用户数量呈现出逐年减少的趋势，创意的质量也在持续下降。长此以往，戴尔众包平台的存在感势必越来越低。

四、提高自建平台的众包服务质量的建议

通过上文的分析，我们可以看到，众包平台也是影响众包服务质量提升的关键因素。众包平台的协同能力主要体现在系统的运行效率和众包平台提供服务的水平，包括信息服务和管理服务的水平。像戴尔众包平台一样，所有的企业自建众包平台都可从郎志正教授"6性"着手，提高其服务质量。本文给出以下三点建议。

（一）加强与众包平台系统建设

网络平台为在线商务活动提供技术支持。技术与参与者、技术与任务等要素的匹配影响到参与者对系统的使用效率。众包平台系统与众包商业活动流程是否匹配影响到参与者、任务发布公司对众包平台系统的使用，例如系统是否具有可操作性、系统操作起来是否流畅影响到众包参与者任务完成的效率，任务发布公司寻求与任务相匹配参与者的时间，任务发布公司与参与者交流方式和交流效率等。

随着众包商业模式的发展，与各种众包模式相匹配系统的研发与应用势在必行。众包网络平台在保障众包交易活动顺利开展等方面发挥重要作用。适合不同众包类型的众包互动平

台的日益更新，为保障众包交易活动中的信息畅通、规范众包交易活动提供技术支持。众包网络平台正在开发和升级中，具有人性化的动态性和时效性，使得每位众包劳动者能够及时地了解该任务的进展情况，较为有效地规避众包作弊行为。众包系统要着眼于增强参与者与平台、参与者之间交流的系统开发，提高两者交流的便捷性。另外，在众包平台系统开发和升级时更关注众包商业活动中的欺诈问题，不断更新支持众包商业模式的安全系统模式，规避众包活动中行动者的风险。

众包平台的系统能力是众包平台之间竞争的硬件保证。众包中介平台不断研发与各种众包模式相匹配的系统以适应日益细化的众包模式，为参与者提供便捷、人性化的系统服务，使其在众包活动中顺畅交流、增强参与者对众包系统的信任感并享受网络科技带来的工作愉悦感。

(二) 提高众包平台的信息能力

众包企业持续运营其自建平台的动力是参与者的日益增多。众包平台的信息能力体现在三个方面。第一，众包平台要为实现任务与人才的匹配提供即时信息，缩短任务需求与人才匹配的时间。帮助相匹配的人才并尽快完成任务。第二，众包平台能够为参与者提供本行业最新动向。众包平台既是完成任务的平台、参与者工作的平台，也是参与者了解和学习本行业最新信息的平台。第三，信息和知识是众包平台参与者和发布公司交流的媒介，信息流动畅通、信息流动方式合法，才能保障众包活动的公平、公正和安全。

因此，众包平台需做到以下几点：

第一，众包平台要开发和构建更合理的信息系统与日益多元化的众包商业模式相匹配，确保信息流在众包参与者之间流畅传递，提高众包活动中信息传递的效率，实现众包参与者网络成员间有效的信息知识共享。

第二，平台要建立参与者持续参与众包商业模式的激励机制。激发并保持参与者持续参与众包商业模式的动力和热情，才能保证众包平台知识人才来源的不断充实，进而众包平台掌握的信息资源才能不断增长，平台的实力才能不断增强。

(三) 提高众包平台的服务水平

众包平台的服务水平体现在众包平台帮助参与者解决众包活动中遇到的问题。众包平台的系统能力是平台的硬实力，信息能力和服务能力是平台的软实力。众包平台帮助众包参与者的服务水平提高包括两个方面。第一，帮助参与者了解众包活动规则；第二，帮助参与者解决操作系统问题。众包平台客服人员的服务水平体现的是平台的服务水平。

因此，众包平台需加强客服以下几个方面的培训。第一，提高众包平台客服的服务水平，包括加强对客服在众包平台系统构架和操作的认识以及系统常见问题解决方面的计算机和网络技能培训；第二，提高为参与者解决众包活动中相关问题的服务意识，这些包括客服对众包业务的熟悉、客服良好的服务态度、恰当的语言表达等。

总之，众包平台系统建设是众包平台信息顺畅流动、平台服务水平提高的重要技术保障。合理高效的众包平台的系统构建、平台上即时信息的有效流动、平台上客服的服务水平在众包参与者网络和众包绩效之间发挥重要作用。众包平台要不断增强平台构建、更新技术水平，简化非便捷的系统操作方式，使众包平台操作更趋于人性化。加强安全众包平台系统构建和及时升级，保障众包活动安全，规避众包活动中因为系统原因引起的风险。众包平对众包参与者和任务发布公司的有效激励机制的建立，众包平台上信息的有效传递，众包平台加强客服网络平台技能培训、众包业务培训和沟通能力培训是提高众包平台协同能力进而提高平台竞争力的有效手段。

五、总结与展望

目前国内外"众包服务顾客感知服务质量评价指标体系及测评技术研究"还属于一个比较新的研究课题，尤其是国内关于这方面的研究还处于初期阶段，但相关课题如众包服务、顾客服务质量等的研究都已经具有比较成熟的研究理论。充分利用相关课题的成熟理论来研究该课题也是下一步研究的重点。

附录：

众包服务质量调查问卷

本问卷采用匿名方式填写，本次调查数据仅作为科学研究之用，并且给予严格的保密。

第一部分

请根据您在 Dell 众包平台参加众包任务的实际情况回答下列问题，答案仅代表您的个人意见，没有对错之分。

1. 在浏览任务时，你最关注任务的哪方面信息？
   A. 任务真实性　　B. 任务发布时间　　C. 任务佣金　　D. 投稿剩余时间　　E. 其他
2. 您的累计投标次数：_____
3. 您的累计中标次数：_____

（下面各题，1 表示完全不同意，2 表示不同意，3 表示中立，4 表示同意，5 表示完全同意）

4. 我认为会得到很高的收入。
   1□　　　　2□　　　　3□　　　　4□　　　　5□

5. 我认为在 Dell 做众包任务可以扩大交际圈。
   1□　　　　2□　　　　3□　　　　4□　　　　5□

6. 我认为在 Dell 众包平台完成任务很有成就感。
   1□　　　　2□　　　　3□　　　　4□　　　　5□

7. 我认为通过完成任务可以使知识技能得到提高。
   1□　　　　2□　　　　3□　　　　4□　　　　5□

8. 我认为参与众包可以使我获得更多的职业发展机会。
   1□　　　　2□　　　　3□　　　　4□　　　　5□

9. 我认为 Dell 众包平台页面美观，操作简洁。
   1□　　　　2□　　　　3□　　　　4□　　　　5□

10. 我可以轻松掌握整个任务的操作流程。
    1□　　　　2□　　　　3□　　　　4□　　　　5□

11. Dell 众包平台提供了 Dell 与顾客之间沟通的空间。
    1□　　　　2□　　　　3□　　　　4□　　　　5□

12. Dell 众包平台有公平公正的 Dell 评级制度。
1☐   2☐   3☐   4☐   5☐

13. 交易双方的争执大多都得到了妥善的解决。
1☐   2☐   3☐   4☐   5☐

14. 我向客服咨询的问题及时得到回复和解决。
1☐   2☐   3☐   4☐   5☐

15. Dell 众包平台可以保护我的知识产权。
1☐   2☐   3☐   4☐   5☐

16. Dell 众包平台可以保证线上交易的安全性和及时性。
1☐   2☐   3☐   4☐   5☐

17. 我认为 Dell 要求（如提交的信息、时间、改进建议）合理。
1☐   2☐   3☐   4☐   5☐

个人信息

18. 请问您是专职参与者还是兼职参与者：
A. 专职☐   B. 兼职☐

19. 性别：
A. 男☐   B. 女☐

20. 您正在攻读或已获得的最高学历：
A. 高中（普高、中专、职高、技校）及以下☐   B. 大专（高职、高专）☐
C. 大学本科☐   D. 研究生及以上☐

21. 您的月收入水平：
A. ≤2 000 元☐   B. 2 001～4 000 元☐   C. 4 001～6 000 元☐   D. 6 001～8 000 元☐

22. 从您最开始参与众包开始计算，您参与众包任务已经有多长时间：
A. 1 年及以下☐   B. 1～2 年☐   C. 2～3 年☐   D. 3～4 年☐
E. 4～5 年☐   F. 5～6 年☐   G. 6 年以上☐

23. 您提交过的众包任务次数（不仅报名参加任务并且完成任务，提交了稿件）：_____

24. 您获得奖励的次数：_____

25. 您的年龄：
A. 20 岁及以下☐   B. 20～30 岁☐   C. 30～40 岁☐
D. 40～50 岁☐   E. 50 岁以上☐

26. 您认为当前企业自建的众包平台还存在着哪些问题？请给出您的建议：

| |
| |

参考文献

[1] 郎志正. 服务工作全面质量管理［M］. 中国标准出版社, 1987.

[2] 胡俊侠, 郎志正. 服务质量度量研究［J］. 标准科学, 1993（11）.

[3] Regan W J. The Service Revolution [J]. Journal of Marketing, 1963, 27 (3): 57 – 62.

[4] Grönroos C. An applied service marketing theory [J]. European journal of marketing, 1982, 16 (7): 30 – 41.

[5] Kotler P. Cases and readings for marketing for nonprofit organizations [M]. Prentice Hall, 1983.

[6] Ivancevich J, Lorenzi P, Skinner S. Gestión, Calidad y Competencia [J]. Tercera Edicion, 2003.

[7] 崔立新. 服务质量评价模型 [M]. 北京: 经济日报出版社, 2003.

[8] Parasuraman A, Zeithaml V A, Berry L L. A conceptual model of service quality and its implications for future research [J]. Journal of Marketing, 1985, 49, 41 – 50.

[9] Parasuraman A, Zeithaml V A, Berry L L. SERVQUAL: A Multiple – Item Scale for Measuring Consumer Perceptions of Service Quality [J]. Journal of Retailing, 1988, 64 (1): 12 – 40.

[10] Parasuraman A, Zeithaml V A, Berry L L. A conceptual model of service quality and its implications for future research [J]. the Journal of Marketing, 1985: 41 – 50.

[11] Parasuraman A, Zeithaml V A, Berry L L. Servqual: A multiple – item scale for measuring consumer perc [J]. Journal of retailing, 1988, 64 (1): 12.

[12] Grönroos C, Heinonen F, Isoniemi K, et al. The NetOffer model: a case example from the virtual marketspace [J]. Management decision, 2000, 38 (4): 243 – 252.

[13] Christian Cronroos. Service Management Marketing [M]. Lexington Books, 1990.

[14] 郑秉治. 试论服务质量的含义 [J]. 世界经济与政治, 1995 (11): 16 – 19.

[15] Christian Gronroos. Strategie Management and Marketing in the Service Sector [R]. Boston: Markting Service Institute, 1983.

[16] Rust R T, Oliver R L. Service quality : new directions in theory and practice [J]. M. e. sharpe, 1994.

[17] 范秀成. 服务质量管理: 交互过程与交互质量 [J]. 南开管理评论, 1999 (1): 8 – 12.

[18] Vermeulen I E, Seegers D. Tried and tested: the impact of online hotel reviews on consumer consideration. [J]. Tourism Management, 2009, 30 (1): 123 – 127.

[19] Hoffman M D, Blei D M, Wang C, et al. Stochastic variational inference [J]. The Journal of Machine Learning Research, 2013, 14 (1): 1303 – 1347.

案例三　短租服务顾客感知服务质量评价指标体系研究

一、绪论

"分享经济"（Sharing Economy）本质上是一种商业模式，也被称为"P2P"（Peer to Peer）模式，伴随着 Airbnb、Lyft 等公司的成功，逐渐成为当下最受关注和追捧的商业模式。这一模式尚无严格的学术定义，但是从其实际运营来看，主要是一种单个自然人之间，通过某一平台（一般是互联网平台）对自己所拥有的物品，特别是房屋、汽车等财产进行的租赁交易。

按照中国互联网经济的发展经验，从国外复制成功的商业模式到中国，是一条借助互联网创业的捷径，这一点对于"分享经济"模式而言也不例外。目前，采用"分享经济"商业模式的 P2P 网贷、在线短租等已在中国形成一定的规模。但是，中国互联网经济的另一条发展经验，即完全照搬国外现有模式会在中国遭遇"水土不服"，同样应验于"分享经济"模式。因而，如何结合中国国情，推动"分享经济"模式在中国的发展是一个值得研究的重要问题。

（一）在线短租的商业模式

短租并非一个新生事物，其实际上是一种介于旅店住宿和个人房屋租赁之间一种短期住宿服务，在大学、医院和景区周边往往都分布着大量的短租特别是日租房源。但是，由于信息不对称和高昂的搜寻成本，传统短租往往存在房东和房客难以找到合适的交易对象的问题，从而限制了传统短租的发展。而在线短租实际是通过互联网构建一个双边市场交易平台，将房东和房客都吸引到这一平台中，通过互联网降低信息不对称和搜寻成本的不利影响，提高房与房客的匹配效率。而提供交易平台的企业（简称平台企业）则从中获取一定数额的中介费用。因而，在线短租的"分享经济"特征主要体现在，房东将自己富余的住房空间临时分享给需要住宿的房客，而平台企业则以最有效率的方式使得供求双方达成交易。从而，三方都从这一住房空间的分享中获得收益。

此外，平台企业并非简单地提供交易双方的信息，其往往还要承担一定的交易风险。一方面，平台企业要为房东和房客的财产甚至人身安全提供一定的保险和其他形式的保障；另一方面，平台企业也要承担一定的违约风险，在发生违约时能够预先补偿受损失的一方。

因而，对于平台企业而言，其价值事实上在于分担了原本由房东和房客承担的交易成本，相应地，其成本主要也就是从房东和房客处转移而来的交易成本。平台企业承担的比例越大，交易市场的双方就越愿意通过该平台进行交易，但是相应地，平台企业所承担的成本也就越高。因而，给定平台企业所收取的中介费用，房东与房客之间的交易成本越大，或者平台企业所要承担的比例越高，则平台企业利润越低，越有可能退出市场。

(二) 中国在线短租的发展现状

虽然，"P2P"模式在国内被大众所熟知，更多的是因为个人贷款平台，但是"分享经济"作为一种商业模式在国外受到广泛关注和追捧，则主要是因为这一模式在个人租房、租车等业务领域的成功实践，特别是房屋在线短租平台 Airbnb 的成功。Airbnb 是以提供私人住房短期租赁中介服务的美国公司，成立于 2008 年，目前已累计融资近 10 亿美元，估值近百亿美元，成为硅谷最成功的创业公司之一。

中国的在线短租业正是在对 Airbnb 及其美国同行的模仿中成长起来的。2011 年 4 月，国内第一家在线短租平台——爱日租正式运营。同年，游天下、蚂蚁短租、途家网、住我那等同类在线短租平台纷纷上线，截至目前，中国在线短租业已有 10 多家大小不一的平台企业。为更深入地了解中国在线短租业的发展，本文在此运用产业组织理论的 SCP 范式，对中国在线短租业的市场结构、市场行为和市场绩效进行分析。

1. 市场结构

市场结构以一种静态的方式，反映了一个行业现有的竞争程度，主要可以通过集中度和进入壁垒进行描述。

根据中国指数研究院发布的《2015 年在线短租行业报告》数据显示：2015 年中国较大的四家在线短租平台，游天下、蚂蚁短租、途家网和小猪短租共拥有超过 40 万套房源，其中，游天下规模最大，拥有超过 20 万套的房源；而从覆盖的城市来看，游天下和蚂蚁短租各自覆盖了三百多座城市，而途家网和小猪短租也各自覆盖了一百多座城市。由于没有完整的市场数据，很难通过集中度的计算，对目前中国在线短租业的市场结构进行精确的判定。但是根据上述报告的数据，以及从中国在线短租业短暂的发展历程来看，当前中国在线短租业暂时形成了一个较低集中度的寡占市场结构。由于中国在线短租业仍处于由初创期向成长期过渡的阶段，新企业仍会不断进入，在位者也会不断扩大规模，并产生激烈竞争，现有的市场结构应当会发生动态调整。

同时，从进入壁垒的角度看，在线短租业本身并不存在技术壁垒或资金壁垒，同时由于行业监管法规的缺失，也不存在行政壁垒。因此，中国在线短租业暂时不存在明显的进入壁垒，市场进入自由。

2. 市场行为

（1）规模竞争策略。

在当前的发展阶段，通过巨额投入或寻求战略联盟以迅速占领市场是当前国内在线短租企业的主要竞争策略。更为重要的是，在线短租业的双边市场特征也决定了网络规模的重要性，因为只有通过吸引更多的房源，更多的区域覆盖，才能吸引更多的消费者，而只有吸引更多的消费者又才能吸引更多的房源，收取更高的费用。因而，规模扩张或者说规模竞争策略是这一行业自身特征的内在要求，这一点类似于具有规模经济性特征的行业。

但是规模的扩张需要大量资金的支持，因而在这一过程中，最为重要的就是通过源源不断的融资避免资金链的断裂。同时，通过各种市场合作或战略联盟，尽可能地发挥规模优势，尽快产生现金流入，也是维持资金链运转的重要手段。事实上，游天下是搜房网的旗下企业，蚂蚁短租是赶集网的旗下企业，途家网获得了光速、鼎晖、携程以及美国在线短租业HomeAway的联合投资，同时与携程达成了战略合作，而小猪短租则是58同城的合作伙伴，并且已经获得千万美元的融资。

尽管在互联网经济已经日趋成熟的中国市场上，获得资金支持已并非难事，但是资金链断裂的风险仍始终如影随形。2013年7月，作为中国市场上的先行者——爱日租悄然关闭，而根据艾瑞咨询的数据显示，其在2012年已占据了中国在线短租29.7%的市场份额，成为当时市场占有率最高的在线短租平台。爱日租关闭的背后，最为根本的原因应当是国外在线短租的商业模式在中国的水土不服，但更为直接的原因则可能是快速扩张所导致的资金链断裂问题。

因此，规模竞争策略对于在线短租平台的发展而言，是一把"双刃剑"。一方面，行业属性要求企业必须通过扩大规模来获得竞争力；另一方面，规模的扩大又在不断加剧着资金链断裂的风险。综上，对于在线短租企业而言，规模竞争策略运用成败的关键可能并不在于市场开拓，而是在于资金链的稳定。

（2）价格竞争策略。

由于在线短租大多采取的是双边市场模式，所以存在所谓的"非中性"定价策略，即需求弹性低的一方会被收取高价，而需求弹性高的一方会被收取低价。换言之，在线短租平台企业应当向对价格不敏感、能够承受高价的一方收取高价格，而对价格敏感、不能承受高价的一方收取低价格。

从现实的角度看，在线短租平台企业也确实采取了这一定价策略。目前，国内在线短租平台大多采取向房东收费的定价方式，中介费率平均在10%~12%，而针对另一边用户即租客，则收取零费用。因而，在租客这一边的市场上，从一开始便不存在价格竞争的空间。而在房东这一边的市场上，虽然多数企业都有着相近的价格，没有出现激烈的价格战，但是，作为当前业内规模最大的企业，游天下却采取了零费率的定价政策，这可能也是游天下能够成为房源最多、覆盖城市最多的在线短租平台的重要原因。或许，游天下所采取的正是当年淘宝狙击易趣时所采取的竞争策略。因此，虽然目前中国在线短租市场上并未出现激烈的价格战，但是价格竞争仍可能成为同质化背景下中国在线短租平台的重要竞争手段。

（3）差异化竞争策略。

差异化竞争是企业摆脱低成本竞争策略、获得高利润竞争优势的主要方式，对于在线短租平台而言同样如此。在线短租平台的差异化策略可以分为三类：一是平台服务的差异化；二是房源的差异化；三是商业模式的差异化。

从平台服务的差异化来看，提供更多的信息、更多的安全保障、更优质的售前售后服务是最主要的差异化手段。目前，从主要的在线短租平台企业的运营情况来看，各平台并无较大差异，相对而言，游天下的服务更为全面，特别是在帮助房东进行房屋管理方面。而从房源的差异化来看，不同区域、不同类型的房源是差异化的主要成因，但是这种差异更多地体现为横向差异，以满足不同类型消费者的需求。

根据中国指数研究院发布的《2015年在线短租行业报告》数据显示，2015年过半数的消费者选择短租的原因是旅游度假，其次则是商务出差和考试。在房源类型的选择上，公寓型房源是最受欢迎的房源类型，而一线城市的独立别墅也受到越来越多的关注。因而，旅游景区和公寓型的房源就可能成为在线短租平台的重要竞争资源。

就商业模式的差异化而言，其实际上是平台服务和房源的差异化，即通过商业模式调整的方式来提供差异化的服务和房源。途家网就是这方面的典型案例。作为主要的在线短租平台，途家网采取了与其他在线短租平台不同的策略，即以自营的旅游度假公寓为主要房源。采取这种策略既是为了提供更好的服务，也是为了迎合消费者的房源偏好，但同时也意味着途家网放弃了"P2P"的商业模式，转而成为一种"B2C"（Business to Consumer）的商业模式。由于缺乏公开的财务数据进行对比分析，本文无法判断这种对在线短租业典型商业模式的调整，是否是在当前中国社会经济环境中，发展在线短租业的合理路径。但是，现实经验往往是，一种新引入的商业模式在中国的成功必然是经过本土化改造的，因而，这种商业模式的调整至少是一次有益的尝试。

3. 市场绩效

目前尚无公开披露的在线短租平台企业的财务信息，但是由于起步晚，并且从一开始便面临着来自传统酒店业的竞争压力，整体市场规模仍然较小，主要在线短租平台企业都尚未盈利，而爱日租的关闭更是反映了这一行业暂不乐观的财务状况。另外，缺乏市场培育也导致房源质量仍然良莠不齐。但是，正如中国指数研究院《2015年在线短租行业报告》所指出的，与在线短租关联密切的在线旅游业的市场规模有望从2015年的2 204.6亿元扩大至2017年的4 650.1亿元，这为在线短租提供了巨大的发展空间。而更多的市场培育和市场竞争也会使得房源质量不断提高。

二、服务质量评价理论基础

本章将通过对服务与服务质量等进行一系列的深入探讨，从而为后文的研究奠定坚实的理论基础。

（一）服务

1. 服务的界定

服务是"一种复杂的社会现象，涵盖了从内部服务到外部服务、个人服务到产品服务，甚至还可以更广泛"。

在20世纪的50—60年代，西方国家的市场营销学界开始广泛关注"服务"，并对这个概念进行系统的讨论和研究。通过总结、综合前人的理念后，被称为服务管理学派奠基人之一的格罗鲁斯（Gronroos）在1990年，对"服务"做出新的定义："服务一般是以无形的方式，在顾客与服务职员、有形资源商品或服务系统之间发生的，可以解决顾客问题的一种或一系列行为。"同时他还认为"服务是一个过程，这个过程是由一系列的活动所构成，构成服务的这些活动都具有无形性的特征。这种过程是在服务的提供者、顾客以及有形资源（包括系统、资源和商品）三者的互动活动中进行的，这个过程为顾客解决问题或给顾客提出解决问题的方案。有形资源的作用是为了解决顾客提出的问题。"

2. 服务的特性

随着学者研究的不断加深和全面，服务区别于有形产品的特性，可以总结为以下四个特性：无形性、同时性、差异性、易逝性。

（1）无形性（Intangibility），又可以称为服务的抽象性、不可感知性。服务是非实体化的、无形的、感性的、不可实际的触摸而且是靠体验。人们在购买服务之前，对服务是不能感受得到的；购买服务以后，也只能主观的上评价和衡量它的质量效果。

（2）同时性（Inseparability），或称不可分割性、不可分离性。服务生产过程与消费过程是同时发生的，服务生产发生的过程，同时就是服务消费发生的过程，二者在时间维度上是无法分离的。

（3）差异性（Heterogeneity），或称异质性。在服务涉及的领域，没有两种服务是完全一致的，服务的内容及其质量水平经常随环境变化而变化，服务性企业提供的服务不可能完全相同，很难有个固定的标准或水平。

（4）不可储存性（Perishability），或称为易逝性。服务行为很容易消失，无法储存。服务人员在为顾客完成提供服务的行为以后，服务本身也即刻消失。服务性企业虽然在提供服务前，可以将所需要的场地、设备、提供服务的人员等准备好，但这些仅能表示其具备服务的生产能力，而不代表服务已经被储存起来。同样，服务中的剩余能力不能回收，以备未来出售。服务性企业的服务能力与需求之间的平衡是非常重要的。

3. 服务的分类

多年来，研究者随着对服务的研究不断深入，对服务的分类方法也提出很多意见，比较有代表性的主要如表 10.18 所示。

表 10.18　国内部分研究者对服务的定义

研究者	服务的分类
托马斯（R. E. Thomas）	分成两类：一是设备提供的服务，二是人工提供的服务
蔡斯（Richard B. Chase）	根据接触程度的比例，服务可以分成三种类型：纯服务体系、混合服务体系、准制造体系
施曼纳（Roger W. Schmenner）	根据服务性企业的劳动密集程度、顾客和服务人员相互交往程度、服务定制化程度来对服务进行分类，他将服务分成四类：服务工厂、服务车间、大众服务、专业服务
洛伍劳克（Christopher H. Lovelock）	以服务行动的性质、服务性企业与顾客的关系、服务定制化程度和服务人员主观判断程度、服务需求性质、服务传递方式对服务分类

（二）顾客感知的服务质量理论

1. 服务质量的概念

在 20 世纪初期，美国市场营销学诞生后的相当长的时间里，服务管理一直是研究者们的盲区，服务业对经济发展的重要性被严重的低估了。自 20 世纪 70 年代开始，国际学术界对服务质量管理进行探索研究，学者们对服务质量的相关问题进行了大量的有价值的研究。

服务质量的概念引申自有形产品质量的概念。人们对于有形产品质量的认识大体上有 4 种：无瑕疵、符合某种规范或标准、对顾客需求的满足程度、"内部失败"与"外部失败"的发生率。由于服务非常明显的特性使其形成的服务质量的概念与有形产品有显著的区别。

国外多名学者们从不同角度提出了"服务质量"的概念，本文将这些关于"服务质量"的概念的主要观点进行总结并归纳，如表10.19所示。

表10.19 服务质量概念

学者（年代）	基本观点
萨瑟（Sasser）（1978）	服务表现为三个层面，其中包括材料、设备、人员。 服务质量不仅包含最后的结果，还包括提供服务的方式
罗尔博（Rohrbaugh）（1981）	服务质量由人员质量、过程质量和结果质量三部分组成
丘吉尔（Churchill）、休普瑞南（Suprenant）（1982）	对服务的满意程度，决定于实际的服务与原来期望之差异
格罗鲁斯（Gronroos）（1982）	服务质量包含技术质量（服务结果）和功能质量（服务过程）两部分
莱特南（Lehtinen）（1982）	服务质量包含三个层面的内容：有形质量、公司质量、互动质量
PZB（A. Parasuraman、Valarie A. Zeithaml、Leonard L. Berry）（1985，1988）	服务质量取决于顾客购买前期望、感知的过程质量和感知的结果质量，服务质量是这三者的乘积。顾客对服务质量的衡量标准：可靠性、响应性、胜任力、接近性、礼貌性、沟通性、信赖性、安全性、了解性、有形性。1988年10维度被缩减为5项，即有形性、可靠性、反应性、保证性和移情性
格罗鲁斯（Gronroos）（2000）	良好的服务质量的维度有7项，它们分别：1.职业作风与技能；2.态度与行为；3.服务得以获得性与灵活性；4.可靠性与信任性；5.服务补救能力；6.服务环境组合；7.声誉与信用。其中1为技术质量，2、3、4、5和6为功能质量，而7则为感知质量"过滤器"

2. 顾客感知的服务质量的概念

（1）格罗鲁斯服务质量模型。

直到20世纪80年代初期，芬兰的克里斯廷·格罗鲁斯（Christian Gronroos）才对服务质量的内涵进行了较为科学的界定。格罗鲁斯提出了顾客感知的服务质量概念以及较早的服务质量模型构架。

对于"服务质量"，格罗鲁斯认为："服务质量是一个主观范畴，它取决于顾客对服务质量的期望（即期望服务质量）同其实际感知的服务水平（即体验的服务质量）的对比。服务质量模型是关于顾客的感知服务质量相对于他的期望服务的差异比较，如果顾客对服务的感知水平高于其预期水平，则顾客获得较高的满意度，认为企业具有较高的服务质量水平；反之，则会认为企业的服务质量较低。"

在1984年，格罗鲁斯在提出顾客感知服务质量概念的基础上，提出服务质量模型。他认为服务质量是顾客对服务的期望和感知之间的比较，同时他还提出服务质量可分解为"技术质量"（what）、"功能质量"（how）两个方面。"功能质量"是指服务过程的产出，即消费者最终从服务过程中得到的东西；"功能质量"主要涉及服务的过程。顾客感知服务质量并不是决定于"技术质量"和"功能质量"这样两个要素，而是决定于顾客期望与实际感知这两个要素的差距。格罗鲁斯提出的该模型，在服务质量的研究历史上，是具有里程碑意义的。格罗鲁斯的"顾客感知服务质量模型"是最早建立起来，也是最具权威性的模型之一，为后来学者们对顾客感知服务质量的研究奠定了理论基础。由此对顾客感知的服务质量管理研究全面展开。

1988年和2000年，格罗鲁斯都对原服务质量模型做出了修正，如图10.15所示。从内容上看，新模型做出的最大改进是对企业形象的问题给予了特别的关注。形象对于顾客感知服务质量的高低起着异常重要的影响作用。

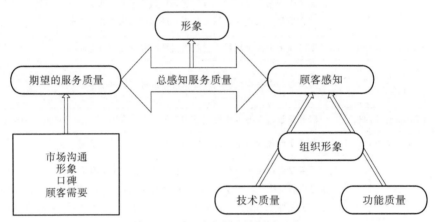

图10.15　格罗鲁斯服务质量模型

（2）PZB服务质量差距模型。

1982年，继格罗鲁斯明确顾客感知的服务质量概念后，1985年服务质量领域一个里程碑诞生了。美国的研究组合PZB的三位学者发表了论文《服务质量的概念模型及其对未来研究的提示》，提出了"服务质量差距模型"，如图10.16所示。

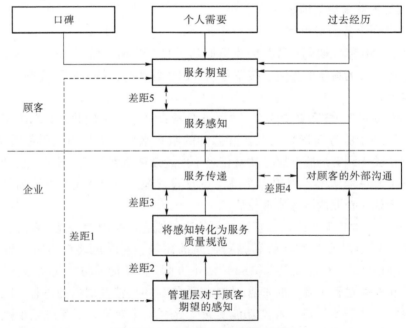

图10.16　PZB服务质量差距模型

这个服务质量差距模型直到今天仍然被认为是市场学领域最为重要的成果之一，它为企业服务质量管理提供了基本的理论依据。

该模型依时间顺序将服务质量的传递过程进行层层细化，以便人们从此模型中找到影响质量差距的环节和原因。PZB 的"服务质量差距模型"中有 5 个差距：

①服务期望与管理层对于顾客期望的感知的差距。
②管理层对于顾客期望的感知与将感知转化为服务质量规范的差距。
③将感知转化为服务质量规范与服务传递的差距。
④服务传递与服务感知的差距。
⑤服务感知与服务期望的差距。
⑥该模型的最终的差距：顾客服务期望与服务感知的差距（差距5），受其他 4 个差距的影响，并等于这 4 个差距的和，即：差距 5 = Σ（差距1，差距2，差距3，差距4）。

1993 年，PZB 对他们之前提出的服务质量差距模型做了修改，将顾客的容忍区域加入新的顾客感知服务质量模型之中，理想服务和适当服务之间的区域就是容忍区域，顾客就是通过比较这两个水平来评估服务质量的，他们还将顾客的预期服务做了细化和分解，如图 10.17 所示。至此，PZB 对服务质量的研究已远超他人。

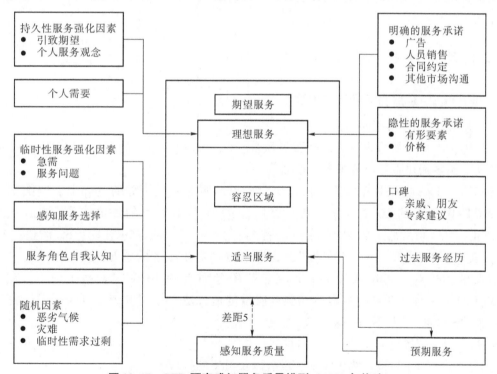

图 10.17　PZB 顾客感知服务质量模型（1993 年修改）

PZB "感知服务质量模型"为后人解决了一系列关于服务质量的问题，具有重大意义。

①为企业对于服务质量的管理奠定了理论基础。"服务质量差距模型"的提出，使得企业清晰地了解到应从哪些方面对服务质量进行监控和管理。后来的许多学者对于"服务质量管理"进行研究的基本理论都是建立在这个模型框架之上的。

②"感知服务质量模型"中"容忍区域"理论的提出,提高了该模型的实际应用价值。引入了"容忍区域"的概念后,企业的服务质量水平即使在该区域内有波动,顾客仍将是认可企业的服务的或会感到满意。这点可以帮助企业在与其顾客进行沟通时,明确必须首先了解顾客,其次一定要使用顾客能理解的"语言"。

③PZB 对顾客服务期望与服务感知的差距的分解,有助于企业在服务质量管理方面工作的开展。企业通过对顾客服务期望与服务感知的差距的分解,一方面将管理服务质量的工作可以建立在服务优势的基础上;另一方面着重关注顾客对服务质量的容忍程度问题。首先企业应保证顾客满意,然后再努力让顾客感到愉悦,这是一个符合逻辑的、科学的管理模式。

④PZB 对于企业服务质量与顾客满意相关性研究尚不够十分完善。顾客对企业形成的总体印象,并不是依次接受服务而产生的印象的简单累加。每次接受服务对顾客感知的服务质量、顾客的满意情况,乃至未来顾客再次购买倾向的影响是不同的。PZB 在企业服务质量与顾客满意相关性研究中一些问题没有得到明确,即:在多次服务和接受服务中(交易中),哪一次的关键时刻更为重要、每一次对企业总的印象的形成起到何种的作用;如果某次特定的交易对顾客而言特别重要,那么此次将对顾客形成服务总体印象起到到何种作用。

(三) 顾客感知服务质量评价

1. SERVQUAL 服务质量评价方法

(1) SERVQUAL 模型的提出。

SERVQUAL 服务质量评价方法是服务质量(Service Quality)的缩写。SERVQUAL 评价法是建立在顾客感知服务质量概念的基础上。

1985 年,PZB 在根据感知服务质量概念提出的服务质量模型的基础上,归纳了"服务质量差距模型"的 10 个维度,共形成包含 97 个测试项目的评价体系。PZB 认为有 10 个维度:"1. 可靠性;2. 响应性;3. 能力;4. 可接近性;5. 礼貌;6. 沟通;7. 信用;8. 安全;9. 理解;10. 有形性",会影响顾客对于服务的感知。

后来在 1988 年,PZB 通过实证研究影响服务质量的 10 个因素做了修正,在论文《SERVQUAL:一种多变量的顾客感知服务质量度量方法》中将其缩减到为 5 类、22 个项目,称为"5 维度",如图 10.18 和表 10.20 所示。

SERVQUAL 五维度:

①有形性(Tangible):物质设施、设备以及员工的外表。
②可靠性(Reliability):可靠地、精确地履行服务承诺的能力。
③响应性(Responsiveness):愿意并能及时地对顾客提供服务。
④保证性(Assurance):员工的知识、礼貌以及能让顾客产生信任感的能力。
⑤移情性(Empathy):关心、照顾,能为顾客提供个性化的服务。

SERVQUAL 每个维度对应的项目具体内容,如表 10.20 所示。

第十章 案例

图 10.18 SERVQUAL 方法的产生

表 10.20 SERVQUAL 5 维度的 22 个项目

维度	项目
有形性	1. 有现代化的服务设施。 2. 服务设施具有吸引力。 3. 员工有整洁的服装和外表。 4. 公司的设施与他们所提供的服务相匹配
可靠性	5. 公司对顾客所承诺的事情都能及时地完成。 6. 顾客遇到困难时,能表现出关心并提供帮助。 7. 公司是可靠的。 8. 能准时地提供所承诺的服务。 9. 正确记录相关的服务
响应性	10. 不能指望他们告诉顾客提供服务的准确时间。※ 11. 期望他们提供及时的服务是不现实的。※ 12. 员工并不总是愿意帮助顾客。※ 13. 员工因为太忙以至于无法立即提供服务,满足顾客的需求※
保证性	14. 员工是值得信赖的。 15. 在从事交易时顾客会感到放心。 16. 员工是有礼貌的。 17. 员工可从公司得到适当的支持,以提供更好的服务
移情性	18. 公司不会针对不同的顾客提供个别的服务。※ 19. 员工不会给予顾客个别的关怀。※ 20. 不能期望员工会了解顾客的需求。※ 21. 公司没有优先考虑顾客的利益。※ 22. 公司提供的服务时间不能符合所有顾客的需求※

（2）SERVQUAL 模型的应用。

PZB 认为：顾客对服务质量的相关影响因素的实际表现形成的感知,同对服务本身的期望之间进行比较结果就是服务质量。由此形成了被人们广泛接受和使用的服务质量测量模型——SERVQUAL。SERVQUAL 评价模型，如图 10.19 所示。

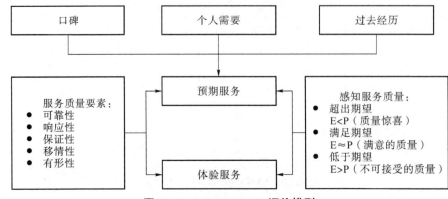

图 10.19 SERVQUAL 评价模型

顾客对服务质量的感受（SQ）将由期望的服务（E）与感知到的服务（P）之间的差距所决定。SERVQUAL 的关系可以概括为以下的公式：服务质量 = 绩效感知 – 服务期望（SQ = P – E）。

当 P < E 时，表明实际的服务质量要低于顾客满意的服务质量，而且随着 P 与 E 之间差距程度的进一步增加，顾客对服务质量的感受会趋于完全的不满意。

当 P > E 时，表明实际的服务质量会超过顾客满意的服务质量，且随着 P 与 E 之间差距程度的进一步增加，服务质量会趋于顾客更加理想化的程度。

当 P = E 时，顾客对于此时的服务质量是满意的。

自 SERVQUAL 模型的评价方法提出后，其在零售、饮食、银行、保险、图书馆、宾馆、医院、高等教育机构等众多行业中得到了广泛应用。可以说，PZB 为人们明确服务质量问题形成的具体因素和评价方法找到了一种有益的工具。但是，学术界对于 SERVQUAL 的应用一直存在着争议，认为 SERVQUAL 模型的评价方法并不是很完善。故此在 1991 年，PZB 对原 SERVQUAL 模型的评价方法进行了改进。首先，PZB 对原 SERVQUAL 调查问卷的问项中所有负面问句全部改为正面问句；其次，在早期，PZB 对顾客期望的定义是"服务应当是什么"（should），由于这样的问句很可能使顾客的接受服务经历对期望产生一定的映射作用，从而影响客户对期望判断的正确性。因此，PZB 把"应当"或"应该"字样全部改为"能够"（would，will）字样。此番修正后，使 SERVQUAL 模型的评价方法在信度和效度方面均得到较大的提升，全面优于原始的 SERVQUAL。在 1994 年，PZB 对 SERVQUAL 模型的评价方法再次进行了一次修正，主要包括：首先，将量表的排列变化了形式，由两栏问卷的原始 SERVQUAL 改为三种形式，即一栏、两栏和三栏，从而形成三组独立的问卷；其次，首次对顾客完成问卷的难易程度和对问项的把握程度进行了测量。最后，对"容忍区域"进行了专门的探讨。

PZB 在对于修正、扩展 SERVQUAL 模型的意义有：首先，企业可以精确计算"容忍区域"，并对其给予科学的管理；其次，明确 SERVQUAL 的实际应用价值；最后，根据不同的要求来选择不同的服务质量度量方法。

2. 其他服务质量评价方法

自从 20 世纪 80 年代由 PZB 提出 SERVQUAL 模型以来得到了很多学者的认可，但起初建立 SERVQUAL 模型的方法体系并不是出于实证研究，而是基于经验主义的结论，在学术界从未停止过争论，有些研究者对该模型提出了质疑。1991 年克罗宁和泰勒（Cronin and Taylor）对 SERVQUAL 评价模型的可靠性提出了质疑。1992 年他们提出了"服务绩效来度量顾客感知服务质量"（Performance-based Measurement of Service Quality）即 SERVPERF 模型。他们指出了服务绩效感知的另外一种测量方法：相较而言，SERVPERF 放弃了 SERVQUAL 所使用的比较差异的方法，而只是利用一个变量，即"服务绩效"来测量顾客感知服务质量。与 SERVQUAL 模型相比，SERVPERF 在应用中不涉及加权问题，SERVPERF 模型是较为简单、实用和精确的评价方法，SERVPERF 量表中的感知项的解释能力要优于 SERVQUAL 量表中感知期望差的解释能力。但从历史继承性的角度来看，SERVPERF 设计的问卷与 SERVQUAL 的问卷并没有实质的区别，依然是采用了 PZB 的 SERVQUAL 模型（1988）的 5 个维度和 22 个问题的研究模式，并且对所有的问题和语气也没有任何修改。同时，两个模型对各服务质量维度内涵的解释也是完全相同的，甚至连正负问题所占的比重也完全相同。所以，SERVPERF 评价方法的创新性并不是很高。1993 年奥利弗（Oliver. Richard L）提出"奥利弗感知服务质量模型"，他认为，对于顾客满意和感知质量应该采用不同的评价标准。

1995 年李亚德尔（Veronica Liljander）和斯特拉迪维克（Tore Strandvik）提出"关系质量模型"，他们将顾客对服务质量的感知分成两部分，即情景感知和关系感知。

2003 年崔立新提出了"Q 矩阵模型"，这是体现了顾客感知服务质量和改进与创新行动之间的相互作用的衡量服务质量的多维评价模型。充分依据 SERVQUAL 模型的基础上，"Q 矩阵模型"把 SERVQUAL 模型中的决定因素与"作业管理"和"人力资源管理"方面相结合构成了系统图和矩阵图，并应用了新的关系模型。

在 30 年来顾客感知服务质量的研究过程中，还有 Roland T. Rust、Michael Johnson 等多位学者也做出了很大的贡献。

（四）顾客感知服务质量理论的发展趋势

从服务质量评价模型的应用来看：PZB 的研究对象只集中在银行、信用卡、设备维修和养护及长途电话 4 个方面，这使得他们的结论尚未能具备普遍性。上述原因也使得 PZB 一直强调两点：一是 SERVQUAL 应用于不同行业时，必须对表中问项做适当调整，这样才能保证 SERVQUAL 评价的科学性；二是如果需要的话，服务质量的 5 个维度也可以做适当调整，以满足对不同企业研究的特殊需要。

通过总结学者和研究人员的研究文献可以发现，在学术上对于 SERVQUAL 模型的研究和应用主要可以分为两个方面：一是将该模型不做修改而直接在一些行业上进行验证和应用；另一种是充分考虑行业特点和实际情况对模型和量表进行适当修正，然后进行实证和应用。

诚然，未来这两个方向都是对 SERVQUAL 模型的扩展与延伸，在学术层面和管理实践上都有其研究价值，但本文认为 SERVQUAL 的应用前景应为根据实际情况对模型适当的修正，这样才可使 SERVQUAL 具备拥有科学性、普遍性的长久生命力。

从服务质量研究的范围看：国外十分关注从顾客的角度开展服务感知、满意度等实证研究，国内则比较晚才开始重视这方面研究，更多的是从企业服务人员的角度，研究对客技巧、服务质量标准等。

从研究成果的实用性来说，国外学者由于针对具体领域的最终消费者的意见，提出的建议更加有针对性和操作性。相比而言，目前国内则在这方面显得比较薄弱，提出的对策和建议可能过于宏观，微观上又显得不够细致，操作规范针对性不强。顾客感知的服务质量在我国的发展趋势也应是依照国外的先进经验，从客户的感知出发，通过对具体实例进行理论研究，提出实际有效而又切实可行的建议。

在对短租服务质量评价的研究视角上，应该更具体化，注重个案研究，针对有代表性的企业开展实证研究。在操作上要从顾客的实际角度出发，重视顾客的服务体验和由此带来的服务感知，开展服务微观层面的研究，使研究结果更具可操作性。在研究方法上采用国外比较成熟的服务质量评价方法，结合国内、本行业的具体情况进行相应地、适当地变化，使现有研究结论能给差旅管理企业对于短租服务质量评价工作起到指导意义，也达到拓展国内相关研究领域的目的。

（五）小结

本节主要对服务、服务质量、服务质量评价、SERVQUAL 模型等相关概念和理论基础进行了梳理和综述，并对国内外一些研究成果和发展趋势进行了简单介绍和说明。这些将成为后文实证研究的理论基础。

三、SERVQUAL 评价模型构建

（一）基于 SERVQUAL 的短租房用户感知服务评价模型

基于短租房预定网站的现状，先由房东提供房源注册，用户浏览短租房信息。如果用户看重某套房源，就可以下单向短租房网站申请预订房间。租房成功后，短租房网站一般会向房东收取一定的服务费用，这也是短租房网站的盈利模式之一。

为保证 SERVQUAL 模型的科学性，应针对不同的行业，对其做出调整。调整的方式主要包括两种：一是对服务质量的 5 个因素进行适当调整，以适应行业需求；二是适当调整 5 个因素维度中包含的评价指标，使其更好地与行业现状相贴合。

基于以上原因，结合对研究现状的参考及实际调研，我们保留了原 SERVQUAL 评价模型的 5 个因素，并对其中的 22 项指标进行了调整，得出基于 SERVQUAL 的短租房用户感知服务评价模型如表 10.21 所示。

主要调整包括：

（1）由于短租房的线上预订，线下接受服务的性质，将有形性整体分为短租房、预订网站以及短租房周边环境三个大体方向，每个方向再进行细分。

（2）短租房预订需要先在网上支付定金，为了对用户的资金提供保护，在可靠性中加入了"安全的支付方式"。

（3）反应性包含了短租房预定网站（或 App）对用户使用时的及时服务，以及房东在与用户接触时的及时沟通。

(4) 实践考察中,我们发现提供优惠的价格能够吸引更多的用户,故在移情性中增加了该项指标。

表 10.21 基于 SERVQUAL 的短租房用户感知服务评价模型

因素	序号	指标
有形性	1	短租房内具有齐全的现代化设施
	2	短租房环境整洁舒适
	3	房东态度友好、大方得体
	4	短租房预订网站(或 App)的使用简捷方便
	5	短租房预订网站(或 App)有在线客服
	6	短租房预订网站(或 App)能提供丰富的服务项目
	7	短租房周边交通便利
	8	短租房周边环境良好
	9	短租房周边设施完善
可靠性	10	房东可以提供在网站(或 App)上承诺的所有服务
	11	当遇到困难时,短租房预订网站(或 App)能尽力协助解决
	12	短租房预订网站(或 App)可以记录、保留用户的短租情况
	13	短租房预订网站(或 App)支持多种支付方式
反应性	14	短租房预订网站(或 App)能第一时间回应用户的需求
	15	房东可以及时准确地完成在网站(或 App)上承诺的所有服务
	16	短租房预订网站(或 App)可以提供 24 小时服务
	17	服务中,房东能与用户及时交流互动
	18	用户的评论房东可以及时反馈
保证性	19	房东是值得信赖的
	20	短租房是安全的
	21	房东可以提供专业的服务
	22	房东乐意与用户交流,以提高服务水平
移情性	23	短租房预订网站(或 App)能及时与用户沟通
	24	短租房预订网站(或 App)具有价格优惠
	25	短租房预订网站(或 App)可以提供个性化的服务
	26	房东可以理解用户的个性化需求

(二) 调查问卷设计

问卷的主体主要由两部分组成:第一部分为基本信息部分,包括用户的性别、年龄、教育程度和月收入,用于描述调查群体的特征;第二部分为修正后的 SERVQUAL 评价模型,共 26 个问题,为提高问题的区分度,问卷将 5 个因素的问题进行了交叉排列,并将问题分为了完全不同意——1、不太同意——2、不确定——3、同意——4、完全同意——5,共 5 个指标进行衡量。

我们采用线上问卷发放的方式，对体验过短租服务的群体进行调查。调查问卷的具体问题和题号如表 10.22 所示。

表 10.22　调查问卷问题及题号

因素	问题	题号
有形性	租房预订网站（或 App）提供的短租房内具有齐全的现代化设施	1
	租房预订网站（或 App）提供的短租房环境整洁舒适	2
	租房预订网站（或 App）注册的房东态度友好、行为大方得体	3
	短租房预订网站（或 App）的使用易于操作、简捷方便	4
	短租房预订网站（或 App）有在线客服	5
可靠性	房东可以提供在网站（或 App）上承诺的所有服务	6
反应性	房东可以及时准确地完成在网站（或 App）上承诺的所有服务	7
	短租房预订网站（或 App）能第一时间回应用户的需求	8
可靠性	当遇到困难时，短租房预订网站（或 App）能尽力协助解决	9
	短租房预订网站（或 App）可以记录、保留用户的短租情况	10
	短租房预订网站（或 App）支持多种支付方式	11
移情性	短租房预订网站（或 App）能及时与用户沟通	12
保证性	房东乐意与用户交流，以提高服务水平	13
	房东是值得信赖的	14
	短租房预订网站（或 App）提供的短租房是安全的	15
有形性	短租房预订网站（或 App）能提供丰富的服务项目	16
移情性	短租房预订网站（或 App）具有价格优惠	17
保证性	房东可以提供专业的服务（如：周边景点介绍等）	18
移情性	短租房预订网站（或 App）可以提供个性化的服务	19
	房东可以理解用户的个性化需求	20
反应性	短租房预订网站（或 App）可以提供 24 小时服务	21
	服务中，房东能与用户及时交流互动	22
	用户的评论房东可以及时反馈	23
有形性	短租房预订网站（或 App）提供的短租房周边交通便利（公交、地铁等）	24
	短租房预订网站（或 App）提供的短租房周边环境良好（公园等）	25
	短租房预订网站（或 App）提供的短租房周边设施完善（超市等）	26

（三）分析方法

我们将线上采集的问卷数据导入 Excel 表格中，主要采用 SPSS 以及 R 软件进行深入分析，主要采用的分析方法包括以下几种。

1. 因子分子

因子分析可在许多变量中找出隐藏的具有代表性的因子。将相同本质的变量归入一个因子，可减少变量的数目，还可检验变量间关系的假设。提取出的因子，可以根据专业知识、实际意义、因子内包含的指标得出解释。

2. 聚类分析

聚类分析是一组将研究对象分为相对同质的簇的统计分析技术。聚类分析方法被用作描述数据，衡量不同数据源间的相似性，以及把数据源分类到不同的簇中。参与聚类的各项指标缺乏可靠的历史资料，无法确定共有多少类别。

常用的 K-means 聚类算法是采用距离作为相似性的评价指标，即认为两个对象的距离越近，其相似度就越大。该算法先随机地选取任意 k 个对象作为初始聚类的中心，初始地代表一个簇。然后在每次迭代中，根据数据集中剩余的每个对象与各个簇中心的距离，将每个对象重新赋给最近的簇。当考察完所有数据对象后，新的聚类中心被计算出来。如果在一次迭代前后，评价指标的值没有发生变化，说明算法已经收敛。

3. 词频统计

将通过爬虫技术获取的在线评论数据进行分词，再将分词的结果返回评论中，统计每个词在评论中出现的次数。然后剔除干扰项，选取出现频数高的词作为特征词，将提取出的特征词与现有模型进行比对，结果用于模型的修正。

（四）小结

根据短租行业的特性，对原模型进行调整，提出了基于 SERVQUAL 的短租房用户感知服务评价模型，模型包含了 5 个因素及 22 项指标。然后根据调整后的模型设计问卷，被调查者根据自身的短租服务经历进行选择。导出问卷数据，并采用相关数据分析方法进行深入挖掘。

四、大数据分析

由于该研究的主要内容是短租用户的感知服务质量，因此研究的关键在于搜集现有用户对于短租网站及房东的评价。前文中已经设计问卷并进行了发放回收，但该种数据收集方式有一定的局限性。例如我们的问卷覆盖范围以北京高校的学生群体为主，因此会遗漏其余年龄阶层、社会阶层、地域阶层；而且问卷只能从 SERVEQUAL 评价模型的角度去评判短租行业的某项服务目前处于怎样的一个水平，涉及的问答一般都只有固定的几个选项，所以无法得到用户的详细感知或是某些细节评价。

为了弥补遗漏，增强研究结果的准确性和科学性，我们接下来进行了评价大数据的爬取。数据爬取这种方式也具有一定局限性，例如多人同时使用一家短租房，最终使用完毕后在网站上评论的人肯定只会是当初订房的那一个人，而且有些人可能使用后也不会进行评价，因此这种方式刚好可以与问卷收集得到的数据在一定程度上进行互相补漏。

（一）评论大数据的爬取

我们选用八爪鱼软件爬取了国内目前应用较为广泛的 Airbnb、蚂蚁短租和途家三家短租网站的评论数据，考虑到小城市目前短租行业发展还很微弱，网站涉及内容较少或几乎没有，因此我们每家网站都选择了北京、上海、成都、南京四大城市，且都覆盖了高价位（300 以上）和低价位（200 以下）两种类型，以增强数据普遍性。

数据爬取工作流程设计如图 10.20 所示，即选择的每家网站都循环翻页采集所有评论信息。爬取的字段包括评论时间和评论内容，导出到 Excel 列表如图 10.21 所示。

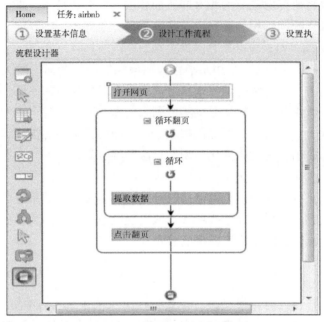

图 10.20　数据爬取工作流程设计

1	时间	评价
2	2016-10-12 10:54	北京这个地点这个价位非常划算，带孩子出游这个房间很受用，北京交通很便利去哪都可以方便到达，周围吃饭也方便，房东小伙很耐心、细心
3	2016-09-05 17:08	押金，押金，押金，押金，押金，押金！
4	2016-09-04 16:07	房子还算可以！什么都有了！地铁公交也很方便！房主人很好！
5	2016-08-30 14:30	交通便利，离车站二十分钟路程，好找，社区里有超市，就餐等方便，就是屋太小，脏点，床不好睡，另外里面有好多小黑客陪你
6	2016-08-22 07:11	交通便利，但房子真心不好住，霉味太大，房东小伙太肉
7	2016-08-21 10:06	房子整体说还好了，上下两间阁楼，够住，只是内部设施有些粗糙，比宾馆还是差一些，若不讲究也过得去，毕竟价格在那里；房东小伙人还不错，只是可能太忙的缘故
8	2016-08-08 14:53	去了才知道房东是老乡，房子不是我租的这套，竟然是一套小阁楼，简直太意外了，比以前租的房子好太多太多了，有空调、电视、冰箱、电磁炉，太美了，房间特别暖
9	2016-08-01 18:58	从7号线地铁达官营下车，步行7，8分钟就到，交通挺方便的。房东很热情，看我们还带个孩子特意找了一个家庭房，给个赞！果断介绍给同事，下月来北京也在这住。
10	2016-07-28 20:01	我是假期领孩子旅游去的北京，房子不错，很方便。
11	2016-07-20 22:44	房源出现点问题，但房东给解决了，附近找了家宾馆住了两天，条件还可以，基本满足我们的要求，房东态度不错，并承诺雨停后尽快给调房。
12	2016-07-20 16:32	整体感觉还是不错的，房东小帅哥人不错！若是房间能更干净些会更好！
13	2016-07-19 11:40	房子好找，离地铁不远，十分钟内一定可以到！房东小刘人挺好，容易沟通！我带孩子和老人一起四个，小刘积极协调，最终住下来了！下次一定给朋友介绍！
14	2016-07-15 21:42	房东人很好，周围交通方便，有超市快餐店，买早餐也很方便，有冰箱可以存放食物，很实惠的租房体验。
15	2016-07-15 13:10	房子虽小，一应俱全，我在北京住了三个地方，最后还是选择这家。在北京有这样的大的房子住，价格实惠，无论地铁还是公交都很方便，特别是房东小刘，很大气，不
16	2016-07-08 21:11	这个房子是很不满意的，我要退房
17	2016-07-03 11:43	挺好的，位置有一点点不好找，但是服务挺不错的
18	2016-06-11 17:31	房间还不错，挺满意的！房东人挺好，服务周到！晚上倒是挺安静的，下次还会考虑
19	2016-06-11 15:43	真心感觉一次美好的旅行，房子离白云桥西特别近，到哪里都挺方便的　来的时候原来订的房子没退房，房东给我找个复式的，真心很善的，东西一应具全，关键房子的
20	2016-05-10 18:02	很满意，房东很好。
21	2016-04-12 18:21	凭良心说这个价格这个房间很OK了，就是如果房间木有霉点的话更高价也可以哦~

图 10.21　导出评价

通过整理，我们发现爬取到的网站评论信息几乎全部都是好评，但是这显然与问卷得到的结果和现实中我们的短租房体验感知不相匹配，不可能所有房源都做到无可挑剔，因此我们认为出现这种情况可能有以下两点原因。一是网站处理了用户评论信息，筛选掉了较为不好的评价；二是因为在短租房使用过程中，房东和租客可以进行充分的线下接触，因此用户可以将体验及时反馈给房东，并进行沟通交流，这样在后期进行线上评价的时候就可能不会再填写不好的信息。

此外，在整理数据后我们发现，Airbnb 的评论信息只有评论区域的第一页显示了用户评论时间，后续页面都没有显示时间，途家网则是同样的日期出现好几次，且时间都不连续，每个房源都是这种情况，我们对这一点很疑惑，这很难不让我们去质疑它的真实性。而且，评论时间对还未入住过想要订房的用户来说是很重要的一项参考信息，没有评论时间会在一定程度上降低用户的满意度，如图 10. 22 所示。

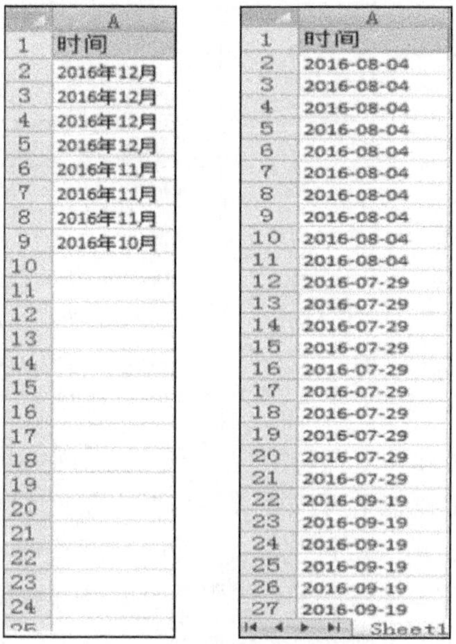

	A
1	时间
2	2016年12月
3	2016年12月
4	2016年12月
5	2016年12月
6	2016年11月
7	2016年11月
8	2016年11月
9	2016年10月
10	
11	
12	
13	
14	
15	
16	
17	
18	
19	
20	
21	
22	
23	
24	

	A
1	时间
2	2016-08-04
3	2016-08-04
4	2016-08-04
5	2016-08-04
6	2016-08-04
7	2016-08-04
8	2016-08-04
9	2016-08-04
10	2016-08-04
11	2016-08-04
12	2016-07-29
13	2016-07-29
14	2016-07-29
15	2016-07-29
16	2016-07-29
17	2016-07-29
18	2016-07-29
19	2016-07-29
20	2016-07-29
21	2016-07-29
22	2016-09-19
23	2016-09-19
24	2016-09-19
25	2016-09-19
26	2016-09-19
27	2016-09-19

Sheet1

图 10. 22　用户评论时间

（二）分词及词频统计

鉴于这种数据情况，我们无法通过数据的爬取提出改进建议，因此将研究重点放在用户在这些详细评论中所体现的他们对于短租房服务的重点关注点。我们选用 R 软件进行了分词和词频统计，选取词频在 20 以上的词，并去除语言表达中常用的与我们调查对象非关联的词组，最后得到了如表 10. 23 所示的 70 组词。

表 10. 23　词频统计结果

词	频数	词	频数	词	频数	词	频数
房东	529	吃	93	阿姨	46	便宜	29
房间	510	整洁	92	周围	46	地段	29
住	486	公寓	91	厨房	45	解决	27
方便	432	便利	90	空调	44	照片	27
干净	288	体验	89	热心	44	屋子	26
房子	255	卫生	86	布置	42	冰箱	25
位置	239	舒适	83	卫生间	42	用心	22

续表

词	频数	词	频数	词	频数	词	频数
交通	210	房	78	电视	41	耐心	21
热情	184	公交	75	房主	41	细心	20
家	167	齐全	65	客厅	39	早餐	20
地铁	148	价格	61	设计	39		
环境	140	价	60	出行	37		
舒服	136	图片	58	超市	35		
入住	118	态度	56	吃饭	34		
老板	107	漂亮	55	贴心	34		
床	106	做饭	55	周到	32		
设施	105	装修	52	景点	31		
温馨	102	可爱	51	实惠	31		
地铁站	100	安静	47	安全	30		
服务	97	住宿	47	风格	30		

通过表 10.23 中的词频统计结果，我们进一步进行了词语所属类别的分析，主要分为了以下四类。一是硬件环境，主要包括对房源所属地理位置、周围的交通是否便利以及周围环境如何等类似评价的词语；二是房源情况，主要包括对房源本身及内部各项设施的评价词语；三是房东情况，主要包括对房东及房东的服务态度等方面评价的词语；四是用户的具体感受体验，主要包括各类感性描述词语，例如房子是否整洁干净、房东是否热情用心等，如图 10.23 所示。

硬件环境		房源情况		房东情况		感受体验	
位置	268	房间	510	房东	529	入住	651
地铁	248	房子	255	老板	107	方便	522
交通	210	家	167	服务	97	干净	288
价格	152	床	156	态度	56	舒服	236
环境	140	厨房	100	阿姨	46	热情	184
吃	127	装修	52	解决问题	27	温馨	102
设施	105	空调	44			整洁	92
图片	85	卫生间	42			体验	89
公交	75	布置	42			卫生	86
周围	46	电视	41			齐全	65
出行	37	客厅	39			漂亮	55
超市	35	设计	39			可爱	51
景点	31	风格	30			安静	47
安全	30	屋子	26			热心	44
地段	29	冰箱	25			贴心	34
		早餐	20			周到	32
						便宜	29
						用心	22
						耐心	21
						细心	20

图 10.23 词语类别分析

通过排序我们可以发现：硬件环境方面，用户使用度最高的词语主要是位置、地铁、交通、价格、环境、吃以及设施等，由此可以看出用户对于短租房的位置及周边环境尤为看重；房源情况方面，用户使用度最高的词语是房间、房子、家、床以及厨房等，除房间、房子和家这三个整体性词语之外，可以看出用户在进入短租房之后的关注点主要集中在床和厨房这两方面；房东情况方面，与房源类似，剔除整体性词语之外，用户经常使用的词语就是服务以及态度，可以看出房东的服务在整个短租房使用过程中也是很重要的；感受体验方面，用户使用度最高的词语是入住、方便、干净、舒服、热情以及温馨等，这方面的描述性词语特别多，覆盖内容也较为广泛，但最主要的方面就是入住是否方便舒服，其余词语都是进一步地对房东的服务以及房源情况的描述。

将这四个方面整合为一个整体来看，用户使用度最高的词语是入住、房东、方便、房间、干净、位置等，由此可以看出用户对于短租房最关注的就是房东服务态度怎么样、房间是否干净以及房源的地理位置是否方便。这个结果可以在一定程度上代表目前用户对于短租房的主要关注点以及要求，这对于后续加强短租房行业服务质量及提出改进建议具有很强的参考意义。

五、问卷分析

（一）样本构成分析

1. 短租顾客性别分布

本次调查对象的性别比例为 40.83:59.17，如图 10.24 所示。

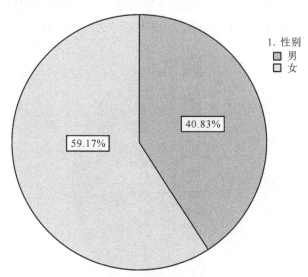

图 10.24　短租顾客性别比例

2. 短租顾客年龄分布

由图 10.25 可见，短租的顾客主要由 19～25 岁和 26～30 岁的人构成，分别占总体的 84.62% 和 11.83%。说明 19～30 岁的人短租行业的重点顾客，应该更注重对这一类人群的分析和把握。

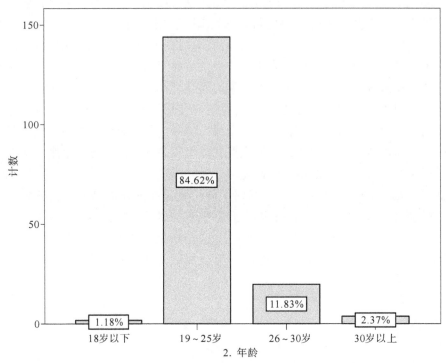

图 10.25　短租顾客年龄分布

3. 短租顾客的教育程度的分析

从图 10.26 可以看出，有超过 50% 的短租顾客教育程度是硕士及以上，另有 45% 以上的顾客的教育程度为本科，可看出短租顾客的主体是本科教育及以上的人群。

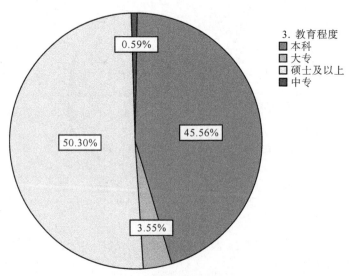

图 10.26　短租顾客教育程度分布

(4) 短租顾客的月收入分析

由图 10.27 可知，短租顾客的收入在 1 万元以下的比例占 96.45%。总体来说顾客的收入水平相对较低。

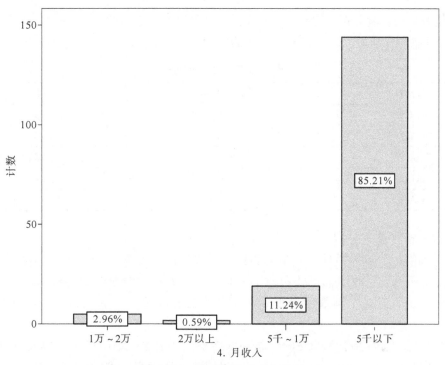

图 10.27　短租顾客月收入分布

(二) 问卷项目分析

1. 信度分析

信度（Reliability）即可靠性，它是指采用同样的方法对同一对象重复测量时所得结果的一致性程度。信度指标多以相关系数表示，大致可分为三类：稳定系数（跨时间的一致性），等值系数（跨形式的一致性）和内在一致性系数（跨项目的一致性）。信度分析的方法主要有以下四种：重测信度法、复本信度法、折半信度法、α 信度系数法。

Cronbach α 信度系数是目前最常用的信度系数，其公式为：

$$\alpha = \left(\frac{1}{n-1}\right)\left(1 - \frac{\sum s_i^2}{s_T^2}\right)$$

其中，n 为量表中题项的总数，s_i^2 为第 i 题得分的题内方差，s_T^2 为全部题项总得分的方差。从公式中可以看出，α 系数评价的是量表中各题项得分间的一致性，属于内在一致性系数。这种方法适用于态度、意见式问卷（量表）的信度分析。

用 SPSS 对整个量表进行信度分析，得到表 10.24，可以看出 Cronbach α 信度系数为 0.968，则认为可以采纳。

表 10.24　可靠性统计量

Cronbach's Alpha	项数
0.968	26

对分量表进行信度分析,得到表 10.25,可以看出各分量表的 Cronbach α 信度系数均大于 0.7,除可靠性分量表以外,其他分量表的信度均大于 0.8。

表 10.25　分量表信度

分量表	Cronbach's Alpha	项数
有形性	0.930	9
可靠性	0.787	4
响应性	0.872	5
保证性	0.874	4
移情性	0.872	4

2. 效度分析（因子分析）

效度（Validity）即有效性,它是指测量工具或手段能够准确测出所需测量的事物的程度。效度是指所测量到的结果反映所想要考察内容的程度,测量结果与要考察的内容越吻合,则效度越高;反之,则效度越低。效度分为三种类型：内容效度、准则效度和结构效度。

用 SPSS 得到 KMO 检验和 Bartlett's 检验的结果。从表 10.26 中可以看出 KMO 检验统计量的值为 0.951,较大,则说明因子分析的效度很好,可以进行因子分析;Bartlett's 检验的 p 值为 0.000,说明因子的相关系数矩阵非单位矩阵,能够提取最少的因子同时又能解释大部分的方差,即效度可以。

表 10.26　KMO 和 Bartlett 的检验

取样足够度的 Kaiser-Meyer-Olkin 度量		.951
Bartlett 的球形度检验	近似卡方	3 437.234
	df	.325
	Sig.	.000

3. 聚类分析

利用 SPSS 对数据进行聚类分析,有结果可知这里一共进行了 25 步聚类。得到图 10.28 的 Q 型聚类的垂直冰状图,我们将 26 个问题分为五类。

第一类：

5. 租房预订网站（或 App）提供的短租房内具有齐全的现代化设施。

6. 租房预订网站（或 App）提供的短租房环境整洁舒适。

第二类：

7. 租房预订网站（或 App）注册的房东态度友好、行为大方得体。

10. 房东可以提供在网站（或 App）上承诺的所有服务。

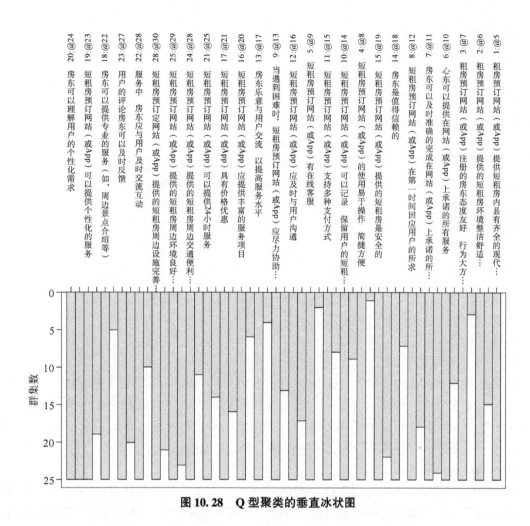

图 10.28　Q 型聚类的垂直冰状图

11. 房东可以及时准确地完成在网站（或 App）上承诺的所有服务。
12. 短租房预订网站（或 App）能第一时间回应用户的需求。
18. 房东是值得信赖的。
19. 短租房预订网站（或 App）提供的短租房是安全的。

第三类：

8. 短租房预订网站（或 App）的使用易于操作、简捷方便。
14. 短租房预订网站（或 App）可以记录、保留用户的短租情况。
15. 短租房预订网站（或 App）支持多种支付方式。

第四类：

9. 短租房预订网站（或 App）有在线客服。
13. 当遇到困难时，短租房预订网站（或 App）能尽力协助解决。
16. 短租房预订网站（或 App）能及时与用户沟通。

第五类：

21. 短租房预订网站（或 App）价格优惠。
22. 房东可以提供专业的服务（如：周边景点介绍等）。

23. 短租房预订网站（或App）可以提供个性化的服务。
24. 房东可以理解用户的个性化需求。
25. 短租房预订网站（或App）可以提供24小时服务。
26. 服务中，房东能与用户及时交流互动。
27. 用户的评论房东可以及时反馈。
28. 短租房预订网站（或App）提供的短租房周边交通便利（公交、地铁）。
29. 短租房预订网站（或App）提供的短租房周边环境良好（公园等）。
30. 短租房预订网站（或App）提供的短租房周边设施完善（超市等）。

六、改进建议及不足和展望

（一）改进

本节的研究内容主要以评价结果为基础，从影响短租用户感知服务质量的5个主维度入手，分别提出提升服务质量的对策建议。

1. 有形性

（1）规范房主行为。

房主是与顾客的直接接触者，房主的行为直接影响了顾客的感知服务质量的好坏。房主基本上从未接受过相关培训，对服务的相关知识知之甚少，以自己的方式处理与顾客的交际，这无疑会在不经意间做出得罪顾客的行为。所以，短租网站方可以对房主进行远程培训，发放书面文件，规范房主行为，树立标准，规避不好的行为。

（2）增加辅助服务。

辅助服务是服务性企业为顾客提供的额外服务，顾客消费核心服务时不必消费辅助服务，但辅助服务却能提高基本组合的消费价值，提高企业竞争力。因此房主可根据地方特色为顾客提供独一无二的服务，如房子临湖，房主为顾客提供免费的自行车，或是房主可准备免费的水果或当地的美食、景点攻略等。

（3）建立评估房源的标准。

目前，短租客普遍对房源周边的设施以及交通、环境等要求较高。如，不能留下上次短租客的痕迹、床上用品必须全换等卫生标准。不给房主可乘之机。

（4）提高短租网站的界面美观性和操作便捷性。

这是电子商务网站的重要竞争手段之一，也是吸引顾客，提升网站形象的关键因素。网站的页面美观，色调怡人，无疑会在第一时间给顾客好的印象。随着功能的开发，需要传递给顾客的内容越来越多，网站所需承载的负荷与日俱增。因此网站的硬件和系统需要升级和优化以支撑更大的网络容量，致力于提高网站的响应速度，带给用户爽快的体验。

（5）健全评论机制。

顾客选择使用网站上的某家房源时，需要网站提供足够的信息使顾客确认自己的需求能够达到满足，而当这些信息来自利益无关的第三方时最为可信。也就说已消费的顾客写下的评论最能刺激顾客的消费，可见健全评价机制的重要性。因此应采用多样化的信息展示方式体现评价。通过文字介绍使顾客产生初步的感性印象，而图片一定程度上增强可信度，视频则可以产生真实的代入感，使顾客身临其境，更能产生消费冲动。

2. 可靠性

（1）设立监督机制。

对网站所做承诺进行监督。确保房主和房源的描述名副其实，对于虚假信息或者欺骗顾客的行为进行严厉惩罚。

（2）网站的基础建设。

要加强短租网站基础设施，提高网站软硬件实力，保证网站系统运行正常。由于季节或者节假日影响，网站访问量也会有波动，要增加网站的负载能力和网站系统的建设柔性，确保网站运行正常，稳定地为顾客提供服务。

3. 响应性

（1）完善客户服务机制，及时解决客户的疑难问题。

归纳顾客提出的常见问题，做出相应的详细解答信息，提取关键字，建立问题知识库。当顾客给客服发送相应问题时，系统自动定位到问题，使顾客能够快速得到答案。这样不仅能够提高客服的工作效率，而且能够节省网站的人力成本。

（2）增加简单、便捷的多种自助通道，提高顾客的自助服务水平。

一个完善、友好的自助服务平台，不仅可以降低客服的成本，减少客服压力，提高响应速度，还可以培养用户的使用习惯，为自助功能的进一步开放奠定基础，形成良性循环。

（3）健全反馈机制。

顾客感知服务质量的反馈信息对于服务型企业发展市场、改进产品和服务质量起着重要的作用，应引起高度重视，尤其是对于不满的、失望的顾客的投诉应重点处理。部分失望的顾客会不采取行动但不再购买本企业的产品和服务，所以切勿因投诉人数少而置之不理，会失去更多顾客。

4. 保证性

（1）保证网站信息的真实性和准确性。

组建专门的团队及时跟进房主和房源信息的变化，并及时将信息同步到短租网站上，并进行监督管理。确保网站信息真实可靠，同时要确保网站信息更新的及时性，确保旅游网站信息具时效性，及时对过时信息进行删除。这样确保顾客在网站上看到的服务与实际得到的服务相一致。

（2）建立房主信用审核机制，组建信用审核团队专门对申请加入的房主进行信用审核。

即使用量化的信用审核指标使顾客从不同方面全方位地了解房主的相关资质，帮助短租网站顾客对房主的个人信用进行判断，增强可信度，提高顾客的安全感。

（3）短租网站为顾客和房主提供针对性的保险业务。

网站对租客可提供保障其在租房内的人身和财产安全的保险；对房主可提供保障其人身和财产安全，以及防止房内物品丢失的保险等。以上保险可由租客和房主自由选择，网站不强制其参保。

（4）网站保证不泄露顾客隐私。

各大网站泄露顾客隐私的事情时有发生，这使顾客的警惕性不断提高，对于隐私更加重视。且忽略电话号码等不计,若外出租住的时间、地址等泄露,被不法分子利用,将造成严重的后果。

5. 移情性

(1) 尽量满足顾客特殊需求。

现在提倡服务性企业为顾客提供个性化服务,这也是提高企业竞争力的重要手段。而房主准备的一般性服务往往不能满足顾客的个人特殊需求,此时需要房主提前确认顾客的需求,并尽量满足。

(2) 根据当地特色,在房源的装修上体现当地风土人情和文化内涵。

短租的绝大部分受众群体为旅游人士,出于对该地的喜爱而来,在房源的装修上迎合顾客的心理,增加顾客好感度。

(3) 建立个性化的信息服务体系。

由于信息量大、类多,有的顾客可能会对旅游网站产品或服务的信息产生疑虑,短租网站可以建立在线客服系统为租客提供网上实时交流与沟通的平台,使得租客可以直接与客服人员进行沟通,了解所关注的信息的具体情况;另外,通过及时信息沟通,网站可以收集租客的观点、建议及时对网站进行改进。

(4) 建立用户与用户直接交流的模块。

一是出于无利益相关的第三方更为可信,二是由于房主提供的信息未包含租客想要了解的信息,三是可减小客服的压力,网站可以将建立此模块付诸行动。当对某一房源有意向租住的用户与已租住过的用户直接交流时,可以掌握更多的信息,以便自己做出最佳的选择。

(二) 不足与展望

1. 不足

本研究虽然取得了一些研究成果,但仍然存在以下不足和局限。

(1) 样本的局限性。

一是样本数量的局限,169 份有效问卷有其一定的代表性,但若是能够获得更多的样本,则更有利于研究;二是样本结构略有缺陷,由于发放方式导致样本的年龄层主要分布于 19~35 岁,不能全面地代表总体。

(2) 样本数据的可信度不足。

尽管在发放问卷的过程中,笔者坚持做到为每一位被调查者详细介绍和说明问卷含义,并且对问卷是否有效进行了判断和整理,但实际上,被调查者是否能够准确地理解,并认真如实地填写自己的感知,笔者无法控制,因此不排除样本数据不完全可信的情况。

本研究得到了影响顾客感知短租行业服务质量的维度,但维度考虑是否全面、结论是否具有普遍适用性等问题还有待证明。此外,调查结论不是一劳永逸的,随着短租行业的发展,科技的进步,市场竞争的成熟,顾客心理的变化,短租行业顾客感知服务质量的维度难免也会随之发生变化,建议后来者持续地展开研究。

2. 展望

通过对顾客感知的短租行业服务质量的实证研究,笔者深刻地认识到在这方面研究的不足,而统计分析的过程也让笔者感触良多。希望今后能在服务质量相关工作中细细体会,对顾客感知服务质量有进一步的认识，不断学习，不断思考，不断总结，在这个领域上能研究得更深更远。

参考文献

[1] 郑秉治. 试论服务质量的含义 [J]. 世界经济与政治，1995（11）：16-19.

[2] 伍小秦. 服务质量特性与服务质量体系 [J]. 标准科学，1997（7）：11-14.

[3] 朱沆，汪纯孝. 服务质量属性的实证研究 [J]. 商业研究，1999（6）：82-85.

[4] 崔立新，徐进，郭镇华. 顾客感知服务质量的 SERVQUAL 评价方法 [C] // 2001 面向新世纪的中国管理科学研讨会. 2001.

[5] 易玉婷. 基于 SERVQUAL 的酒店服务质量评价体系研究. 南通职业大学学报 [J]，2010（02）

[6] 韩经纶. 顾客感知服务质量评价与管理 [M]. 南开大学出版社，2006.

[7] 钟静. 高星级酒店商务顾客感知服务质量研究 [J]. 江苏商论，2010（11）：26-28.

[8] 李东娟，熊胜绪. 酒店顾客感知服务质量的影响维度 [J]. 统计与决策，2014（8）：185-188.

[9] 刘嫄. 酒店服务质量评价体系构建 [D]. 上海师范大学，2010.

[10] Parasuraman A, Zeithaml V A, Berry L L. 'SERVQUAL: a Multiple-item Scale for Measuring Consumer Perceptions of Service Quality' [J]. Journal of Retailing, 1988, 64 (1): 12-40.

[11] 罗霞. 服务质量评价的 SERVQUAL 方法的进一步思考 [J]. 成都信息工程学院学报，2008，23（6）：711-713.

附　录

短租房用户感知服务质量调查问卷

您好！我们来自北京理工大学管理与经济学院，正在进行短租房用户感知服务质量的研究，请您根据实际情况，回答问卷的每一个问题。您的有关资料仅用于课题研究，请您放心填写。谢谢您的支持与配合。

基本信息

1. 性别 [单选题] [必答题]
○男　　　　　　　○女

2. 年龄 [单选题] [必答题]
○18 岁以下　　○19~25 岁　　○26~30 岁　　○30 岁以上

3. 教育程度 [单选题] [必答题]
○中专　　　　○大专　　　　○本科　　　　○硕士及以上

4. 月收入 ［单选题］［必答题］
○5 千以下　　　○5 千~1 万　　　○1 万~2 万　　　○2 万以上

短租房用户感知质量服务调查

5. 租房预订网站（或 App）提供的短租房内具有齐全的现代化设施 ［单选题］［必答题］
○完全不同意　　○不太同意　　○不确定　　○同意
○完全同意

6. 租房预订网站（或 App）提供的短租房环境整洁舒适 ［单选题］［必答题］
○完全不同意　　○不太同意　　○不确定　　○同意
○完全同意

7. 租房预订网站（或 App）注册的房东态度友好、行为大方得体 ［单选题］［必答题］
○完全不同意　　○不太同意　　○不确定　　○同意
○完全同意

8. 短租房预订网站（或 App）的使用易于操作、简捷方便 ［单选题］［必答题］
○完全不同意　　○不太同意　　○不确定　　○同意
○完全同意

9. 短租房预订网站（或 App）有在线客服 ［单选题］［必答题］
○完全不同意　　○不太同意　　○不确定　　○同意
○完全同意

10. 房东可以提供在网站（或 App）上承诺的所有服务 ［单选题］［必答题］
○完全不同意　　○不太同意　　○不确定　　○同意
○完全同意

11. 房东可以及时准确地完成在网站（或 App）上承诺的所有服务 ［单选题］［必答题］
○完全不同意　　○不太同意　　○不确定　　○同意
○完全同意

12. 短租房预订网站（或 App）能第一时间回应用户的需求 ［单选题］［必答题］
○完全不同意　　○不太同意　　○不确定　　○同意
○完全同意

13. 当遇到困难时，短租房预订网站（或 App）能尽力协助解决 ［单选题］［必答题］
○完全不同意　　○不太同意　　○不确定　　○同意
○完全同意

14. 短租房预订网站（或 App）可以记录、保留用户的短租情况 ［单选题］［必答题］
○完全不同意　　○不太同意　　○不确定　　○同意
○完全同意

15. 短租房预订网站（或 App）支持多种支付方式 ［单选题］［必答题］
○完全不同意　　○不太同意　　○不确定　　○同意
○完全同意

16. 短租房预订网站（或 App）能及时与用户沟通 ［单选题］［必答题］

○完全不同意　　　○不太同意　　　○不确定　　　　○同意
○完全同意

17. 房东乐意与用户交流，以提高服务水平 [单选题] [必答题]
○完全不同意　　　○不太同意　　　○不确定　　　　○同意
○完全同意

18. 房东是值得信赖的 [单选题] [必答题]
○完全不同意　　　○不太同意　　　○不确定　　　　○同意
○完全同意

19. 短租房预订网站（或 App）提供的短租房是安全的 [单选题] [必答题]
○完全不同意　　　○不太同意　　　○不确定　　　　○同意
○完全同意

20. 短租房预订网站（或 App）能提供丰富的服务项目 [单选题] [必答题]
○完全不同意　　　○不太同意　　　○不确定　　　　○同意
○完全同意

21. 短租房预订网站（或 App）具有价格优惠 [单选题] [必答题]
○完全不同意　　　○不太同意　　　○不确定　　　　○同意
○完全同意

22. 房东可以提供专业的服务（如：周边景点介绍等）[单选题] [必答题]
○完全不同意　　　○不太同意　　　○不确定　　　　○同意
○完全同意

23. 短租房预订网站（或 App）可以提供个性化的服务 [单选题] [必答题]
○完全不同意　　　○不太同意　　　○不确定　　　　○同意
○完全同意

24. 房东可以理解用户的个性化需求 [单选题] [必答题]
○完全不同意　　　○不太同意　　　○不确定　　　　○同意
○完全同意

25. 短租房预订网站（或 App）可以提供 24 小时服务 [单选题] [必答题]
○完全不同意　　　○不太同意　　　○不确定　　　　○同意
○完全同意

26. 服务中，房东能与用户及时交流互动 [单选题] [必答题]
○完全不同意　　　○不太同意　　　○不确定　　　　○同意
○完全同意

27. 用户的评论房东可以及时反馈 [单选题] [必答题]
○完全不同意　　　○不太同意　　　○不确定　　　　○同意
○完全同意

28. 短租房预订网站（或 App）提供的短租房周边交通便利（公交、地铁等）[单选题] [必答题]
○完全不同意　　　○不太同意　　　○不确定　　　　○同意

○完全同意

29. 短租房预订网站（或 App）提供的短租房周边环境良好（公园等）[单选题][必答题]

○完全不同意　　○不太同意　　○不确定　　　○同意
○完全同意

30. 短租房预订网站（或 App）提供的短租房周边设施完善（超市等）[单选题][必答题]

○完全不同意　　○不太同意　　○不确定　　　○同意
○完全同意

案例四 家政O2O行业顾客感知服务质量评价指标体系研究

一、家政O2O行业现状

（一）家政O2O行业定义

所谓"家政"，全称为家政服务，即围绕家庭住处、家庭成员而提供的服务概述，具体包括家居清洁、老人护理、孩子看护等服务项目。O2O即英文Online to Offline缩写，是指将线下的商务机会与线上互联网相结合。

而家政O2O则是通过互联网、通信技术与传统家政行业结合的新模式，提高家政行业在业务销售、客户管理、信息匹配、市场推广等方面的效率，从而提升整个行业的服务质量和水平。

（二）家政O2O行业趋势与发展原因

家政O2O是新兴的市场，且正在高速成长。相关资料统计，国内家政服务市场总规模2015年已经突破1万亿元人民币，却仍存在巨大的发展空间，还在以每年30%的速度增长，足以成长几家上市公司及百亿美元级的公司。

1. 日益增长的用户需求是主因

近年来，社会经济的发展推动家庭经济水平的提高，提高了社会大众的消费能力和支付能力，让用户具备享受各类服务的经济基础。而人口老年化及独生子为多的家庭架构等人口结构原因，导致出现巨量的家庭服务需求；同时，家庭角色分工日益现代化，如家庭女性职业化现象，越来越多家庭愿意把"家庭服务"分包出去。巨量的需求推动着家政的行业发展。

2. 因传统家政服务的不足促进家政O2O的发展

传统家政行业发展较迟，各方面都不成熟，出现了价格乱、服务差、信息不透明、中介坑人等现象，让很多家政服务提供者——"阿姨"及服务消费用户有各种的埋怨，而消费者的埋怨之处即市场。

3. 资本开始进入，推动家政O2O创业

面对这个飞速成长的市场，2013年起开始有新思路的创业者闯进来，用互联网及移动互联网等技术尝试解决这些问题。2014—2015年的互联网O2O投资风潮把家政O2O行业也推热了，资本推动家政O2O的发展，曾一度满天飞的"补贴"实现了一定程度的市场教育。

（三）家政O2O行业的发展机遇

1. 信息流通优势，去"中介化"成趋势

O2O其重要特点是，通过互联网通信技术加快信息流通，随之是信息流（商业流）的效率提高。家政O2O，以互联网特别是移动互联网平台（如App或微信公众账号）作为信息公开查询平台，打破传统家政行业对阿姨信息等信息的封锁，实现买方和卖方的信息对称，这才是合理健康的市场运作。

2. 盘活更多社会"闲置"的服务资源

传统的家政行业，家政阿姨是等通知去工作，是一种被动性接受工作的。如今家政阿姨可以自行选择工作，为最大获利，促使家政阿姨在空档性时间也寻找合适的工作。这样便盘活了存量性的资源，让人发挥更为完全的工作效能。另外，家政 O2O 这种共享性经济的商业模式，能吸纳社会中闲置的劳动力加入家政阿姨大军中，填补家政的用工缺口。

3. 未有巨头垄断，或能成 BAT 产业链的一个环节

家政行业市场容量巨大，但如今仍未有一家独大的情况，或将浮现出几个巨头企业。这些都极有可能成为 BAT 产业链的一部分，即被注资或被收购了，上演又一个"滴滴快的"的商业神话。

（四）家政 O2O 四大商业模式

从服务模式及资源配置角度分析，现行家政 O2O 的商业模式主要有四种。

1. C2C 直营型

C2C 直营型如图 10.29 所示。

图 10.29　C2C 直营型

代表：e 家洁、阿姨帮

解析：阿姨由平台掌控，配给统一服装、工具、工作安排，后台在接到订单后会根据用户位置给阿姨配单，用户可自行选择上门时间，但用户无法自主选择阿姨。这种模式的好处是客户通过平台可以直接电话联系小时工，取消了家政公司的中间环节，这样对用户来说可以降低价格，对小时工来说，报酬也提高了，所以双方的积极性都非常高。

评价：采取去中心化，把中介人员及中介机构去除，让阿姨能与用户直接对接。家政 O2O 平台，进行需求匹配，从而实现用户匹配。好处是降低中间沟通的成本，信息透明化，让用户和阿姨进行自行沟通，自由性匹配，系统提供的相互评价方式，方便用户进行决策，挑选阿姨。因为去了中介化（顾问服务），所以对系统的信息匹配要求更高，要更智能化、人性化，读懂用户的需求。同时，需要有足够的阿姨供给量。

2. B2P2C 经纪人式直营型

B2P2C 经纪人式直营型如图 10.30 所示。

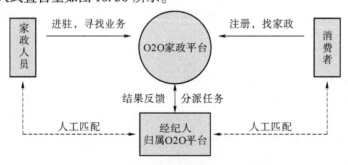

图 10.30　B2P2C 经纪人式直营型

代表：阿姨来了、管家帮

解析：阿姨由平台掌控，配给统一服装、工具以及服务标准，后台在接到订单后会根据用户位置推送附近的多位阿姨，用户可在服务前到店面试挑选阿姨。这种模式的好处是同时拥有阿姨和家政经纪人群体。经纪人一是可以迅速找到符合客户要求的阿姨信息；二是家政经纪人帮助雇主协调沟通阿姨，使阿姨保持长期可持续性的良好服务，使雇主找保姆更快更省心。

评价：因为家政服务是一个非标型行业，服务多样化，中高端的客户有多种服务要求，对服务的人员、素质及技能等多方面，无异于"找媳妇"，而且他们时间有限，不愿意花费很多时间在看平台资料、挑选上，所以把挑选过程外包给专业的人。于是产生了经纪的模式。经纪人会加快沟通的效率及用户决策，不过服务沟通的人力成本也会增加。部分公司采用先数据库匹配，再进行经纪模式，降低用户经纪的工作量。当然顾问式销售的模式，也容易被复制。

3. B2B2C 平台型

B2B2C 平台型如图 10.31 所示。

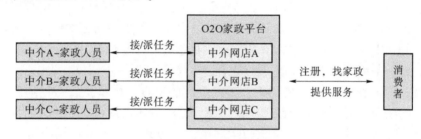

图 10.31 B2B2C 平台型

代表：云家政

解析：阿姨由中介掌控，而平台的身份是公立的中间方，只负责阿姨的身份认证和分派任务给中介。以云家政为例，和淘宝的运营模式相似，并不拥有任何一家线下家政公司、门店，也没有签约阿姨。所有加入云家政的商家就像是商铺进驻淘宝网和天猫网一样。在用户方面，云家政对家政人员进行身份证、培训证、健康证等进行核查，用户可以通过他们的平台进行查询。同时，云家政还开放了用户点评功能，用户可以在平台上看到家政人员所有的历史评价；在商家方面，云家政为家政公司提供了 SaaS 系统，帮助提高管理效率以及在线接单、借款电子商务化。

评价：有的 O2O 企业去 B 端切入的，保留中介化。更多的定位是一个家政的大集市，如同淘宝，让很多分散在各地的传统中介服务商甚至一些新兴的东西进入。这样的方法好的是，使聚合的效率更高；问题是标准化困难，导致平台内的服务参差不齐，用户黏性也是个需要考虑的问题，同时平台的盈利模式有待摸索。

4. C2C + B2B2C 直营为核心兼标准化加盟型

C2C + B2B2C 直营为核心兼标准化加盟型如图 10.32 所示。

代表：家政无忧

解析：阿姨由平台掌控，配给统一服装、工具以及服务标准，平台根据用户位置推送按附近邻居背书排序的阿姨，阿姨直接上门试工，让用户根据阿姨排名及试工效果筛选阿姨。家政无忧选择既做运动员，又做裁判员。一方面建立了具有诚信基因的家政服务平台；另一

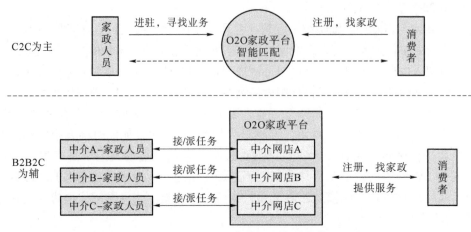

图 10.32　C2C+B2B2C 直营为核心兼标准化加盟型

方面，平台通过建立规则、服务培训、服务担保、过往服务数据分析，为用户提供服务。除了三千名可自由支配的阿姨外，家政无忧通过吸引中介机构加盟的方式整合广州地区 300 多家中介门店，并从中筛选出 8 家合作服务站点，覆盖近万名家政人员。

评价：这是一条更为稳健的家政 O2O 之路。一方面，不一步到位"去中介化"，而是以标准化方式吸引传统家政 O2O 市场加入，扩大自己的家政人员军团。同时，更多力量在做自有家政军团的建立，培养属于自己的阿姨队伍。这种模式走得可能不快，但平稳、对服务质量的把控有优势。不过要把握好"既做运动员，又做裁判员"的市场身份，否则容易与传统家政变成对立关系，也拖死自己整体的价格服务系统。

二、国内外文献研究现状

（一）服务质量的 SERVQUAL 模型

对于服务质量的研究于 20 世纪 70 年代就已经开始，起初的研究主要解决了服务质量的含义以及具体特征，明确了研究对象。而对于服务质量如何评价、如何改进、如何付诸实践的研究，在 20 世纪 80 年代得到了发展，这一时期主要的研究成果是格罗鲁斯提出的顾客感知的服务质量理论，还有 PZB 关于顾客感知服务质量的 SERVQUAL 评价模型。

1984 年，北欧学派代表人物克里斯汀·格罗鲁斯（Christian Gronroos）教授在《欧洲市场营销》杂志上发表了一篇题为《一个服务质量模型及其营销含义》的文章。文中，格罗鲁斯根据认知心理学的基本理论第一次提出了顾客感知服务质量的概念，认为服务质量是一个主观范畴，取决于顾客对服务质量的期望与实际感知的服务水平的对比，因为顾客对服务质量的理解通常基于他们对服务质量的感知，其好坏程度取决于所感知的服务质量和预期服务质量两者的符合程度；将服务质量与有形产品的质量进行了界定和区分。在上述理论的基础上，他提出了最初的顾客感知服务质量模型（如图 10.33 所示），对顾客感知的服务质量评价方法的产生奠定了基本的理论框架。

在格罗鲁斯顾客感知服务质量理论基础下，PZB 三位学者对于服务质量的改进以及实施高服务质量所面临的问题进行了研究。他们采取深度访谈的方式，对银行、长途电话公司、

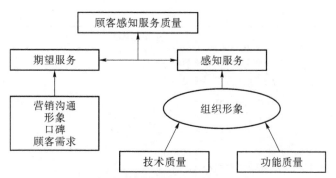

图 10.33　格罗斯顾客感知服务质量模型

证券商、信用卡及产品维修五个行业的消费者进行调查，提出 SERVQUAL 服务质量评价模型，于 1985 年发表里程碑式的文章《服务质量：一个概念性模型及其在未来研究中的应用》。1988 年，PZB 通过两个阶段的实证研究，把服务质量的衡量指标由 10 个维度 97 个项目简化为 5 个维度 22 个项目。这五个维度是：有形性、可靠性、响应性、保证性和移情性，至此形成了最为广泛使用的 SERVQUAL 模型（如表 10.27 所示）。这五个维度的具体含义如下所述。

（1）有形性。指服务的实体设备，包括硬件设施、提供服务的工具与设备、服务人员仪表等。强调的是视觉的吸引、整齐、专业的呈现，用此来与服务水准做联结。

（2）可靠性。指令人信赖且能准确地执行所承诺服务的能力，强调的是服务执行过程中正确的时点呈现的可信赖程度、稳定性及一致性，即能可靠及正确地执行所承诺的服务。

（3）响应性。指服务人员有提供实时服务的意愿和敏捷度，强调的是人员对服务时机的掌握与待命提供服务的热诚。

（4）保证性。服务人员有知识、有礼貌，且能获取顾客信赖的能力。包括提供专业服务的知识和技能，对顾客真诚、体贴、有礼貌，重视顾客权益进而让顾客感到信赖，免于危险和疑虑。

（5）移情性。能给予顾客关心与个性化的服务，能与顾客有效地沟通，并尽力去了解顾客的需求。强调的是能重视顾客的权益与了解并解决顾客间的差异。

表 10.27　PZB SERVQUAL 模型

维度	组成项目
有形性	1. 有现代化的服务设施 2. 服务设施具有吸引力 3. 员工有整齐的服装和外表 4. 公司设施与他们所提供的设施相匹配
可靠性	5. 公司向顾客承诺的事情能及时完成 6. 顾客遇到困难时，能表现出关心并提供帮助 7. 公司是可靠的 8. 能准确提供所承诺的服务 9. 正确记录相关的服务

续表

维度	组成项目
响应性	10. 不能指望他们告诉顾客提供准确的服务时间（－） 11. 期望他们提供及时的服务是不现实的（－） 12. 员工并不总是愿意帮助顾客（－） 13. 员工因为太忙以至于无法立即提供服务，满足顾客需求（－）
保证性	14. 员工是值得信赖的 15. 在从事交易时顾客会感到放心 16. 员工是有礼貌的 17. 员工可以从公司得到适当的支持，以提供更好的服务
移情性	18. 公司不会针对不同的顾客提供个别的服务（－） 19. 员工不会给予顾客个别的关怀（－） 20. 不能期望员工了解顾客需求（－） 21. 公司没有优先考虑顾客的利益（－） 22. 公司提供的服务时间不能符合所有顾客的需求（－）

* 记号（－）表示这些问题的评分是负向的，即在数据分析前应该转化为正向得分。

SERVQUAL 模型根据顾客对服务的感知与期望的差异比较，来得到企业的服务质量，将其作为判断服务质量水平的依据，因此模型分为期望和感知两大部分，每部分均有基于服务质量 5 个维度设计出的 22 个题项，采用 7 点尺度法进行衡量，综合得出服务质量水平。

SERVQUAL 模型的提出，极大地解决了服务质量难以定量描述的问题，为明确服务质量问题形成的具体原因和评价方法找到了一种有益的工具，是服务管理学界一个历史性的突破。

随着实践的发展，许多学者围绕顾客感知服务质量模型进行了大量的研究，例如巴巴科斯和勃勒（Babakus&Boller，1992）、鲍汀（Boulding，1993）、卡门（Carmen，1990），以及劳沃和莱艾（Low&Lee，1997）等都在他们的论文中提出了对 SERVQUAL 的改进方法。PZB 三人也在 1991、1993、1994 年对 SERQUAL 模型进行了扩充，在问卷调查和研究方法方面进行了修改，使得 SERVQUAL 的影响力也进一步扩大。

1992 年，Cronin 和 Tayor 对 SERVQUAL 模型做出了突破性的修正，提出了 SERVPREF（Service Performance）模型，虽然继承了 SERVQUAL 模型 5 个维度 22 个项目的指标设定，但摒弃了 SERVQUAL 的差异分析方法，直接将顾客在服务过程中感知到的绩效（Performance）进行度量，因为他们认为实际测得的顾客对服务的感知得分已经是期望与感知比较的结果了。学者们对 SERVQUAL 和 SERVPREF 模型的性能比较上进行了充分的研究。

（二）其他文献研究综述

为了促进我国家政服务业的发展，许多学者诸如李艳梅、章法、萨日娜、吴莹、刘奉勤和季岩纠等人都在各自的研究中发现了我国家政服务行业中存在的不同问题。他们普遍认为，我国家政服务行业在高速发展的同时，也存在诸如引导不到位、管理不科学、培训机制不完善、合同不规范、家政服务员权益难以保障等问题。针对这些问题也都提出了相关对策与建议。李艳梅和章法主张完善家政服务业相关法律与制度，刘奉勤、季岩红则建议通过培训来提高家政服务人员素质，萨日娜和吴莹也分别针对北京和长春地区的不同情况提出了适当的建议。综合以上观点，我国学者普遍认为，虽然我国家政服务业发展速度快、市场潜力大，但是仍然面临着许多亟待解决的问题。

学者们对我国家政服务行业的研究还集中在对家政服务产业运作模式的探讨以及家政服务员与顾客的信任机制研究。家政服务产业的运作模式多种多样，荣玉杰在归纳后指出，目前为止，我国家政服务市场企业运营的三种基本模式主要是：中介型家政服务组织、员工制家政服务组织和综合型家政服务组织。朱宪辰、赵亮和崔伟则以投资主体为标准将家政服务组织划分为三种类型：政府主导型、社区主办型和市场调节型。其中以政府投资兴办家政服务企业最多。彭缔提出，将电子商务与家政服务相结合，形成服务的网上交易。曾向东则建议家政服务企业通过竖立品牌、做好管理、合理整合和跟踪服务来提高竞争力。由于家政服务员所从事的工作都是在与顾客"亲密接触"下完成的，从业人员的人员素质、工作技能和顾客的家庭生活都被暴露在对方面前。工作的量化、薪酬的确定、工作态度甚至家庭氛围都会严重影响雇佣双方的信任关系。受到这一特点的影响，家政服务行业中的信任危机常常出现。罗君丽将这种信任危机出现的原因归纳为家政服务的特殊性、雇佣双方的不平等以及家政服务制度信任的机制不健全，并指出，重构家政服务市场上的制度信任机制才是解决这一危机的唯一途径。陈相亦则试图通过构建商业信誉指数体系来解决家政服务行业中的信任危机。在他建立的指数体系中，包含了消费者、从业人员、企业管理和政府监督的多方视角，用各种定量技术进行了指标的构建与测算。

由于家政服务业受到各级政府的重视，我国许多学者和政府相关工作人员在对各地区的家政服务现状市场调查的基础上做出了大量的研究。杨毅晨对上海家政市场的环境、需求与规模、细分市场、存在问题等方面进行了全面的分析，并指出节假日出现的保姆荒本质是家政市场的"脆弱"。年哲民在其硕士论文中对沈阳地区家政服务市场的潜力进行了研究，并提出了创办家政企业所要注意的事项。地区方面，汪夏为的《成都市家政服务业调查与发展方向分析》、吴莹的《长春市家政服务业的市场模型及成长性分析》、严明等的《在杭"菲佣"调查及管理之思考》、熊仪俊的《重庆市家政服务业发展思考与建议》、何培香的《长沙市家政服务业现状及发展趋势》、胡婷婷等的《武汉市家政服务行业现状、问题对策思考》、吴晓娟的《温州家政服务业的调查与思考》等文章从当地的家政服务发展状况出发，发现并分析其存在的问题，并据此提出了促进家政服务业发展的措施与对策。

在家政服务标准的研究方面，刘艾迎等对山东家政服务标准化建设进行了初步探索，认为家政已成为服务业中一个规模较大并极具发展潜力的领域。家政服务行业的发展急需与标准化工作结合，用标准化手段提升行业优势，引导这一"阳光产业"朝着规范化、标准化方向发展。姚希则对北京地区家政服务的"地方标"的应用及意义进行了介绍分析，认为为家政服务制定合理的标准有利于该行业的健康有序发展，更好地发挥家政的服务功能。张欣认为随着社会经济的发展以及人们需求的日益丰富，家政服务的内容和要求也会发生相应的变化。如果标准体系和标准不与时俱进，就会阻碍家政服务的发展和进步，无标准可循的家政服务现象也会随之出现。李爱红对山西省家政服务标准化的推进工作进行了探讨，认为很多家政服务企业发展不起来，主要是由于企业自身的管理水平低下、服务质量不高等，导致企业市场口碑差、发展动力不足，而这些问题的根源就在于质量、方法、监督、评价等标准的缺失。通过制定标准来对家政服务企业的工作进行规范，有助于促进家政服务企业的可持续发展。关景对国家标准委批准发布的《家政服务母婴生活护理服务质量规范》和《家政服务机构等级划分及评定》的应用前景进行了探讨，认为新标准的出台将有助于完善管理制度，提高家政服务人员的服务技能与素质，保障服务机构、服务人员、消费者各方的合法权益，但是目前家政国家标准尚属于推荐性标准，并不具有强制性。新标准真正发挥作用、规范家政市场乱象尚待时日。能落实到何种程度，接下来，一要看行业、企业和消费者对这个标准的认可度；二要看相关措施的落实力度。

三、家政O2O行业发展存在的问题

（一）家政服务人员资源不足

家政服务人员的资源是家政O2O的立命之本。没有足够量的家政服务员，家政服务就无从谈起。

现在不少创业公司是通过与传统的中介机构合作来解决人力资源问题。但是，你能与中介机构合作，我也能，这样就从源头上陷入了同质化。这就像同一辆出租车同时安装了两款打车软件一样，竞争不是白热化能形容的，但家政O2O行业实际上是没有足够的钱用来补贴、用来烧的。

传统家政行业，有"得阿姨得天下"的说法。整体市场呈现供不应求的情况，缺少"高服务水平的家政阿姨"，这些阿姨深受市场的欢迎。在传统家政也难找到这些阿姨，而在家政O2O"得阿姨"更难。好的阿姨一般都已被家庭"包"了，阿姨们根本不愁工作，所以也没有依赖家政O2O的必要。

（二）获取用户困难

家为私人性空间，所以当选取家政服务时候，大多人倾向是熟人性推荐、关系式推荐，然后进行面试挑选。互联网企业圈用户的初级逻辑就是烧钱让利，可家政服务，对于大多家庭来说是以低频的"事件"驱动的。如新年，可能请上家政阿姨清洁一次；孩子出生了，需要请月嫂等。偶尔的订单不足以支撑起用户规模的快速膨胀。低频的消费意味着，用户获取及维护成本高，用户价值较低，用户价值有待挖掘。

（三）服务难以标准化，服务质量不稳定

在家政行业，因为每个服务的家庭环境不同，以及不同家庭主人心中的"服务"标准不同，所以需求十分个性化。平台方要以各种方式培训家政阿姨来统一标准。但家政阿姨的培训又是一个大问题，不仅需要大量人力、物力、财力的投入，跟阿姨本身的素质和能力也有很大关系。目前家政公司的工作人员主要是中年以上的家政人员，他们总体文化素质偏低、年龄偏大，对新事物的接受能力也相对较低。同时，用户的要求也多种多样，甚至千奇百怪。

（四）雇佣关系存在不可靠问题

中国的诚信体系尚不完善，加之经常出现的一些负面报道，让陌生人间的交往变得困难。家政服务是入户服务，服务风险高。如果所服务家庭存在物品丢失、损毁或者家政人员工作中受伤等问题，就容易引发纠纷。

（五）家政阿姨跳单

因为家政服务是上门服务，涉及个人隐私，所以用户选择难度大、选择周期长。用户喜欢找熟悉的家政人员，并且倾向于对于满意的家政服务员一直用下去。而用户经历了第一次满意服务后，下一次可能会绕过家政公司选择直接与该家政人员联系，这样公司就可能失去了这个用户。一旦这样的情形发生的多了，家政O2O就变成了单纯培训员工和给用户提供信息的公益机构，很难积累客户资源，也就很难持续生存下去。

（六）没有找到可持续的盈利模式

家政O2O目前的竞争已经十分激烈，各个商家为了争夺客户，都对家政人员采取低中介费甚至补贴政策，但这种方式是不可持续的。能否盈利是家政O2O得以持续经营的核心问题。美国O2O家政鼻祖Home joy于2015年7月由于资金链断裂而被迫关门，这对中国的家政O2O也是一个预警。由于目前比较大型的家政O2O企业往往都获得了风险投资，或者由实力雄厚的大企业创办，资金吃紧对于中国家政O2O行业来说似乎还很遥远。但是在融资烧完后，企业必须找到持续盈利的模式，否则将难以支撑庞大的运营成本。

四、服务质量指标体系的构建

（一）基于网络评论的指标提取

1. 网络点评内容分析

网络评论反映了顾客实际感知的服务质量，并且其数据量大，无形中使得调查研究的范围得到显著的扩充，增加研究结果的普遍性与适应性。本文广泛收集了大众点评网内，北京、上海、广州、天津、西安、武汉、南京、成都、郑州、重庆、厦门、深圳、沈阳地区家政O2O企业的10 363条评价（共计550 686字，文本内容见附件），这些企业的业务范围包括居室保洁、收纳、家庭护理、家电清洁、维修等。采用基于ictclas中文分词算法的Rwordseg工具，对评论进行分词处理，统计评论高频出现的词语，对分词统计结果进行分析，选取体现服务质量维度的词语，关联相似语义，提取用户观点，即顾客所关注的体现家政O2O行业服务质量的因素，构建出初始服务质量评价指标。网络评论分析示例如表10.28所示。

表10.28　网络评论分析示例

原始评论	服务质量相关词语	服务质量构成因素
还行，准时到。买的60元体验券。只是打电话预约做得不好，打了三次才有人接，每次在线等了2分多钟，头两次就断了，等三次才有人接	准时 电话预约	服务人员在约定的时间准时上门服务； 预约流程方便快捷

2. 初始指标的确定

基于ictclas中文分词算法的Rwordseg工具的处理，我们最终统计分析提取了9个一级指标和38个二级指标，将其作为家政O2O企业服务质量评价的初始指标，如表10.29所示。

表 10.29　初始评价指标

对象	一级指标	二级指标
O2O 企业	家政服务预约	预约流程方便快捷
		提供多种预约方式
		可以预约指定服务人员
	服务内容	服务项目明码标价，价格合理
		提供的服务类型全面
		提供差异化的会员服务
		能提供服务人员身份证明和工作合同
		推出团购、优惠服务
	投诉及反馈	有完善的投诉渠道
		客服人员沟通、解决问题能力强
		投诉问题解决速度快
		能够对家政服务进行监督和改进
		能够对客户进行回访
	App 或网站	便于操作和理解
		服务项目及内容明确
		客户可以对服务人员进行评价
		平台能够对客户评价做出反馈
家政服务人员	仪容仪表	衣着整洁得体
		良好的个人卫生习惯
	服务态度及素质	负责、热情、诚恳
		具有良好的专业素质
		值得信任，能够提供帮助
		尊重客户的生活习惯及隐私
	言行举止	使用普通话，沟通顺畅
		符合相应服务岗位的礼仪规范
	服务技能	服务工具齐备
		正确熟练地使用多种服务工具
		熟练掌握相应岗位的服务常识和程序
		熟练掌握相应岗位的服务技能
		能够完成订单工作量
	服务能力	在约定的时间准时上门服务
		服务效率高
		服务全面到位
		提供的服务流程化、标准化
		服务经验丰富
		能够提供个性化定制化服务
		具有应急应变能力
		具有安全事故处理能力

(二) 问卷调查与信度分析

1. 问卷的设计与实施

我们将初始遴选的 38 个指标作为测项，设计 5 级里克特量表，在问卷星设计问卷并在各类群体中进行发放，意在了解各类人群对于影响家政服务质量评价的各个指标的重要程度的看法，以确定家政 O2O 企业服务质量评价指标体系。本次调研共计填写 252 人次，筛选后的有效问卷 240 份，问卷有效率为 95.2%。(问卷见附录)

从被调查对象的性别分布看，男性占 40.48%，女性占 59.52%，分布合理，如图 10.34 所示。从被调查对象的年龄分布看，18~25 岁的占 54.76%，26~30 岁的占 21.43%，31~40 岁的占 13.1%，41~50 岁的占 10.71%，其中 18~40 岁的人群占到调查对象总样本的 89.29%，是家政行业消费的主导人群，与实际相符，调查样本年龄比例合理，如图 10.35 所示。从调查对象的学历层次看，高中/中专、大专、本科和研究生学历分别占到 9.52%、5.95%、50% 和 29.76%，大专及以上学历总体比例占到绝大多数，样本采集学历分布合理。从调查对象的职业分布看，全日制学生、机关或事业单位人员、企业职员和自营/自由职业者分别占到 34.09%、18.19%、30.67%，从事其他职业的人员占 17.05%，调查样本各类人员分布均匀。从调查对象使用家政 O2O 的频率看，使用 1~3 次、3~5 次、5~8 次、8 次以上的比例分别为 47.22%、27.78%、13.89% 和 11.11%，表明调查样本具有代表性。

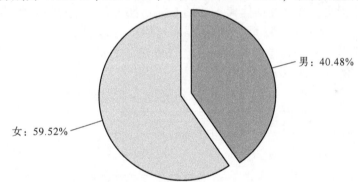

图 10.34 问卷调查对象性别比例

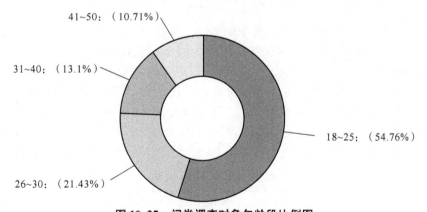

图 10.35 问卷调查对象年龄段比例图

2. 信度分析

本文采用常用的 Cronbach's α 信度系数对调查问卷进行信度分析。α 系数评价的是测量对象中各项目得分间的一致性,属于内在一致性系数,α 系数越高表明问卷的信度越高。α 系数的取值区间为 [0,1],根据大多数学者的观点,任何测量或量表的 α 系数如果在 0.9 以上,则该测量或量表的信度很好;α 系数在 0.8 以上,则测量或量表的信度较好,可以接受;α 系数在大于 0.7 而小于 0.8,则测量或量表应该进行较大的修订,仍然还有价值;α 系数低于 0.7,则测量或量表信度非常差,要重新设计。本研究的样本数据采用 SPSS 21.0 软件进行信度检验,结果显示,问卷的 Cronbach's α 系数为 0.976,信度系数值可以接受,问卷的信度很好,如表 10.30 所示。

表 10.30 问卷调查结果的可靠性统计量

Cronbach's Alpha	项数
0.976	38

(三) 评价指标体系的构建

1. 因子分析与计算

(1) KMO 检验以及球形检验。

我们对于调查问卷收集的数据,首先运用 SPSS21.0 软件进行了探索性因子分析,因子提取采用主成分分析法,基于特征值大于 1 的 Kaiser 准则和方差解释比例的 Scree 检测,采用正交旋转来确定一级因子数量。调查样本 KMO 值为 0.874,并通过 Bartlett's 检验($p<0.001$),表明数据具备因子分析的条件。各测量项目的共同度均在 0.5 以上,说明问卷具有较高的结构效度,如表 10.31 所示。

表 10.31 KMO 和 Bartlett 的检验

取样足够度的 Kaiser – Meyer – Olkin 度量		0.874
Bartlett 的球形度检验	近似卡方	3 625.475
	df	703
	Sig.	0.000

(2) 探索性因子分析。

通过 SPSS21.0 主成分分析得到,选取的 38 个二级指标可归结为 6 个一级指标。这 6 个一级指标的方差解释率累积达 79.410%。第一个因子载荷的是"家政服务 App 或网站预约",方差解释率为 33.231%;第二个因子载荷的是"家政服务的服务内容",方差解释率为 17.376%;第三个因子载荷的是"顾客投诉和企业反馈",方差解释率为 10.504%;第四个因子载荷的是"家政服务人员初识性",方差解释率为 7.940%;第五个因子载荷的是"家政服务人员的服务技能",方差解释率为 6.442%;第六个因子载荷的是"家政服务人员的服务能力",方差解释率为 3.917%,如表 10.32 所示。成分转换矩阵如表 10.33 所示。

表 10.32 解释的总方差

成分	初始特征值			提取平方和载入			旋转平方和载入		
	合计	方差的%	累积/%	合计	方差的%	累积/%	合计	方差的%	累积/%
1	21.614	56.879	56.879	21.614	56.879	56.879	12.628	33.231	33.231
2	3.024	7.957	64.836	3.024	7.957	64.836	6.603	17.376	50.607

续表

成分	初始特征值			提取平方和载入			旋转平方和载入		
	合计	方差的%	累积/%	合计	方差的%	累积/%	合计	方差的%	累积/%
3	1.870	4.922	69.758	1.870	4.922	69.758	3.992	10.504	61.111
4	1.443	3.796	73.554	1.443	3.796	73.554	3.017	7.940	69.051
5	1.151	3.029	76.583	1.151	3.029	76.583	2.448	6.442	75.493
6	1.074	2.827	79.410	1.074	2.827	79.410	1.488	3.917	79.410

提取方法：主成分分析。

表10.33 成分转换矩阵

成分	1	2	3	4	5	6
1	.724	.492	.315	.282	.204	.114
2	−.617	.314	.515	.046	.464	.196
3	.192	−.609	.666	−.164	−.183	.299
4	−.063	−.430	−.125	.858	.236	.056
5	.232	−.309	−.221	−.391	.805	−.008
6	−.015	.093	−.357	−.047	−.072	.925

提取方法：主成分。旋转法：具有Kaiser标准化的正交旋转法。

2. 指标体系的确定

最终确定的基于顾客网络点评和问卷调查的家政O2O企业顾客服务质量评价指标体系如表10.34所示，包括家政服务App或网站预约、服务内容、投诉和反馈、服务人员初识性、服务技能、服务能力6个一级指标及其下32个二级隶属指标，如表10.34所示。

表10.34 家政O2O企业顾客服务质量评价指标体系

对象	一级指标	二级指标
O2O企业	家政服务App或网站预约	预约便于操作和理解
		预约流程方便快捷
		提供多种预约方式
		可以预约指定服务人员
		服务项目及内容明确
		客户可以对服务人员进行评价
	服务内容	服务项目明码标价，价格合理
		提供的服务类型全面
		提供差异化的会员服务
		能提供服务人员身份证明和工作合同
		推出团购、优惠服务
	投诉和反馈	有完善的投诉渠道
		客服人员沟通、解决问题能力强
		投诉问题解决速度快
		能够对家政服务进行监督和改进
		平台能够对客户评价做出反馈

续表

对象	一级指标	二级指标
家政服务人员	服务人员初识性	衣着整洁得体
		良好的个人卫生习惯
		做事认真负责，为人热情诚恳
		具有良好的专业素质
		尊重客户的生活习惯及隐私
		使用普通话，沟通顺畅
		符合相应服务岗位的礼仪规范
	服务技能	服务工具齐备
		正确熟练地使用多种服务工具
		熟练掌握相应岗位的服务常识和程序
		熟练掌握相应岗位的服务技能
		能够完成订单工作量
	服务能力	在约定的时间准时上门服务
		服务全面到位
		提供流程化、标准化的服务
		服务经验丰富，效率高
		能够提供个性化、定制化服务
		具有应急应变能力
		具有安全事故处理能力

（四）要素对比分析

家政服务行业正处在快速发展时期，而家政O2O又是一个新型的市场，家政已成为服务业中一个规模较大并极具发展潜力的领域。家政服务行业的发展急需与标准化工作结合，用标准化手段提升行业优势，引导这一"阳光产业"朝着规范化、标准化方向发展。目前社会对于家政O2O还没有一个统一的标准，且家政O2O的发展也存在着诸多问题。

对于O2O来说，线上预约的便捷性（比如预约便于操作和理解、预约流程方便快捷、提供多种预约方式、可以指定服务人员等）、支付的多样性、服务项目的展示（比如服务项目明码标价、价格合理、能提供差异化的会员服务、能提供服务人员身份证明和工作合同、推出团购、优惠服务等）客户投诉处理反馈机制都很重要；同样线下的客户体验更为重要，具体包括服务人员的服务态度、专业素质、服务流程的标准化、齐备的服务工具、能够按时按量完成订单等这些都应该提升到行业标准之上。只有这样才能给客户带来绝佳的服务体验，在顾客中形成良好口碑。

我们都知道家政O2O的核心就是阿姨资源问题，很多经验丰富的阿姨可能没有很高的学历，有的普通话也不是很标准，但是只要阿姨经验丰富、为人热情同样可以给客户带来好的服务体验。所以我们认为对于阿姨的学历、普通话的标准程度可以降到行业标准之下。现在有很多企业在某一领域做得出色以后会开始进行扩张，目前的大部分家政 O2O 企业也都可以提供多种类型的服务，包括个人服务和企业服务。能够提供全面的服务类型固然很好，但要把所有的服务都做到最好并不容易，在某一种服务上做深做精也可以成为企业的特色，所以本文认为企业提供全面的服务类型也可以降到行业标准之下。关于对客户进行回访的问题，在现代社会中，很多人对于回访是带有一定的抵触心理的，有的甚至会感到厌烦。在家政 O2O 目前的发展阶段来看，客户回访这一要素可以取消，节省出来的人力物力可以投入客户投诉处理机制中，以保证具有完善的投诉渠道、客服人员沟通解决问题能力强、能够快速解决投诉问题，提升顾客体验。

（五）家政 O2O 行业的未来发展

随着我国居民收入的不断增长，消费观念的升级和社会老龄化的到来，家政服务市场日益扩大。尤其在互联网技术推动下，越来越多传统家政公司正在加速互联网＋转型。可以预见，未来 O2O 家政服务业增速将高于整个家政服务市场平均增长速度。

据商务部公布的统计数据显示截至 2015 年年底，我国家政行业从业人员已达 2 441 万人，全年增长 20% 并且增长趋势向上。家政市场的规模也在快速增长，仅用两年时间就从 2013 年的 9 270 亿元增长到了 2015 年的 15 647 亿元，两年间复合增长率达到 30%。

家政 O2O 行业在不改变服务场景的同时利用互联网与线下的结合提升效率减少资源浪费，能够很好地产生价值，实现消费者、从业者与互联网公司三方的共赢。在这一平台的帮助下，保洁阿姨不再只能服务于一家公司或一两家熟悉的家庭。取消了"坐班制"的保洁阿姨们可以依据平台上的需求信息得到多份工作。由上述行业产值与从业人员数据可以推算，2015 年每位保洁阿姨能够创造约 6.4 万元的价值，这与其人均年收入所差不大。而一旦通过在线平台获得每天三到四单工作，可预测人均产值将会为现在的两到三倍达到 15 万元左右，而人均收入如果增加到 8 万元，约有 7 万元的附加价值将会产生，降低的家政费用与家政平台的健康盈利将会惠及三方。

当前，80 后、90 后已成为社会消费的主力军，他们懂得享受生活，并严重依赖于移动互联网，依赖于第三方服务平台为其甄选服务信息，家政 O2O 正好迎合他们的家政服务需求。家政 O2O 在短短兴起的三年时间里，已形成多种不同商业模式，在不同城市都有不少家政企业从多个角度切入家政 O2O 市场并进行深度挖掘。其中，垂直类家政 O2O 以阿姨为核心，阿姨的服务质量成为企业扩张的核心竞争力。此外，还有主打类"滴滴"的横向发展模式，例如云家政，其在庞大的实体门店认证及 36 万阿姨资源前提下，实现覆盖区域的快速扩张。

家庭是一个社会最基本的组成单位，吃、穿、住、行、用等日常开销每天都在进行。与其他行业相比，家政服务是进入家庭消费的绝佳入口。大多数发达国家家政服务已经形成产业，有一套完善的流程，预示着家政行业未来巨大的潜力，也提示着目前国内家政行业的不足，给了我们更多优化空间。其实现今家政行业的市场潜力还有很大，基于家政平台的地域局限性，未来家政行业一定是多种模式共存、百花齐放的发展状态。

五、总结

本文通过广泛收集了大众点评网内，北京、上海、广州、天津、西安、武汉、南京、成都、郑州、重庆、厦门、深圳、沈阳地区家政 O2O 企业的顾客网络点评数据，基于 ictclas 中文分词算法的 Rwordseg 工具提炼分析顾客对家政 O2O 企业服务质量的关注焦点，作为初始遴选指标的基础。相对于传统的问卷调查数据和访谈数据，网络点评数据样本量更大，顾客的点评范围及内容不受局限，更能全面客观地反映顾客的感知和关注点。同时，本文根据初选指标设计调查问卷，面向社会各类群体进行问卷调查实证研究，对调查数据进行因子分析，从而构建了家政 O2O 顾客感知服务质量评价指标体系，对传统的评价指标体系进行了改进。

本文构建的家政 O2O 顾客感知服务质量评价指标体系综合了网络点评内容的分析结果以及传统问卷调查的结果，包括家政服务 App 或网站预约、服务内容、投诉和反馈、服务人员初识性、服务技能、服务能力 6 个一级指标及其下 32 个二级隶属指标，适应消费者借助网络平台对家政 O2O 服务进行评价发展的趋势，以期对提高家政服务质量，提升顾客满意度具有一定的参考价值和借鉴意义。

参考文献

[1] Christian Gronroos. Service Quality Model and its Implications [J]. European Journal of Marketing. 1984（18）：40.

[2] Parasuraman A., Zeilhaml V., Berry L. L. A Conceptual Model of Service Quality and Its Implication for Future Research [J]. Journal of Marketing, 1985 Vol. 49（Fall）. 44.

[3] Parasuraman A., Zeilhaml V., Berry L. L. SERVQUAL：A Multiple – Item Scale for Measuring Consumer Perceptions of Service Quality [J]. Journal of Reatailing. 1988 64, 1（spring）：12 – 40.

[4] Babakus E., Boiler, GW. An Empirical Asssessment of the SERVQUAL Scale [J]. Journal of Business Research. 1992. Vol. 24：253 – 268.

[5] Boulding V., Kalra, A. Staelin, R. and Zeithaml, V. A. A Dynamic Process Model of Service Quality：From Exceptation to Behavioral Intentions [J]. Journal of Marketing Research. 1993. Vol. 2（Feburary）：7 – 27.

[6] Carmen J. M. Consumer Perceptions of Service Quality：An Assessment of the SERVQUAL Dimensions [J]. Journal of Retailing. 1990. Vol. 66（Spring）：33 – 55.

[7] Low Y. K., Lee, K. C. Quality Measurement of the Malaysian Rail Service Using the SERVQUAL Scale [J]. Malaysian Management Review. 1997. Vol32, No. 1：61 – 71.

[8] Parasuraman A., Zeilhaml V., Berry L. L. Refinment and Reassessment of the SERVQUAL Scale [J]. Journal of Retailing. 1991. 67（4）：420 – 450.

[9] Cronin J. J. Jr. Taylor, S. A. Measuring Service Quality：A Reexamination and Extension [J]. Journal of Marketing. 1992. Vol. 56, No. 3：55 – 68.

[10] Elliott, Kevin M. SERVPERF versus SERVQUAL：A Marketing Management Dilemma

when Assessing Service Quality [J]. Journal of Marketing Management. 1994. 4 (2): 56-61.

[11] Sanjoy K., Garima G. Measuring Service Quality: SERVQUAL versus SERVPERF Scale [M]. VLKALPA, 2004. 29 (2): 25-37.

[12] 李艳梅. 规范家政服务业的有关思考 [J]. 理论摸索. 2008 (5): 107-113.

[13] 章法. 家政服务行业为何问题重重 [J]. 中国社会导刊. 2007 (15): 24-25.

[14] 萨日娜. 20世纪90年代以来北京家政服务需求演进研究 [D]. 北京: 北京工商大学, 2007.

[15] 吴莹. 长春市家政服务业的市场规模及成长性分析 [J]. 经济地理. 2006 (11): 1014-1017.

[16] 刘奉勤, 季岩红. 家政服务培训: 再就业的新途径 [J]. 中国培训. 1999 (11): 10-11.

[17] 荣玉杰. 中小型家政服务企业生存危机的应对之道 [J]. 今日财富. 2009 (12): 112-113.

[18] 朱宪辰, 赵亮, 崔伟. 市场环境下家政社区服务业新运作模式初探 [J]. 华东经济管理. 2001 (8): 27-28.

[19] 彭缔. 电子商务在服务行业中的创新和实践——家政服务行业的电子商务应用 [J]. 电子商务. 2006 (12): 56-58.

[20] 曾向东. 家政服务公司: 从传统模式中突围 [J]. 社区. 2004 (15): 32-34.

[21] 罗君丽. 我国家政服务交易中的信任危机探析 [J]. 内蒙古财经学院学报. 2007 (3): 35-37.

[22] 陈相亦. 家政服务行业商业信誉指数体系建立研 [J]. 中国高新技术企业. 2010 (16): 5-7.

[23] 杨毅晨. 上海市家政市场研究——基于对行为主体的调查和分析 [D]. 复旦大学, 2008.

[24] 年哲民. 沈阳地区创办家政服务企业的潜力研究 [D]. 东北大学, 2006.

[25] 汪夏为. 成都市家政服务业调查与发展方向分析 [J]. 科技咨询导报, 2007 (7): 203-203.

[26] 吴莹. 长春市家政服务业的市场规模及成长性分析 [J]. 经济地理, 2006 (6): 1014-1017.

[27] 严明, 陈锋. 在杭"菲佣"调查及管理之思考 [J]. 公安学刊, 2009 (6): 72-74.

[28] 熊仪俊. 重庆市家政服务业发展思考与建议 [J]. 重庆经济, 2009 (2): 54-55.

[29] 何培香. 长沙市家政服务业现状及发展趋势 [J]. 服务经济, 2005 (12): 101-102.

[30] 胡婷婷武汉市家政服务行业现状、问题及对策思考 [J]. 湖北经济学院学报 (人文社会科学版), 2008 (7): 65-66.

[31] 吴晓娟. 温州家政服务业的调查与思考 [J]. 宁波党校学报, 2004 (4): 69-72.

[32] 刘艾迎, 朱瑞虹. 山东家政服务标准化建设初探 [J]. 中国标化, 2010 (6):

52-54.

[33] 姚希. 家政服务标准, 听到"春天"的脚步[J]. 标准生活, 2012 (6): 10-21.

[34] 张欣. 家有"阳光大姐"——谈家政服务标准化[J]. 大众标准化, 2011 (8): 48-50.

[35] 李爱红. 推进我省家政服务标准化工作探讨[J]. 大众标准化, 2015 (4): 31-31.

[36] 关景. 家政服务标准化等级明确助规范[J]. 福建质量技术监督, 2015 (10): 25-27.

附录：问卷

家政 O2O 顾客感知服务质量评价指标调查

您好，我们来自北京理工大学，目前正在研究家政 O2O 顾客感知服务质量评价指标体系，请您根据自身情况填写问卷，以帮助我们了解顾客对于影响家政 O2O 服务质量评价的各个因素重要程度的看法，感谢您的配合和参与。我们会对您的问卷填写内容严格保密，有关资料仅用于课题研究，衷心感谢您的合作与支持！

下面请您填写相关信息，我们将会严格保密，所填仅用于本次课题研究，感谢您的合作与支持！

1. 您的性别：[单选题][必答题]
○ 男　　○ 女

2. 您的年龄段：[单选题][必答题]
○ 18 岁以下　　○ 18~25　　○ 26~30　　○ 31~40
○ 41~50　　○ 51~60　　○ 60 以上

3. 您的学历是[单选题][必答题]
○ 初中或以下　　○ 中专　　○ 高中　　○ 大专
○ 本科　　○ 硕士或以上

4. 您目前从事的职业：[单选题][必答题]
○ 全日制学生　　○ 生产人员　　○ 销售人员　　○ 市场/公关人员
○ 客服人员　　○ 行政/后勤人员　　○ 人力资源　　○ 财务/审计人员
○ 文职/办事人员　　○ 技术/研发人员　　○ 管理人员　　○ 教师
○ 顾问/咨询　　○ 专业人士（如会计师、律师、建筑师、医护人员、记者等）
○ 其他

5. 您的收入是[单选题][必答题]
○ 0~3 000 元　　○ 3 000~5 000 元　　○ 5 000~8 000 元　　○ 8 000~10 000 元
○ 10 000 元以上

6. 您是否使用过家政类的 App 或网站来预约家政服务？[单选题][必答题]
○ 是　　○ 否

7. 您使用过多少次家政服务？［单选题］［必答题］
   ○ 1~3 次　　　　　　○ 3~5 次　　　　　　○ 5~8 次　　　　　　○ 8 次以上

8. 您使用过下列哪种家政服务？（可多选）［多选题］［必答题］
   □ 保姆　　　　　　　□ 保洁　　　　　　　□ 月嫂　　　　　　　□ 护工
   □ 钟点工　　　　　　□ 搬家公司　　　　　□ 其他

9. 当您使用家政 O2O 预约家政服务时，对于您来说，下列影响因素是否重要？（1→5 表示非常不重要→非常重要）［矩阵单选题］［必答题］

因素	1	2	3	4	5
预约流程方便快捷	○	○	○	○	○
提供多种预约方式	○	○	○	○	○
可以预约指定服务人员	○	○	○	○	○

10. 在家政 O2O 所提供的服务内容方面，对于您来说，下列影响因素是否重要？（1→5 表示非常不重要→非常重要）［矩阵单选题］［必答题］

因素	1	2	3	4	5
服务项目明码标价，价格合理	○	○	○	○	○
提供的服务类型全面	○	○	○	○	○
提供差异化的会员服务	○	○	○	○	○
能提供服务人员身份证明和工作合同	○	○	○	○	○
提供团购、优惠服务	○	○	○	○	○

11. 在家政 O2O 对顾客投诉的处理及反馈方面，您认为下列影响因素是否重要？（1→5 表示非常不重要→非常重要）［矩阵单选题］［必答题］

因素	1	2	3	4	5
有完善的投诉渠道	○	○	○	○	○
客服人员沟通、解决问题能力强	○	○	○	○	○
投诉问题解决速度快	○	○	○	○	○
能够对家政服务进行监督和改进	○	○	○	○	○
能够对客户进行回访	○	○	○	○	○

12. 关于家政 O2O 网站及 App 建设方面，您认为下列影响因素是否重要？（1→5 表示非常不重要→非常重要）［矩阵单选题］［必答题］

因素	1	2	3	4	5
便于操作和理解	○	○	○	○	○
服务项目及内容明确	○	○	○	○	○
客户可以对服务人员进行评价	○	○	○	○	○
平台能够对客户评价做出反馈	○	○	○	○	○

13. 在考察家政服务人员的个人素质和言行举止时，对于您来说，下列影响因素是否重要？（1→5 表示非常不重要→非常重要）[矩阵单选题][必答题]

因素	1	2	3	4	5
衣着整洁得体	○	○	○	○	○
有良好的个人卫生习惯	○	○	○	○	○
服务态度负责、热情、诚恳	○	○	○	○	○
具有良好的专业素质	○	○	○	○	○
值得信任，能够提供帮助	○	○	○	○	○
尊重客户的生活习惯及隐私	○	○	○	○	○
使用普通话，沟通顺畅	○	○	○	○	○
符合相应服务岗位的礼仪规范	○	○	○	○	○

14. 在评价家政服务人员的服务技能时，对于您来说，下列影响因素是否重要？（1→5 表示非常不重要→非常重要）[矩阵单选题][必答题]

因素	1	2	3	4	5
服务工具齐备	○	○	○	○	○
正确熟练地使用多种服务工具	○	○	○	○	○
熟练掌握相应岗位的服务常识和程序	○	○	○	○	○
熟练掌握相应岗位的服务技能	○	○	○	○	○
能够完成订单工作量，符合相应服务岗位的礼仪规范	○	○	○	○	○

15. 在对家政服务人员的服务能力进行考量时，您认为下列影响因素是否重要？（1→5 表示非常不重要→非常重要）[矩阵单选题][必答题]

因素	1	2	3	4	5
在约定的时间准时上门服务	○	○	○	○	○
服务效率高	○	○	○	○	○
服务全面到位	○	○	○	○	○
提供的服务流程化、标准化	○	○	○	○	○
服务经验丰富	○	○	○	○	○
能够提供个性化定制化服务	○	○	○	○	○
具有应急应变能力	○	○	○	○	○
具有安全事故处理能力	○	○	○	○	○

16. 除上述影响因素外，您在评价家政 O2O 服务质量时还会考虑哪些指标（可选填）_____ [填空题]